Foresight Driven Social Innovation

フォーサイト起点の社会イノベーション

新たな価値を創出するため企業は何をすべきか

NTTデータ・コンサルティング・イニシアティブ 編著

日本経済新聞出版

はじめに

２０２０年代前半は、将来から見返すと大きな転換点の時代と見られることになるでしょう。新型コロナウイルス感染症の拡大を契機に、社会・経済の変化は加速し、ＡＩやセンサーなどのデジタル技術の発展はさらに加速度を増しています。

このような変化のなかで、日本は世界におけるポジションを低下させていると言われています。スイスのビジネススクール、国際経営開発研究所（ＩＭＤ）の「世界デジタル競争力ランキング」では、２０２３年に過去最低の32位となり、一貫して下降傾向です。項目別に見ると、「無線ブロードバンド普及率」で2位、「高等教育修了率」で6位、「研究開発への公的支出」で6位など、高い評価の領域があるものの、「知識」28位、「上級管理職の国際経験」「企業の俊敏性」「ビッグデータとアナリティクスの活用」で最下位の64位、「デジタル技術的スキルの可用性」で63位など、加速するグローバルの流れのなかで大きく取り残されている領域も散見されます。

その主な要因をマクロ的に俯瞰すると、デジタル技術の活用の遅れ、労働人口の減少による生産性の低下、人口減少による市場の縮小の流れが、負のスパイラルとなって、抜け出せなくなっていることが一因として挙げられるでしょう。

日本は主に製造業を中心として、第二次世界大戦以降、世界経済の発展に貢献し、様々なプロセス改善やイノベーションを主導し、平和で豊かな社会を実現してきました。日本の社会や企業には、今後さらに激変する世界においても、課題解決と快適な社会を実現するためにイニシアティブを発揮できる潜在力を有していると考えており、日本をインスパイアさせ、日本のみならず世界に対して利便性の高い社会の実現に貢献することが、グローバルにつながった世の中において、日本が果たすべき課題と考えております。

これらの課題を克服し、日本を元気にするためには、デジタル変革が不可欠と考えております。デジタル変革とは、デジタル技術を活用し、ビジネスモデルや組織、プロセスなどの変革を図り、新たな価値を生み出す取り組みです。デジタル変革を推進することで、生産性の向上、新たな事業機会の創出、社会課題の解決などのメリットが期待できます。

日本においても、デジタル変革への取り組みは積極的に進められています。しかし、まだ十分とは言えず、コロンビア大学ビジネススクールのデビッド・ロジャース教授が主張されるように、デジタル変革の取り組みの70％は失敗しているということは、日本にも当てはまると言えるでしょう。その理由としては、経営層のコミットメントの不足、組織的な体制が整っていない、デジタル技術者の不足などが挙げられます。

本書は、デジタル変革を最大限に活用し、産官学連携による社会課題の解決、企業の成長力・競争力の再強化、新規ビジネスの創出を推進する環境を整備し、どのように日本の社会・経営変革を進めていくかを、テーマにしています。

本書の狙いは、次の3点です。

・日本を元気にするための処方箋や考え方を提示する
・フォーサイト起点での経営変革の重要性を示す

・日本の強みにデジタルを掛け合わせ、社会課題を解決するアプローチを提示する

ＮＴＴデータグループが、日本のみならずグローバルのお客様へのソリューションを通じて培ってきたインサイトを還元させていただくことで、日本の企業、業界団体、政府機関などの今後のデジタル戦略の策定・改善の一助にしていただくべく、本書の企画を立ち上げました。

それぞれの領域、業界、技術のエキスパートのノウハウを結集し、現在見えている将来の大きな変化につながる萌芽《シグナル》から、５年から10年先を見据えた世の中の変化を与えるドライバーを読み解き、コンサルタントの持つ知見や経験からフォーサイトに落とし込んでいます。そこからバックキャストして、それぞれの業界や領域において、具体的に取るべきアクションプランや取り組まれている事例などをコンサルタントの持つインサイトとともにご紹介しています。

本書は、国内外のＮＴＴデータグループ各社にて、第一線で活躍する気鋭のコンサルタントの知見を持ち寄り、以下のような構成としております。

第１章では「『フォーサイト起点』による社会イノベーションの必要性――〝スマーター・ソサエティー〟をいかに実現するか」として、デジタル技術を活用してつくり出されるインタンジブルなプロダクト・サービスがタンジブルなプロダクトと結びつくことで新たな価値を創出している世界の潮流について俯瞰しています。

第２章では、注目すべきテーマのトレンドとして、「サステナビリティ」「グローバルサプライチェーン」「地域創生」「レジリエンス」の４つを取り上げ、各テーマを専門とするコンサルタン

本書の構成

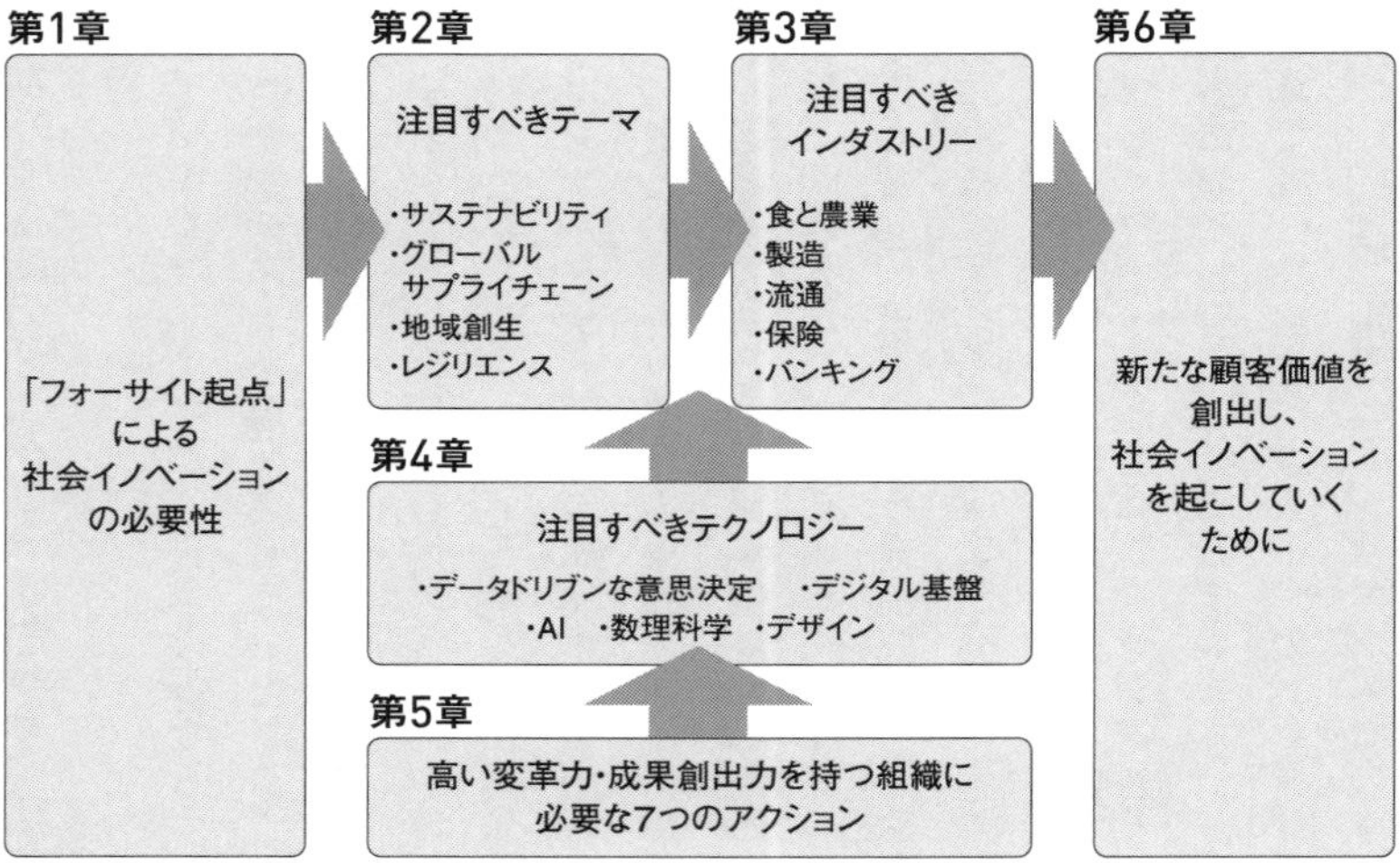

出所：筆者作成

トが、グローバルな最新動向も踏まえ、今後様々な業界に与えるであろうインパクトを整理しています。

第3章では、注目すべき業界のトレンドとして、「食と農業」「製造」「流通」「保険」「バンキング」という、大きな変化が予想される業界にフォーカスし、各業界を専門とするコンサルタントが、特にデジタル技術を中心とした新たな因子が与える業界変動とそれに備えるべきアクションをまとめています。

第4章では、成長を加速させるために注目すべきテクノロジーとして、「データドリブンな意思決定」「デジタル基盤」「AI」「数理科学」「デザイン」に焦点を当て、ディスラプティブな構造変化を起こしうる技術トレンドおよびその読み取り方について、それぞれの技術領域の専門家が洞察を加えています。

第5章では、「高い変革力・成果創出力を持つ組織に必要な7つのアクション」として、第2章から第4章までの領域、業界、技術の変化を踏まえて、組織やそれに紐づく人材をどのように再編成・再構築すべきかについて、数々の企業の組織変革を支援してきたコンサルタントが7つのアクションに整理し、見解をまとめています。

最終章の第6章では、「新たな顧客価値を創出し、社会イノベーションを起こしていくために」として、組織の様々なレベルのリーダーに向けて、どのように既存ビジネスのコアとなる強みを磨きつつ、デジタル技術を活用し自己変革を加速させ、新たな顧客価値を創出していくか、社会イノベーションを起こしていくかについてまとめています。

本書は第1章から順に読んでいただくことを想定していますが、自社および自組織に関連する章を読むだけでも、読者の方々にとって大いに得るものがあると自負しております。

NTTデータグループのコンサルタントの役割は、将来を予測（フォーキャスト）することではありません。将来に起きうる様々な可能性のなかから考えうるフォーサイトを導き出し、機会および脅威の両方の可能性に対して、具体的なアクションプランづくりをお客様とともに考え、お客様の経営判断に寄り添っていくことだと考えています。

それぞれのテーマの第一人者かつ第一線で活躍しているコンサルタントが見せる未来とフォーサイトを読み取っていただくことで、読者の方々の自業界、自組織に置き換えた時、今後何をすべきかのロードマップづくり、アクションプランづくりに少しでも寄与できれば、私共としても幸甚の至りです。

株式会社ＮＴＴデータ代表取締役社長　佐々木 裕

目次

第2章

注目すべきテーマのトレンド

第3章

注目すべき業界のトレンド

第4章

成長を加速させるため、いま注目すべきテクノロジー

第5章

高い変革力・成果創出力を持つ組織に必要な7つのアクション

第6章

新たな顧客価値を創出し、社会イノベーションを起こしていくために

第1章

「フォーサイト起点」による社会イノベーションの必要性

――“スマーター・ソサエティー”をいかに実現するか

NTTデータ経営研究所・クニエ
山口重樹

今日の社会経済は、スピードを加速させながら変化している。そのなかで何が起きているのか、プロダクト・サービスの観点から紐解いていく。既存のタンジブル（有形）なプロダクトの経済に対して、新たなコネクテッド・インタンジブル（つながりあった無形）なプロダクト・サービスの経済が興隆してきている。このコネクテッド・インタンジブル経済は、どのような特徴を持っているのか。日本が少子高齢化などの課題に直面するなか、日本企業はグローバルな競争力を失っている。コネクテッド・インタンジブル経済において、再び競争力を取り戻すために日本企業は何をすべきなのか。

財（プロダクト・サービス）の観点から社会経済を分析する

デジタルテクノロジーを社会実装し生活者の課題を解決し続ける社会「スマーター・ソサエティー」を実現するためには、まず現在の社会経済システムにどのような変化が起きているかを理解しておく必要がある。

デジタルテクノロジーは、社会経済システムに大きなインパクトを与えてきた。これまではそのインパクトとして、財（プロダクト・サービス）の取引プロセスに注目することが多かった。デジタルテクノロジーは、信頼できる取引相手を探す、交渉する、契約、決済するという取引コストを低下させ、個人間売買のメルカリや、電子商取引（ＥＣ）大手の米イーベイ、民泊仲介大手の米エアビーアンドビーなどのように、これまで市場で取引できなかったものの取引を可能とし、シェアリングエコノミーのような新たな市場もつくり出した。さらにこれらの企業は、取引参加者が多くなればなるほど参加者の取引機会が多くなり利便性が向上するというネットワークの経済性を生かし、それぞれの市場で主要なプラットフォームに成長している。

取引コストの低下は、業務プロセスを効率化しただけでなく、これまで社内で実施していた業務を社外と連携して実施することも可能とし、企業の境界をも変化させている。しかしいま、デジタルテクノロジーは取引プロセスに与えた以上に大きなインパクトを、社会経済システムに与えるようになってきている。

激しく変化する経済の本質を理解するためには、経済価値を創出する財（プロダクト・サービス）に注目することが必要だ。財の分析から始めることで、生産、流通、消費などの経済活動のあらゆる場面において、財（プロダクト・サービス）がどのような特徴を持っているかを理解し、それらが経済全体にどのような影響や変化をもたらしているかを深く理解することができるからだ。

「コネクテッド・インタンジブル経済」の興隆

世界の社会経済システム、特に先進国の社会経済システムに大きなパラダイムシフトが起きつつある。かつては、自動車や電気製品のような物理的に形のあるプロダクトが、価値を創出する経済が主流だった。しかし現在では、ソフトウェアやデジタルサービスのように、物理的に形がないプロダクト・・サービスがあらゆるものとつながり価値を創出する新しい経済が興隆してきている。

このことは「タンジブル」から「コネクテッド・インタンジブル」への潮流と捉えることができる。「タンジブル（tangible）」は「形のある、触れられる」という意味であり、「コネクテッド（connected）・インタンジブル（intangible）」は「形のない、触れられない」ものが「つながっている」という意味である。インタンジブルという概念そのものは決して新しいものではない。注目したいのは、デジタルテクノロジーを活用してつくり出されるインタンジブルなプロダクト・サービスであり、それらがつながることによって、新たなパラダイムが創出されている点である。

先進国では経済のサービス化が進み、工業全盛期の純粋な物理的なものづくり経済のシェアは下がっているが、それでも現在のパラダイムの支配要因となっている。本書ではそのようなものづくり経済のパラダイムを、タンジブル経済のパラダイムとする。それに対し、物理的に形がないプロダクト・サービスがつながることで価値を創出する経済を、コネクテッド・インタンジブル経済のパラダイムとする。

特筆すべきは、最近では自動車や電気製品のような物理的な形があるプロダクトでも、制御のためのソフトウェアが組み込まれ、クラウドなどのシステムに接続（コネクト）されるといったように、いままでの単なる物理的なプロダクトとは異なるものになっていることだ。さらに実際の経済においては、形のないプロダクト・サービスである「コネクテッド・インタンジブル・プロダクト・サービス」が、単独で価値を創出するだけでなく、既存の形のあるプロダクトである「タンジブル・プロダクト」と結びついて新たな価値を創出することが多くなっている。世界大手の米テスラの電気自動車（EV）は、ソフトウェアなどのコネクテッド・インタンジブルなプロダクト・サービスに、形のあるタンジブルなプロダクトである自動車の筐体が付加されているものと考えることもできる。

実際に、コネクテッド・インタンジブル経済のパラダイムが興隆していることが、世界の時価総額上位企業のリストにも表れている。

2001年3月当時の世界の時価総額を見ると、上位10社のうち7社は、航空機エンジンなどの米ゼネラル・エレクトリック（GE）、ネットワーク機器の米シスコシステムズ、半導体の米インテル、小売り大手の米ウォルマート、製薬大手の米ファイザーなど、タンジブルなプロダクトを提供する企業が占めており、それ以外の企業はソフトウェアの米マイクロソフト、銀行大手の米シティグループ、通信大手の英ボーダフォンの3社だけであった。

ところが2023年9月の時価総額上位10社では、3位にサウジ国営石油会社のサウジアラムコが入っている以外は、アップル、マイクロソフト、グーグルの親会社のアルファベット、ネット通販のアマゾン・ドット・コム、フェイスブックなど交流サイトのメタ・プラットフォームズ、テスラといった、コネクテッド・インタンジブルなプロダクト・サービスを提供する企業が並ぶようになったのである。

「アップルはiPhoneなどのハードをつくっているので、タンジブル系企業なのではないか」と考える人もいるかもしれない。だがアップルはテスラと同様に、物理的なプロダクトを製造・販売しているが、実態はソフトウェアを物理的な器に入れて提供しているのであり、コネクテッド・インタンジブルなプロダクト・サービスを提供する企業と捉えるべきなのである。アルファベットやメタは収入の大半をデータを活用した広告ビジネスから得ているが、消費者にコネクテッド・インタンジブルのプロダクト・サービスを提供し、その対価として利用情報を得ているという点で、コネクテッド・インタンジブル企業に分類できる。データを活用した広告ビジネスについては多くの論点があるがここでは議論しない。

このコネクテッド・インタンジブルのパラダイムが経済に及ぼす影響を理解するために、いままでのタンジブル経済のパラダイムとどのように異なるのかを見ていこう。

タンジブル経済のパラダイム

タンジブル経済のパラダイムは、物理的なプロダクトが価値をつくり出していることが特徴だ。

物理的なプロダクトの多くは、工場の社員の規定された標準作業に基づき大量生産される。設計から製造、試験のプロセスを経て、様々な材料を組み合わせ、ウォーターフォール型（上流工程から下流工程へと順に進めていく開発・製造手法）で最終製品に仕上げられる。そのため、設計、製造、試験、さらには販売、アフターフォローなど、機能を分担し、それを統括する階層的組織が必要となる。

同一規格で大量に製造することによりコスト低減を図ることができ、規模の経済は働くものの、コストは売上に連動して増加する。つまり限界コストはプラスとなる。配送における倉庫確保や運搬にもコストがかかる。さらに在庫がなければ買いたいという人がいても売れないという機会ロスも発生する。

タンジブル経済は、基本的には所有権を、需要と供給のバランスによって定められた価格によって、市場で取引する。

【タンジブル経済のパラダイム】

- 標準的なものの生産・販売、消費
- 品質、価格重視
- 現場チームによるコスト、品質の継続的改善（解決策のポイントは標準化）
- 原価積み上げ型のプライシング
- 標準・基準に基づいて着実に遂行する人材（ヒューマンリソース）

・生産のための企業連携
・所有権の市場を通じた売買、市場競争による効率状態の実現

タンジブル経済においては、人材は「リソース」と言われることが多い。このことは、1人ひとりの個性ある人材というよりも、経営資源の1つとしての人的資源と捉えていることを表している。また資金調達は、工場の敷地などを担保とする銀行融資が中心だ。

タンジブル経済のパラダイムは日本固有のものではないが、日本の多くの企業では、タンジブル経済をさらに補強する人事・給与制度が取られている。すなわち、社内固有のノウハウや仕事の仕方を学び、内部で昇格していく制度を取る企業が多く、雇用の流動性も低い。こうした制度は、社員間でのコミュニケーションコストが低く、すり合わせ型のタンジブルなプロダクトの生産には特に強みを発揮する。タンジブル経済のパラダイムは製造業で顕著になる傾向があるが、このような人事制度が他の産業にも影響した結果、タンジブル経済のパラダイムが、製造業に限らず広く日本企業全体のパラダイムになっているように思われる。

流動性が低く安定した社会は、イノベーションの形にも影響している。改善型イノベーションには強みを発揮するが、破壊的イノベーションは起きにくい。破壊的イノベーションは、新しいベンチャー企業が次々と登場するといった激しい新陳代謝のなかで起きている。流動性の高い雇用が、この新陳代謝を可能としているのだ。

コネクテッド・インタンジブル経済のパラダイム

コネクテッド・インタンジブル経済は、ネットワークでつながった、物理的な形のないプロダクト・サービスが、価値をつくり出す経済である。このため、生産にあたって工場は不要だ。コネクテッド・インタンジブルのプロダクト・サービスは、企画リーダーのもと、設計やデザイン、ソフトウェア開発、マーケティングなどを行う専門性を持ったメンバーがチームを組成し、クラウド上でプロダクト・サービスをつくり上げていく。メンバーは、複数のプロジェクトにタイムシェアリングで参加することもある。チームは顧客志向のフラットな組織で、階層型組織のような報告・命令のマネジメントではなく、情報共有、コラボレーション型組織で実現している。また、アジャイル型（短期間で検証・改善を繰り返す開発・生産手法）でプロダクト・サービスを開発し、その後高度化させていく。さらに、アプリケーションソフトウェア間でインタフェース（API）を活用して他のインタンジブルなプロダクトとネットワーク経由でつながることで、新たなプロダクト・サービスの提供も可能とする。これは既存の業界の枠を超えた新たな異業種連携の実現を容易にする。

コネクテッド・インタンジブル経済は、プロダクト・サービスのデリバリーにも大きな特徴がある。物理的制約を受けないため、ネットワークを利用し、プロダクト・サービスを一気に多くの顧客に普及させることができる。昨今ビジネススピードが加速していると言われるが、それは、すべてのビジネスにおいてスピードが加速しているのではなく、ビジネススピードの速いコネクテッド・インタンジブル経済のインパクトが大きくなってきているためである。動画共有アプリ「TikTok（ティックトック）」や生成AIの「ChatGPT」が、わずか数カ月で1億人以上のユーザーを獲得できたのもこのためだ。

コネクテッド・インタンジブルのプロダクト・サービスは、大半がソフトウェアとデータからできているので、サービスを開始した後にも機能の高度化・追加ができるだけでなく、利用者の嗜好に合わせてプロダクト・サービスを変化させること（プロダクト・サービスのパーソナライズ化）、さらには利用者のニーズが高い時にデリバリーを行うこと（タイミングのパーソナライズ化）が可能となる。

利用者が増加し、利用者に関する深いデータをより多く取得できればできるほど、顧客のニーズに合ったプロダクト・サービスが提供でき、顧客により高い価値を提供できるという意味で「規模の価値向上効果」もある。

また、コネクテッド・インタンジブルのプロダクト・サービスは、複数の人が同時に利用することができ、利用者が増えてもコストは増加しない、つまり限界コストゼロという特徴を持っている。デリバリーもネットワーク経由でできるのでコストもゼロだ。利用者が増えると1利用者当たりコストが減少する「規模のコスト低減効果」も利く。

さらに、取得したデータを活用して新たなプロダクト・サービスへ事業の幅を広げる場合、新たにデータを取得し同様のサービスを開始する企業に比べて、低コストで提供することができるので、「範囲のコスト低減効果」もある。利用者は、一度習得した操作で他のサービスも利用したいという現状維持バイアスを持っているため、他のプロダクト・サービスもワンストップで利用したいという「範囲の価値向上効果」もある。

これらの特性を持つ経済においては、いかに早くマーケットシェアを獲得するかが重要な戦略となる。利用者獲得のため、初めての利用者にはサービス内容や期間を限定して無料でサービスを提供するといったことも戦略の1つとなる。

コネクテッド・インタンジブル経済における販売は、基本的に所有権の移転を伴わず、利用権のみが設定できる。初期コストは多くかかるが、限界コストがゼロ、デリバリーコストがゼロという構造なので、売上の増分がすべて利益になる。

【コネクテッド・インタンジブル経済のパラダイム】

- マーケットシェアの獲得スピードが重要
- 規模の価値向上効果（利用者が多ければ多いほどデータが蓄積され、利便性が向上）
- 規模のコスト低減効果（利用者が多ければ多いほど、1利用者当たりコストは低減）
- 範囲のコスト低減効果（他のサービスへの幅出しが低コストでできる）
- 範囲の価値向上効果（ワンストップで複数のサービスを受けられ、便益が向上）
- 顧客に受容される顧客サービスの企画とデータに基づく反復的改善
- 顧客提供価値、規模拡大の観点からのプライシング
- ユニークなサービスを企画し、事業成功に向けてチャレンジする人材（タレント）

図表1-1 コネクテッド・インタンジブル経済のパラダイム

タンジブル経済のパラダイム（物理的な形のあるプロダクト）		コネクテッド・インタンジブル経済のパラダイム（ネットワークでつながった形のないプロダクト・サービス）
●標準的なものの大量生産・大量販売、大量消費 ●品質重視、機能重視	市場アプローチ	●顧客に受容されるサービスとマーケットシェア獲得のためのスピード ●顧客受容重視（パーソナライズ、カスタマイズが容易）
●変動費比率が高い ●品質向上、コスト低減の改善 ●コストに基づいたプライシング	コストプライシング	●高い初期コスト比率、限界コストゼロ、デリバリーコストゼロ ●顧客獲得のためのプライシング
●標準に基づいて着実に遂行する人材（ヒューマンリソース） ●所有権の市場を通じた売買、市場競争により効率状態実現	KFS	●ユニークなサービスを企画し、事業成功に向けてチャレンジする人材(タレント) ●少数の企業によるサービス提供
●階層型機能型組織 ●現場改善はチーム活動 ●生産のための企業連携（プロダクション・エコシステム）	組織	●フラットな顧客志向のチーム連携組織 ●消費者への価値提供のための企業連携（コンサンプション・エコシステム）

出所：筆者作成

・消費者への価値提供のための企業連携
・少数の企業による利用権の付与

人材の捉え方と資金調達の方法は、タンジブル経済と異なる。コネクテッド・インタンジブル経済においては、人材は「タレント」と言われるように、個々人の専門的能力が重要と考えられている。卓越した能力を有する人材は、人数換算できないほどの大きな価値をつくり出す。資金については、新規事業に対するリスクマネーであり、調達においては、ベンチャーキャピタルが中心だ。ベンチャーキャピタルは、リスクを低減するため、事業展開のフェーズ（資金調達ラウンド）に合わせて、投資を行う。

日本の社会と企業の現状

老齢化と少子化、人口減少、地方の衰退が進む

日本の人口は近年減少局面を迎えている。平成25年度総務省「人口統計」などの調査によれば、2023年の総人口1億2434万人が、2060年には9000万人を割り込み、2023年

の高齢化率（65歳以上人口割合）29％が、２０６０年には40％近い水準になると推計されている。地域間の格差の問題も大きくなっている。２０２０年度の日本のＧＤＰ（国内総生産）全体のうち、東京が約20％を創出している。首都圏（東京都・神奈川県・埼玉県・千葉県）を含む上位7位までの都道府県で、全国のＧＤＰの51・６％を占めている。

人口の高齢化、少子化の流れは、当面継続するだろう。さらに過疎化、産業の一極集中の流れも、大きく変わらないだろう。経済的には、供給サイドでは労働力不足への対応が課題となり、需要サイドでは縮小する国内マーケットへの対応、少子高齢化社会の新たなニーズへの対応が課題となる。しかしデジタルテクノロジーをうまく活用できれば、業務の省力化・自動化、さらに場所、時間に制限されない柔軟な働き方が可能となり、労働力不足に対応できる。デジタルテクノロジーは、個々人のニーズに合ったきめ細かなサービスや遠隔からのサービス提供を可能とし、少子高齢化社会で新たに出てくるニーズに対応できる部分も多い。今後の日本社会において、デジタルテクノロジーをいかに社会実装していくかが、ますます重要となる。

グローバルの日本企業のプレゼンスが低下

国際通貨基金（ＩＭＦ）が２０２３年10月に公表した経済見通しでは、日本のドル換算での名目ＧＤＰが、ドイツを下回って4位に転落すると予測している。それでも4位であり、日本は世界でも豊かな国だと感じられるかもしれないが、日本の一人当たり名目ＧＤＰの順位は年々低下しており、2023年には38位となっている。世界の時価総額トップ100の企業を見ると、2023年10月末現在、日本企業は38位にトヨタ自動車が1社入っているだけである。海外での日本のプレゼンスの低下を表していると言えるだろう。

本書の「はじめに」でスイスのビジネススクールである国際経営開発研究所（IMD）の「世界デジタル競争力ランキング」について触れているが、ここでは同研究所による国の競争力を表す「世界競争力ランキング」[※1]について述べる。2023年では、日本は総合で64カ国中35位であり、年ごとに順位が落ちてきている。分類別に見ると、経済状況26位、政府効率性42位、ビジネス効率性47位、インフラ23位となっている。2014年19位であったビジネス効率性のランクダウン幅が大きい。IMDのランキングは、日本が海外からどのように見られているかを理解するのには役立つ。

いずれのランキングも、国内にいる限りではさほど大きな問題ではなく、むしろ日本の経済は最適化されているように感じるかもしれない。だが、それはあくまでもタンジブル経済下での最適化にすぎない。日本企業がタンジブルなプロダクトのものづくりで成功したがゆえに、コネクテッド・インタンジブル経済の新たなパラダイムへの対応に遅れ、国際的な存在感や競争力を失っているのではないだろうか。

人口の高齢化、少子化、地域の過疎化などの社会課題に対応することは、避けて通れない。2023年度の政府の一般会計予算114・4兆円のうち、税収で賄えているのは全体の3分の2にすぎず、残りの3分の1は公債などの借り入れで賄っている状態である。歳出の3分の1を超える社会保障費は、高齢化でさらに増加することは避けられない。

これらの社会課題の解決を行政だけに頼ることはできない。生活者・消費者に価値を創出し、雇用と所得を生み出す企業が主体的に取り組まなければならない。そのためには、日本の企業が成長を取り戻す必要がある。

フォーサイト起点の社会イノベーションを実現するために必要なアプローチ

①フォーサイトアプローチ

ここまで述べてきたように、私たちは、コネクテッド・インタンジブル経済が興隆し、既存のタンジブル経済のパラダイムを中心とした社会が大きく変わろうとしている真っただなかにいる。

このように環境変化が激しい状況で日本が直面する課題を解決するためには、直近の変化に右往左往するのではなく、中長期的なあるべき姿を明確化し、その実現に向けて、状況変化を加味しながら着実に社会イノベーションを起こしていくアプローチが求められる。社会、経済に大きなインパクトを与えると思われるテクノロジーや制度・規制、顧客の変化を把握し、それらが将

図表1-2 フォーサイト、バックキャストのアプローチ

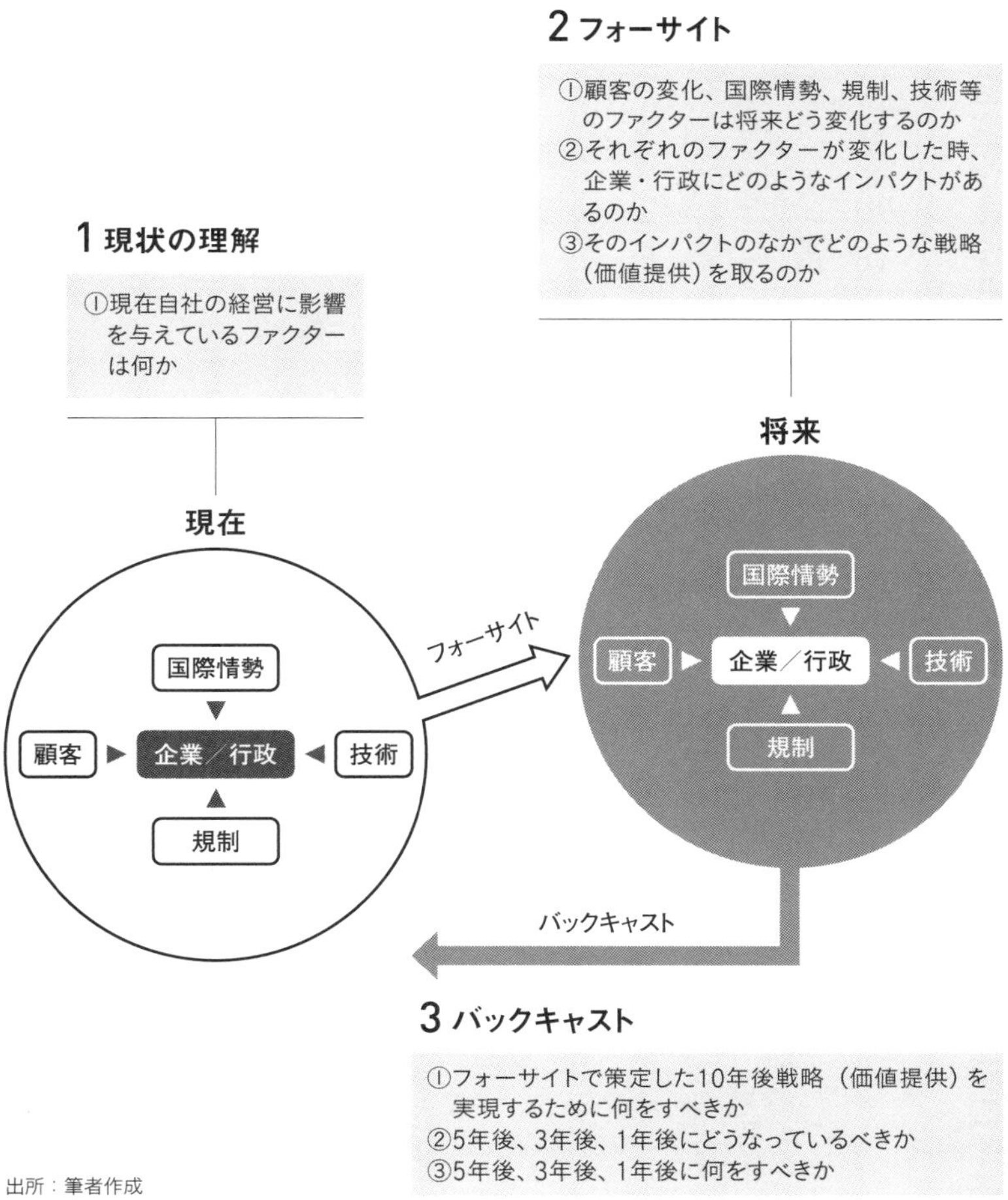
2 フォーサイト
①顧客の変化、国際情勢、規制、技術等のファクターは将来どう変化するのか
②それぞれのファクターが変化した時、企業・行政にどのようなインパクトがあるのか
③そのインパクトのなかでどのような戦略（価値提供）を取るのか
1 現状の理解
①現在自社の経営に影響を与えているファクターは何か
現在
国際情勢
顧客
企業／行政
技術
規制
フォーサイト
将来
国際情勢
顧客
企業／行政
技術
規制
バックキャスト
3 バックキャスト
①フォーサイトで策定した10年後戦略（価値提供）を実現するために何をすべきか
②5年後、3年後、1年後にどうなっているべきか
③5年後、3年後、1年後に何をすべきか

出所：筆者作成

来どのように進展・変化するかを見極め、社会、経済へどのようなインパクトをもたらすのかを洞察するのである。過去5年程度を振り返り、テクノロジーや制度・規制、顧客の変化にどのように対応してきたかを振り返ることは、将来の洞察を得るために参考となる。

さらに、この社会のフォーサイトを、行政、企業、市民まで共有し、連携して実行していくことが必要だ。

このアプローチは、企業のみでなく行政にも求められるものではあるが、以下では企業を例に取り説明する。

企業は、単に5年後、10年後の将来の見通しをつくるだけではなく、将来予想される環境のなかで、どのような脅威があり、どのような機会があるのかを考える。そのなかで自社はどのような価値を顧客に提供していくのかという事業立地戦略を考える。それを実現していくために、3年後、1年後には何をすべきか、バックキャストしてアクションプランをつくることが重要である。

ここで注意すべきは、将来の環境変化に伴い、現在「強み」だと思っていることが競争優位でなくなってしまう可能性もあることだ。新たな競合が興隆し、マーケットを奪われてしまうこともあるだろう。あるいは第6章でも触れるが、写真フィルムのビジネスが、技術変化により、全く競合と思っていなかったスマホやタブレットに取って代わられたというようなゲームチェンジが、あらゆる産業で起きる可能性がある。

②社会をトータルなシステムとして捉えるシステム思考アプローチ

コネクテッド・インタンジブル経済は、新しいパラダイムで動いており、この経済をより効果的に駆動する制度やルールづくりが今後の課題である。

想定される課題すべてを事前に検証し、対応策を施したうえでなければサービス導入を認めないといった考え方では、なかなか社会実装はできない。それよりも、新たなサービスなどを社会で実験しながら課題を解決していくといった、トライアルを許容する考え方に変えていく必要がある。トライアルを効果的に実施していくためには、どのような課題が発生してくるのか仮説をつくり、仮説を検証していくアプローチが有効である。

コネクテッド・インタンジブル経済を実現するにはテクノロジーが不可欠だが、社会で使われ効果を上げるためには、テクノロジーそのものに注目するだけでなく、新たな制度やルールが必要となる。現在すでに顕在化している個人情報の保護やセキュリティの確保、さらにはまだ顕在化していない新たな課題を解決するための制度やルールが求められるようになる。デジタルテクノロジーを活用して、ルール違反を防ぐ仕組みをつくることも可能だろう。これらを含めた社会の仕組みを、トータルなシステムとして設計することが求められる。

タンジブル経済では、価格による需要供給の調整による市場メカニズムが一部例外を除いて、競争状態をつくり出し、企業、個人にとってある程度望ましい状態をつくり出した。しかしコネクテッド・インタンジブルの世界は、限界コストゼロ、デリバリーコストゼロで、多くの企業が参加する市場での競争が必ずしもうまく働かない。

「風が吹けば桶屋が儲かる」ということわざもあるが、社会は、複雑に原因と結果が絡み合った

図表1-3 システム思考アプローチ例

地域を活性化するために**道路建設**をすると自家用車の利用が増加する
自家用車の利用が増加すると鉄道利用者が減り、鉄道事業の収益が悪化し、赤字が拡大する（固定費が大きいので急速に赤字となる）
鉄道事業者は赤字では事業継続できないので、鉄道の本数を減少させ、鉄道運賃を上げる
鉄道利用者はさらに減少し、**自家用車を持てない人々の移動を困難**にする可能性がある

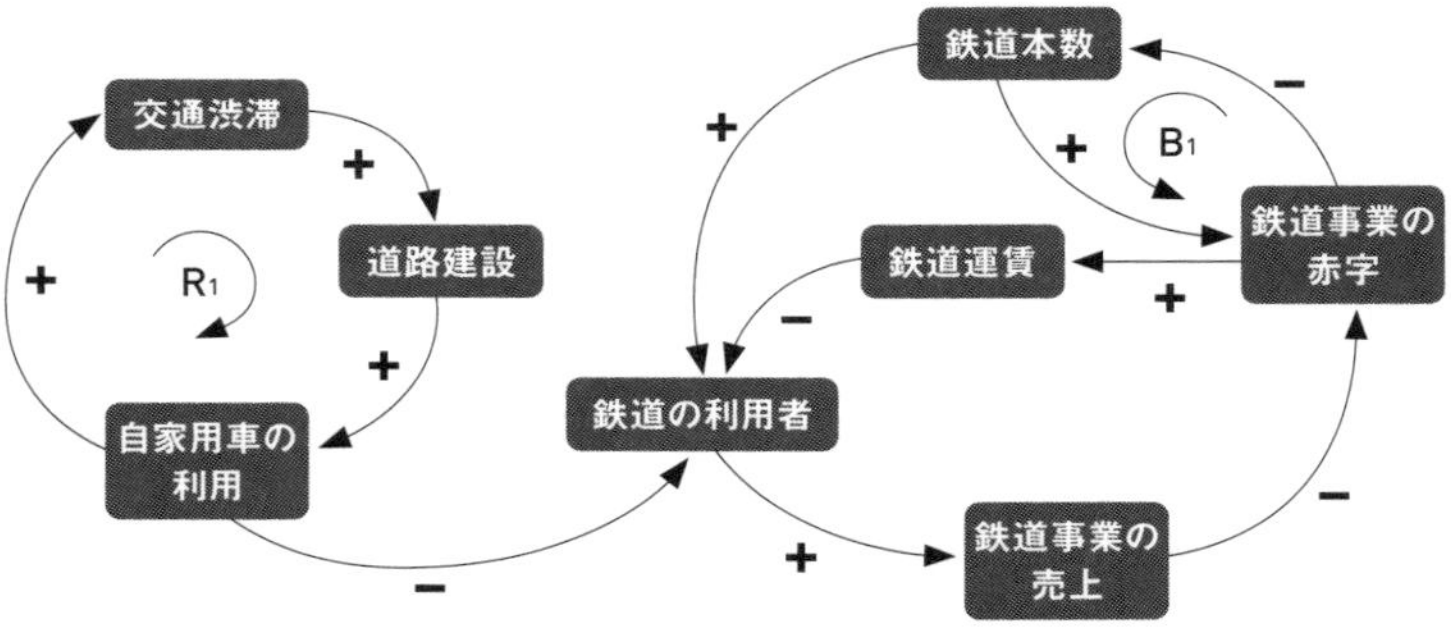

*実際にどれだけの影響があるかは、それぞれのインパクトによるので一概に言えないがインパクトの方向性を考慮した分析は必要
R:Reinforce（どんどん増えたり減ったりする自己強化型）
B:Balance（ある一定レベルに落ち着きとどまろうとするバランス型）

出所：『Business Dynamics』John.D.Sterman（McGrawHill、2000年）P186 の図をもとに筆者作成

事象により成り立っている。このような複雑化する環境のなかで「解」を得るためには、物事を単体として見るのではなく、時間的、空間的に離れた出来事の因果を多面的に捉えるアプローチが必要だ。それが「システム思考」である。

構造や因果を理解しないまま目に見える課題の解決のみに集中すると、関連する他の要素を意図せず悪化させてしまい、全体として期待した効果が上げられず、かえって望まぬ方向へ変化させてしまうことも起こりうる。システム思考によって、相互の関連に着目し、変化を生み出す構造を見極めることができ

る。さらにこの因果の構造をデータで検証していくことにより、エビデンスに基づく施策の評価が可能となる。今後進展するテクノロジーが、社会にどのようなインパクトを与えるのか、そこで求められる制度・ルールは、誰を保護し、誰のどのような活動を促進することになるのかをシステム思考で明確化し、社会的コンセンサスを取っていくことが必要である。

システム思考の考え方を理解するために、期待した取り組みが、望まない結果を招く一例を説明しよう。

地域を活性化しようとして道路を建設したことが、自家用車を保有できない人の移動を困難にするというように、意図とは全く異なる結果になる可能性がある。道路の建設と自家用車を保有できない人の移動とに何のつながりがあるのかと、思う人もいるかもしれない。答えは以下のような理屈である。道路ができると、多くの人が自家用車で移動するようになる。それに伴い鉄道を利用する人が減るので、鉄道会社は列車の本数を減らしたり運賃の値上げを行ったりする。その結果、自動車を利用する人がさらに増える一方で、自家用車を保有できない人の移動手段がなくなるのである。自家用車を購入する余裕のない人だけでなく、高齢のため免許を返納したような人にまで影響が及ぶ。

ここで挙げたのは道路と鉄道という物理的なプロダクト・サービスの例だが、コネクテッド・インタンジブル経済では、いままでつながっていなかったことがつながるようになり、因果関係がより複雑になる。システム思考を積極的に活用し、制度・ルールが引き起こす結果を多面的に検討していくことが求められる。

図表1-4 生活者起点アプローチ

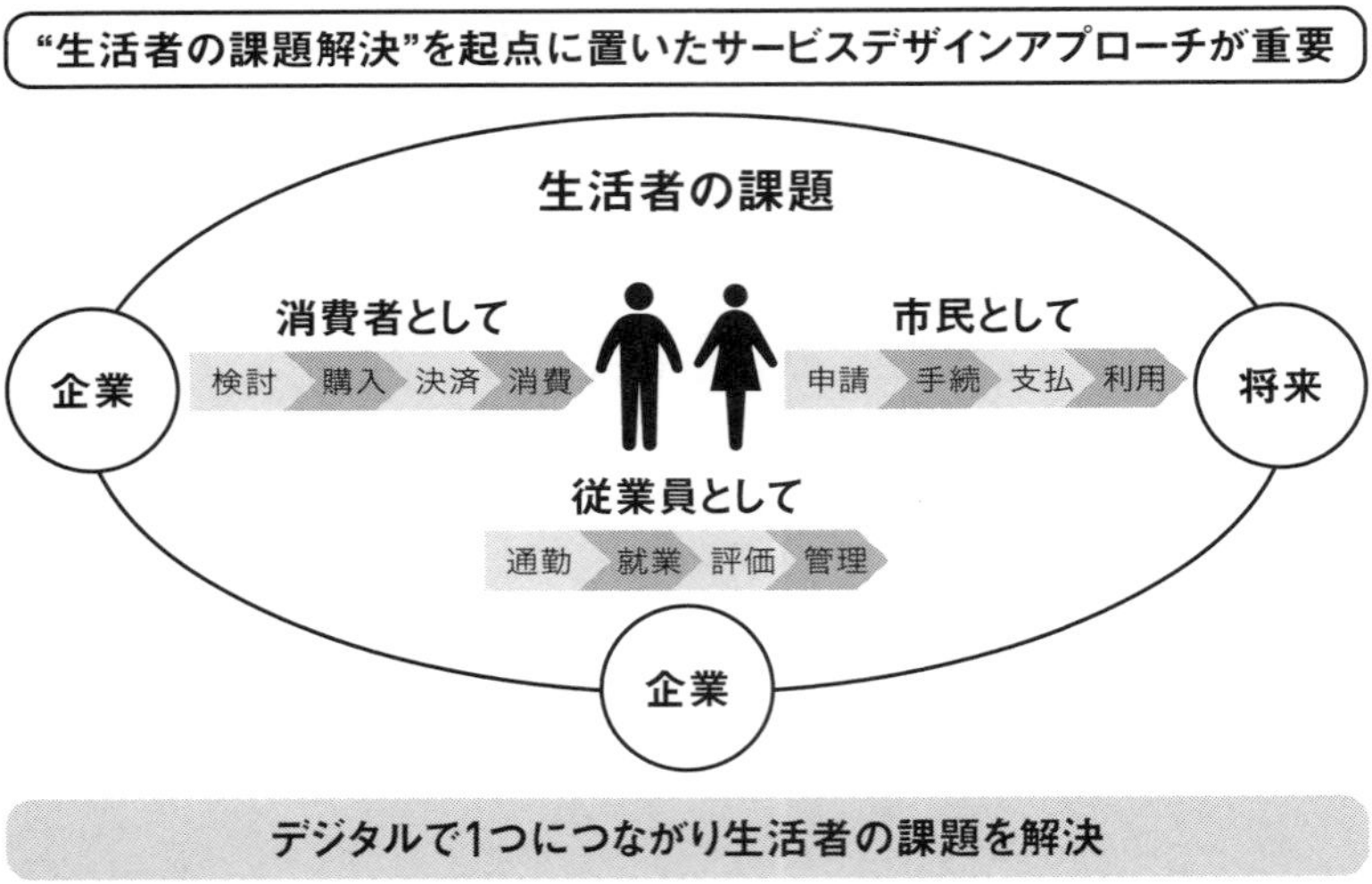

出所：筆者作成

③生活者起点でのサービスデザインアプローチ

タンジブル経済では、プロダクトの購入と利用という生活者のニーズに応じて、価値を提供してきた。生活者も、その時々の状況に応じて個別に購入し利用することを、当たり前のことと考えてきた。だが生活者が欲しいのは、個々のプロダクトではなく、自分の課題を解決するためのスムーズなサービスである。

その点で、コネクテッド・インタンジブルなプロダクト・サービスは、スマホやセンサーで、いつでもどこでも生活者とつながり、ライフジャーニー（生活シーン全体の活動）において、多くの接点でパーソナライズされた形での提供を可能とする。さらに1つの企業だけでなく、複数の企業間でプロダクト・サービスを連携させ、単独ではできない幅広いプロダクト・サービスの提供も可能とする。既存の業界の枠を超えた異業種連携が新たなプロダクト・サービスを創出する。

生活者の真のニーズを解決するサービスのためには、個別のサービスの利便性を追求するだけではなく、生活者のライフジャーニー全体の快適性を実現する生活者起点のサービスデザインアプローチが必要だ。ライフジャーニーにおける生活者起点とは、その生活者を消費者、市民、従業員として多面的に捉え、その課題を生涯にわたり解決することを主眼に置く。そのためには、異業種が連携し、官民が連携して、新たなサービスを企画・提供していくことが必要だ。

ただし、生活者起点でデザインされた新たなサービスも、生活者が自分の意志で利用できなければ意味がない。そのためには、制度やルールも、供給者の保護や規制という視点ではなく、生活者の利便性の観点から考えるべきである。利用者にリスク情報を開示し、利用生活者が自己の責任で新しいサービスを使える環境を整えることが重要である。

コネクテッド・インタンジブル経済のパラダイムの吸収

コネクテッド・インタンジブル経済が興隆するなかで、日本の社会課題を解決するため、さらに日本企業の競争力強化のために、中長期的視点であるべき姿を明確化し、変化を考慮しながら着実に実行していくフォーサイトアプローチ、複雑化する環境のなかで、テクノロジー、制度、ルールなど複雑に絡み合う相互の因果を見極め、主体的に制度、ルールを設計するシステム思考アプローチ、顧客視点から生活者に視点を広げ、生活者の課題解決に注力する生活者起点でのサービスデザインアプローチの必要性について説明をしてきた。

なぜ日本企業は競争力を失ったのか

日本はタンジブル経済では成功してきたが、他国企業にキャッチアップされ、競争優位を失ったにもかかわらずタンジブル経済のパラダイムから抜け出せず、コネクテッド・インタンジブル経済のパラダイムをうまく吸収できていないということではないだろうか。

日本企業のなかには、現在も高度な技術が要求される材料や部品での世界的競争力を維持しているところもある。このような特定領域でのタンジブル・プロダクトへの集中戦略（グローバルニッチトップ戦略）も取りうる戦略の1つになるが、これが実行できるのは圧倒的な技術力を持つ企業に限られるであろう。

デジタルテクノロジーの進展で、生活者や顧客の真の課題を解決するサービスの実現が可能となり、それを実現している企業が世界的に存在感を発揮している。日本企業においても、モノを起点にその品質・コスト・機能の改善を重視するタンジブル経済のパラダイムに、顧客を起点にデジタルテクノロジーを活用して顧客の課題解決を重視するコネクテッド・インタンジブルのパラダイムを取り入れることが求められる。

ビジネスの基本は、誰にどのような価値を提供するかであり、プロダクト・サービスを起点とするアプローチでは、デジタルテクノロジーを活用してどのような顧客価値（新たなサービス、新たなビジネス）を創出するかを考えることとなる。それに対して、業務プロセスやコストを起点にしたアプローチでは、業務改善、効率化を目的としたデジタルテクノロジーの活用にならざるを得ない。起点を間違うと、新たな顧客価値や新たなビジネスを創出するデジタル変革にはつながらない。

競争力を取り戻すために何をすべきか

日本企業が得意とするタンジブルなプロダクトに生活者の課題を解決するためにコネクテッド・インタンジブルなプロダクト・サービスを取り込む戦略は、先ほど述べてきた日本社会の状況、日本企業の課題さらにフォーサイトの観点、生活起点のサービスデザインアプローチからも首肯できるであろう。

さらにこの戦略は、システム思考アプローチで日本社会へのインパクト、日本企業の競争優位性へのインパクトを考えても、自己強化型のインパクトがあると思われる。

日本企業が、コネクテッド・インタンジブルなプロダクト・サービスを取り込む方法として、

図表1-5 コネクテッド・インタンジブルを加え・埋め込む顧客価値創造戦略

①顧客が真に解決したい課題は何か。
（自社のプロダクトをどのような場面で、何を解決するために使用しているかを参考にする）

②それの解決を支援するために、どのようなプロダクト・サービスを提供するか。
②ー1コネクテッド・インタンジブルでどの顧客接点でどのようなパーソナライズしたプロダクト・サービスを提供するか。
②ー2タンジブルなプロダクトにソフトウェア・センサーを埋め込みコネクト化することにより、どのようなプロダクト・サービスを提供するか。
②ー3そのためには、どのデータをどのように取得し、活用するか。

③自社単独で実現できるか。連携が必要か。どこの企業と連携するか。

*①、②、③を繰り返してサービス内容を具体化する。

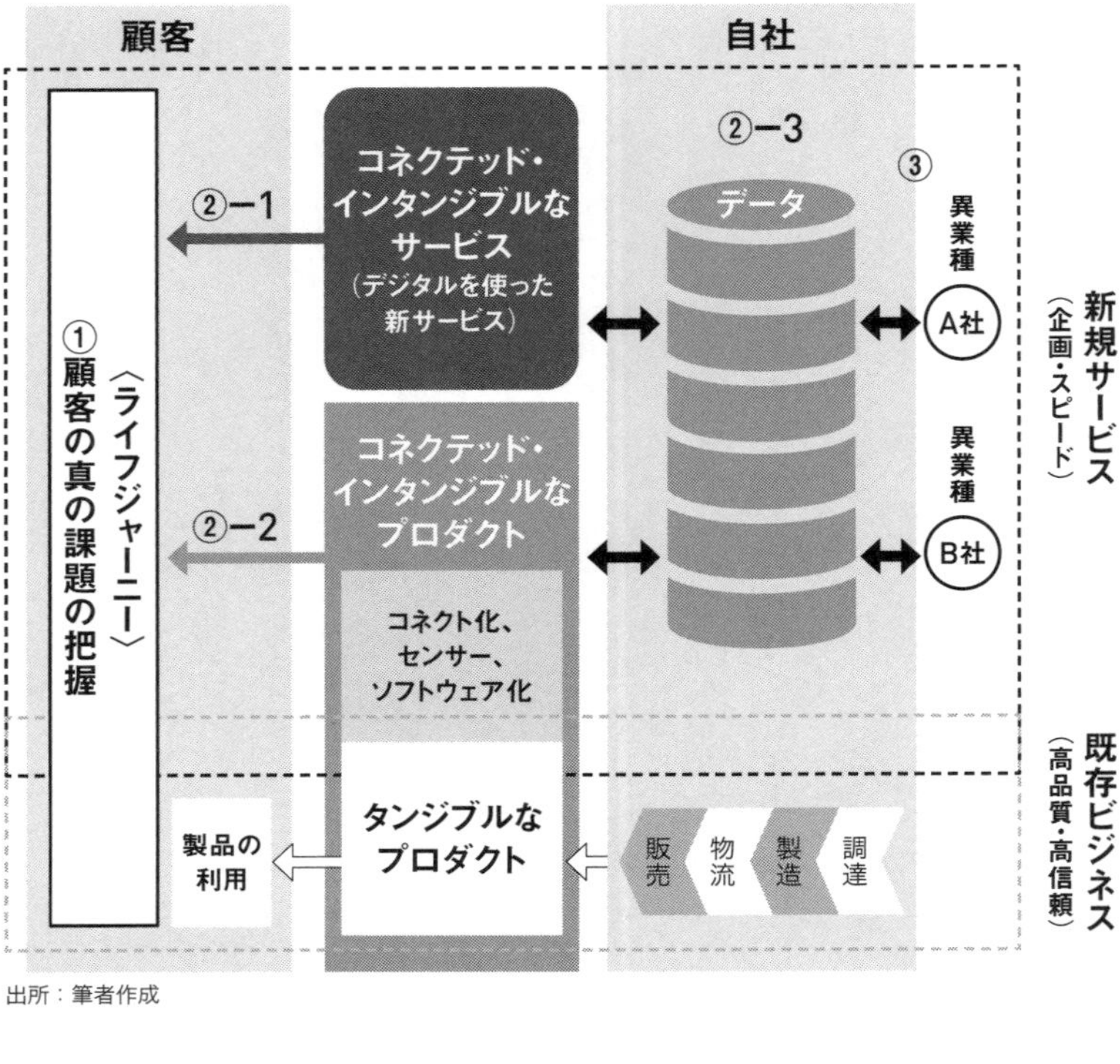

出所：筆者作成

2つの観点から考えることができる。1つの観点は、タンジブルなプロダクトにコネクテッド・インタンジブルなプロダクト・サービスを「足し合わせる」考えである。現在提供しているタンジブルなプロダクトの顧客接点と、それとは異なる顧客接点を足し合わせ、顧客にタンジブルなプロダクトの利用を高度化するサービスや、タイムリーなレコメンドやナビゲーションなどのコネクテッド・インタンジブルなプロダクト・サービスを、新たに提供するものだ。

アップルは、「iPhone」の利用場面に顧客接点をつくり、「アップルミュージック」や「アップルTV+（プラス）」を提供している。重要なのは、顧客接点を多くして新たなサービスを提供することではなく、顧客の真の課題を解決するサービスを提供するために顧客接点を多くすることである。

もう1つの観点は、タンジブルなプロダクトに、ソフトウェアやセンサーなどを載せクラウドとつなぐことで、コネクテッド・インタンジブルなプロダクト・サービスを掛け合わせ、高度化することである。タンジブルなプロダクトにコネクテッド・インタンジブルなプロダクト・サービスを「埋め込む」とも言える。

顧客の利用データを分析し、それぞれの顧客にパーソナライズされたサービスの提供や、ソフトウェアのアップデートによる機能向上、リモート保守も可能とする。センサーなどを備えた機器の製造企業であれば、機器利用データを取得してサービス型ビジネスに転換し、収益モデルの変更を目指す取り組みもあるだろう。ただしここでも重要なのは、ビジネスモデルの変更ではなく、利用データを活用して、顧客の真の課題を解決する、つまり顧客が求める成果（アウトカム）を出すプロダクト・サービスを提供することである。

2つの観点に分けて説明してきたが、これらを個別に実現するのではなく、取得したデータを中心にこれらを統合し、顧客の真の課題を解決する新たな統合サービスを提供することこそが重要である。

タンジブルなプロダクトにコネクテッド・インタンジブルなプロダクト・サービスを埋め込み・加え、新たな顧客価値を創出する

米農機大手のディア・アンド・カンパニーは、「ジョン・ディア」のブランド名でトラクターやコンバインなど農業向け機械の販売を行っていた。顧客である農家は、農業従事者の減少、都市化・砂漠化の加速による農地の減少などに直面していた。ディア社は、農家の真の課題を抽出するため、農業機器を利用する場面に着目した。その結果、生産性の向上、規模の効率化、コスト削減に資する持続可能な農法の創出が課題であることを把握し、これらの課題を解決する取り組みを開始した。

まず農業機器というタンジブルなプロダクトを、農家の自宅に設置したコンソールと呼ばれる装置からの遠隔操作を可能にした。これらの農業機器にセンサーやカメラを装着し、土壌や作物の状況を把握できるようにし、取得したデータをクラウドで一元管理し活用できる仕組みをつくった。つまり、「農業機器というタンジブルなプロダクトにコネクテッド・インタンジブルなプ

図表1-6 タンジブルにコネクテッド・インタンジブルを組み合わせる戦略〈ジョン・ディアの例〉

顧客の課題（農業の生産性向上）を解決するために、タンジブルな機器にセンサーを埋め込み、さらに、コネクテッド・インタンジブルなプロダクト・サービスを組み合わせる。

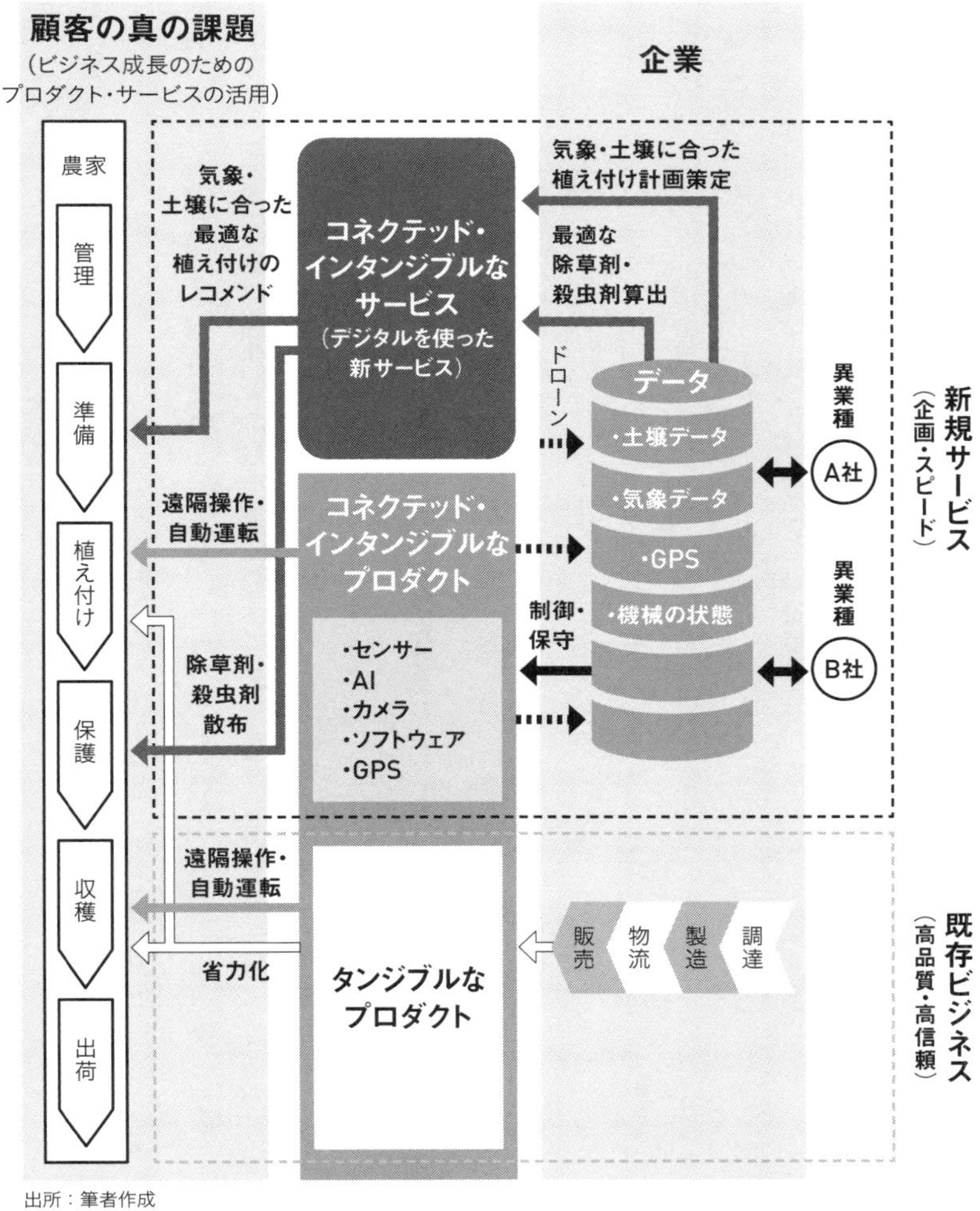

出所：筆者作成

ロダクト・サービスを埋め込んだ」のである。

同社は最近、カメラと高度なＡＩを活用し、完全自律運行するトラクターも開発している。これらと並行し、「コネクテッド・インタンジブルのサービスの付加」として、ドローンの空撮データから除草剤や殺虫剤の最適な散布場所を特定し、ドローンで散布することも可能とした。さらには、気象条件と農業機器のセンサーから土壌に関するデータを取得・分析し、農地の最適な活用や植え付けを実現した。

コンサンプション・エコシステムとしては、ドイツの化学メーカーＢＡＳＦの子会社「ＢＡＳＦデジタルファーミング社」と提携し、農家に、自分の圃場に合った、播種、施肥、作物保護、植物成長調整剤のサービスの提供を可能とした。

ディア社は、まさに農家の真の課題を解決するという考え方で取り組み、安定した食料供給、農業従事者の減少という社会課題の解決にも貢献していると言える。タンジブルなプロダクトを提供する企業が、コネクテッド・インタンジブルなプロダクト・サービスを取り込み、事業を成功させたという観点だけでなく、企業活動を通じて、社会課題をも解決しようとしている点でも参考になる事例である。

同社に限らず、企業でも自治体でも、生活者起点で課題を捉えることにより、様々なシステムがつながり、生活者の課題のみならず社会の課題も解決することができる。この視点が重要になる。

コネクテッド・インタンジブルなプロダクト・サービスと統合されたタンジブルなプロダクト

は、新たなサービスの基盤となるものであり、いままで以上に高品質・高信頼が求められる。今後のIoT、AIなどのデジタル技術の発展を考えると、タンジブルなプロダクトとコネクテッド・インタンジブルなプロダクト・サービスを組み合わせて新たなサービスを創出することは、今後のデジタル戦略の大きな流れであることは間違いない。

日本企業が蓄積してきた、高品質、高信頼のタンジブルなプロダクトの重要性がなくなるのではなく、むしろ、高品質、高信頼のタンジブルなプロダクトで顧客接点を持てる企業が、競争優位を築ける可能性が高い。この新たなサービス創出戦略は、日本企業が海外マーケットにおいて競争力を取り戻すための高付加価値のプロダクト・サービスの展開モデルにもなりうるのではないだろうか。しかし重要なことは、この顧客接点からデータを取得し、パーソナライズされた顧客価値の高いサービスを提供していけるかどうかである。

ここまでタンジブルなプロダクトにコネクテッド・インタンジブルなプロダクト・サービスを組み合わせて、新たな顧客価値を創出する戦略について製造業を例に述べてきた。このような考え方は、店舗等のタンジブルなアセットにコネクテッド・インタンジブルなプロダクト・サービスを組み合わせ新たな価値を創出することができる流通業やサービス業についても有効と考える。

これを実現していくためには、社会としてもコネクテッド・インタンジブルな経済の成長を促進させる人材の育成や、高い専門能力を有する人材（タレント）を処遇できる制度、新たなサービスを促進する制度・ルールの整備が求められる。

これらの戦略を実行していくにあたり留意すべき点は、第6章において述べる。

※1　ＩＭＤ世界競争力ランキングは全２５６指標のうち３分の２が統計データ、３分の１が企業幹部へのアンケートに基づいて算出されている。

第2章

注目すべきテーマのトレンド

【サステナビリティ】
NTTデータ経営研究所
村岡元司

【グローバルサプライチェーン】
クニエ
笹川亮平

【地域創生】
NTTデータ経営研究所
江井仙佳

【レジリエンス】
NTTデータ
中村秀之

サステナビリティ

競争力に直結するGX×DX

サステナビリティ対応力が、企業の競争力に直結する時代を迎えている。企業は実際に行動し、その内容や結果の情報を開示することを迫られている。サステナビリティ対応を行っていくために、企業は何をすべきなのか。単独の取り組みの枠を超えバリューチェーンを構成する企業全体が、GX実現のためにDXに対応していかなくてはならない。ビジネスを生み出すルールメーキング力や、エコシステム全体の開発力、ビジネスモデルと一体化したデータ収集・活用力などを、単独ではなくエコシステムを構成する企業や市民と連携して、システム全体で強化していく道筋を示す。

GX×DXの加速に向けて

近年、ゲリラ豪雨の頻発、地球沸騰化と言われるほどの気温の上昇など、身近なところで異常気象が生じていることを実感している方は多いのではないだろうか。漁業関係者であれば、水温上昇などに起因して明らかに海で取れる魚の種類が変化していることを感じているかもしれない。そして多くの方は、これらの変化が地球温暖化の影響であると思っているのではないだろうか。このように地球温暖化の影響が我々の身近なところで顕在化することに伴い、以前にも増してサステナビリティ（持続可能性）の重要性が高まっている。

ところが、外部不経済という言葉があるように、以前は、サステナビリティの重要な要素である環境への悪影響などは市場経済に取り込まれないままに放置されることが多かった。この外部不経済を内部化するために、規制や制度のルールが整えられ、現在では、例えば、地球温暖化を抑制するために大きな投資が行われ、温暖化防止がビジネスチャンスともなりつつある。このようにサステナビリティについては、長い年月をかけて外部不経済を内部化するための取り組みが行われ、一定の成果が生み出されつつある。

第1章に記載の通り、これまで物理的な形のあるプロダクトの生産・消費により経済成長を実現してきたタンジブル経済が、コネクテッド・インタンジブル経済に転換していくために、新しい社会の仕組みやそれを支える新しい制度やルールが必要となる。サステナブルな社会（持続可能な社会）を実現するという将来ビジョンを描き、そのために新しい制度やルールを整備し、新しい仕組みや新しいビジネスを生み出していくという点において、サステナビリティ分野における取り組みは、タンジブル経済からコネクテッド・インタンジブル経済への転換の先行事例とも言える要素を含んでいる。

企業競争力を左右するサステナビリティ対応力

作家のジョン・エルキントン氏が、企業評価の視点としてトリプルボトムライン（経済的側面・環境的側面・社会的側面）を提唱したのは１９９４年。京都議定書が合意されたのは１９９７年である。それ以来、20年以上の時を経て、サステナビリティはいまや企業経営の主要テーマとなった。

例えば、改訂された「コーポレートガバナンス・コード」（２０２１年6月）では、特にプライム市場上場会社に対し、気候変動に係るリスクおよび収益機会が自社の事業活動や収益などに与える影響を、ＴＣＦＤ（気候変動関連財務情報開示タスクフォース）またはそれと同等の枠組みに基づく情報開示の質と量の充実を図るべきことが規定された。同規定に従い、プライム市場上場会社は有価証券報告書において気候変動に係るリスクと収益機会の情報を開示している。情報開示は行動を伴わなければならない。仮に、情報開示において自社のＣＯ$_2$排出抑制に向けた目標を提示した企業は、ＣＯ$_2$排出削減に向けた活動を実行に移す必要がある。昨今、グリーン・ウォッシュという言葉を耳にする機会が増えている。グリーン・ウォッシュとは、見せかけだけの環境対応のことを意味しており、行動を伴わない情報開示は批判の的となり、企業のレピュテーションを低下させることになる。このリスクを避けるため、企業には有言実行が求められているのだ。

脱炭素に向けた活動を企業に要請する動きは、コーポレートガバナンス・コードにとどまらない。企業が自らの事業で利用する電力を100％再エネ由来電力とすることを目指すRE100（企業が自らの事業の使用電力を100％再エネで賄うことを目指す国際的なイニシアチブ）、パリ協定が求める水準と整合した温室効果ガス排出削減目標（中期目標と長期目標）の設定を企業に求めるSBT（Science Based Target、パリ協定が求める水準と整合した、企業が設定する温室効果ガス排出削減目標）などは、いずれも脱炭素実現に向けたイニシアチブだ。

これらはイニシアチブであるため、特に政府機関の定めた公的な法規制やガイドラインではなく、民間企業が自ら参加することを意思決定し参加すると、イニシアチブの定めたルールに従わなくてはならない。例えばアップルは、いち早くRE100への参加を表明した企業だが、RE100が求める遵守事項を超えて、同社に部品などを納入しているサプライチェーン構成企業にもRE100対応を求めるなどの自主的な活動を展開したことは有名である。そのためアップルに部品を納入している日本企業は、同社との取引を継続するためにRE100の要求事項を満たさなくてはならなくなった。

類似した動きは日本企業にも存在する。トヨタ自動車は、同社に部品などを納入する企業に対

図表2-1-1 サステナビリティ実現のためのルール・イニシアチブの例

	TCFD	SBT	RE100	（参考）TNFD
概要	●投資家等に適切な投資判断を促すために、気候関連財務情報開示を企業等へ促進することを目的とした民間主導のタスクフォース	●パリ協定が求める水準と整合した、企業が設定する温室効果ガス排出削減目標 ●中期目標（Near-term SBT）と長期目標（Long-term SBT）がある	●企業が自らの事業の使用電力を100%再エネで賄うことを目指す国際的なイニシアチブ ●遅くとも2050年までに再エネ100%にすることが求められる	●自然資本および生物多様性に関する情報開示
運営主体	●主要国の中央銀行、金融監督当局、財務省等の代表からなる金融安定理事会（FSB）の下に設置	●CDP ●国連グローバルコンパクト ●世界資源研究所（WRI） ●世界自然保護基金（WWF）	●The Climate Group ●CDP	●ロンドン証券取引所グループのDavid Craig氏と生物多様性条約事務局のElizabeth Maruma Mrema氏を共同議長とするタスクフォース
認証審査の有無	無 （提言に沿って情報開示） （公式サイト経由で賛同表明可）	有	有	無
日本での広がり	1,389機関	中期目標：515社 長期目標：7社	81社	まだ開示事例は少ない
義務化の度合い	高 （東証プライム市場上場企業の実質義務化、有価証券報告書でのサステナビリティ情報の開示義務化）	中 （日本では義務化には至っていないが、米国で政府へのサプライヤーにSBT設定を求める動き等あり）	低	低
備考	●TCFD賛同企業等によるTCFDコンソーシアムが活動		●同運営主体でEP100（省エネ50%）、EV100（自動車電動化）もあり	●TCFDと同様のフレームワーク（策定中、最終版は2023年中に公表予定）

出所：公開情報をもとにNTTデータ経営研究所作成

して、前年度に比較して3％以上のCO_2排出量の低減を求めている。このように、企業は政府主導の法規制に加え、イニシアチブのルールやビジネス取引上のルールなどの影響を受けながら、脱炭素化に向けた活動を展開することが求められている。

さらに最近では、脱炭素に加えて生物多様性や自然資本の保全や向上に向けた企業の活動についての情報開示を求めるＴＮＦＤ（自然関連財務情報開示タスクフォース）などの動きも顕在化している。前述した通り、情報開示は行動を伴わなければならず、今後、企業は生物多様性や自然資本の保全に努めなくてはならなくなる可能性が高い。

加えて、例えば繊維企業が羊毛やカシミアといった動物由来の素材を調達し活用していく場合のアニマルウェルフェアへの対応、エネルギー企業がバイオマス発電を行う場合の調達バイオマス素材の非食性の証明、自動車メーカーがコバルトやリチウムなどの希少金属を利用したバッテリーを活用する場合などにおける人権デューデリジェンス（ＤＤ）や環境ＤＤへの対応など、企業が対応すべきサステナビリティに関連する取り組みは増加の一途をたどっている。まさに、サステナビリティ対応力が企業経営を左右する時代なのである。

企業のサステナビリティ対応を支えるためには、アニマルウェルフェアに関連するデータ、非食性バイオマスを証明するためのデータ、人権ＤＤや環境ＤＤ関連データなどを、サプライチェーンの構成企業全体にわたり適切に把握し、必要に応じて第三者認証を取得しつつ情報開示していく必要がある。バリューチェーンに係る企業全体のデータの収集・加工・開示が求められており、ＤＸ対応が不可欠となっている。すなわち、サステナビリティ対応力が企業競争力を左右し、そのサステナビリティ対応力（＝GX）を支えるためにはDX対応が不可欠な時代に入っている。
筆者は常々、未来の種は目の前の現実のなかに潜んでいると考えている。事実、ささやかではあるもののGX×DXを取り込んだ新しいサービス、新しいビジネスが、今目の前にある未来のごとく生まれ始めている。次に、この具体例を見ていこう。

土壌中炭素蓄積量の可視化とカーボンクレジット

パリ協定で合意した「世界共通の長期目標として2℃目標を設定。さらに、1・5℃に抑える努力を追求すること」の実現に向け、我が国が2020年10月に「2050年カーボンニュートラル」宣言を行ったことは周知の通りである。この2050年カーボンニュートラルを実現するためには、大気中に放出されるCO_2を削減することに加え、大気中からCO_2を回収（吸収）・固定し大気中に蓄積されたCO_2量を削減することも重要である。

この大気中からのCO_2の吸収・固定の手法として最も有名なのは森林によるCO_2の吸収・固定である。ご存じの通り、木は光合成によって、光のエネルギーを利用して大気中のCO_2と水（H_2O）からでんぷんなどの有機化合物をつくり出し、それを栄養素として生きている。木の場合、順調に成長すれば、成長量が年輪として刻まれ木のバイオマス量が年々、増加する。すなわち、光合成で取り込んだCO_2量から呼吸によるCO_2の排出量を差し引いた分だけ、大気中のCO_2を吸収し固定化しているのである。したがって、植林を行えば大気中のCO_2の吸収量・固定化量を増加させることができる。このCO$_2$の吸収・固定化は大気中からCO$_2$を減らす効果があることから、森林吸収クレジットとしてそのCO$_2$削減効果を取引することも、一定のルールに従えば可能となっている。

森林以外にもCO$_2$の吸収・固定化で注目されているのは、海草・海藻類によるCO$_2$の吸収・固定と土壌中の炭素蓄積量の増加だ。海草・海藻類によるCO$_2$の吸収・固定は、光合成を行う海草・海藻類が、枯れた後にも海底下に蓄積する性質を踏まえたもので、ブルーカーボンとして我が国でも大いに注目を集めている。政府承認クレジットにはなっていないが、ボランタリークレジットとして自主的に取引される動きが顕著になっている。

そして改めて注目を集めているのが、土壌中の炭素蓄積量の増加である。その基本的な考え方は、森林の場合とそれほど大きくは変わらない。農地を耕さない不耕起農業や有機農業などを組み合わせることで、土壌中の炭素蓄積量を増加させることができる。不耕起農業は土壌中のミミズを含む生物多様性を増加させることも知られている。土壌中にはCO$_2$換算で5・5兆〜8・8兆トンの有機化合物があり、世界の土壌中の炭素量を毎年0・4%増やせば、人類の活動によって大気中に排出される温室効果ガスをオフセットできるとする考え方も存在している。「環境再生（リジェネラティブ）農業」とも呼ばれる農作物の栽培手法は、脱炭素にも生物多様性の保全にも役立つ手法として注目を集めているのである。

この点に注目してDXを組み合わせることで新しいビジネスを創出しようとして活動しているオーストラリア発のベンチャー企業がある。同企業の名称はCAS（Carbon Asset Solutions）[※1]。

図表2-1-2 CAS社による炭素蓄積量の計測イメージ

出所：CAS社の提供資料

同社は米国農務省と連携して土壌中の炭素蓄積量を計測する技術（低エネルギー中性子を活用する技術）を開発している。その適用方法はごくシンプルなもので、図表２－１－２に示した通り、農業機械の後ろにキャスター付きの台車を取り付け、その台車のなかに開発した計測器を搭載し、農業機械の走行と同時に土壌中の炭素量を計測するものだ。

開発した特許技術を利用したビジネスモデルには、興味深い工夫がある。図表２－１－３の右に示した通り、ＣＡＳは基本、無償で土壌中の炭素量を計測する（第１回の計測）。その後、農地の保有者は２年間ほど有機農業に不耕起栽培を組み合わせるなどの土壌中の炭素量を増加させる農業、すなわちカーボンファーミングを行う。さらにその後、ＣＡＳは再び無償で土壌中の炭素量を計測する（第２回の計測）。第２回の計測データから第１回の計測データを差し

図表2-1-3 炭素蓄積量の計測とクレジット創出の仕組みの概要

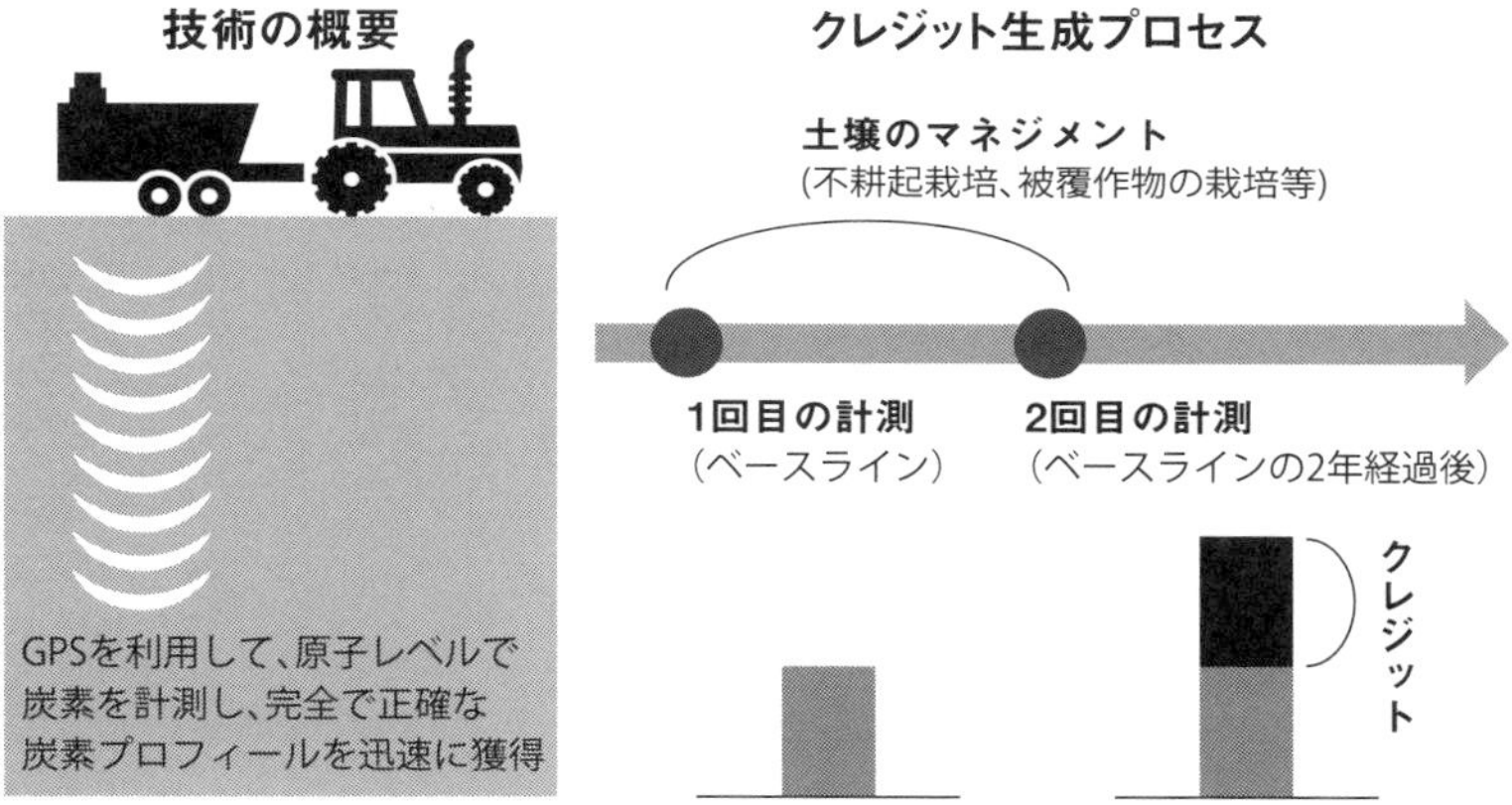

出所：CAS社提供資料をもとにNTTデータ経営研究所作成

引くことにより、炭素蓄積量の増加分を把握することができる。この増加分をクレジット化し、その一部をCASは計測費用としてもらい受けるという仕組みがビジネスモデルだ。

計測された土壌中炭素量データはマイクロソフト社のブロックチェーンによりクラウド上に保管され、改竄などが行われないよう工夫されている。さらに、第三者認証についてはSGS社と連携している。現在、CASはこの土壌中炭素蓄積量の増加を計測し、データを改竄されないよう工夫した仕組みそのものを、クレジット化のための正式な方法論として認証獲得を目指している。まさに、GX×DXを無償サービスとカーボンクレジットを組み合わせることで、新しいビジネスを生み出そうとしているのだ。

当然のことながら、炭素蓄積量の可視化は、土壌のみならず森林による大気中CO_2の吸収・固定の定量化にも必要であり、従来の人間によるチェックを代替するデジタル手法が検討されている。既述のブルーカーボンと言われている海草・海藻類によるCO_2の吸収・固定量の定量化にも、ドローンや海中ドローンを利用した仕組みの検討・開発が進められている。さらに、すでに吸収クレジットとして流通している森林によるCO_2の吸収・固定についても、デジタル技術を活用して従来以上に効率的にモニタリングを行っていく手法が開発されつつある。

以上の通り、CO_2の吸収・固定化量の把握、さらにはそれらのクレジット化のためにデジタル技術の活用が急速に進みつつある。

資源循環・脱炭素に資するバッテリーパスポート

GX×DXを取り込んだ新しいサービス、新しいビジネスは、サーキュラーエコノミーと言われる資源循環分野でも急速に拡大の様相を呈している。

まず、2023年8月から施行された欧州のバッテリー規則の概要を整理しておこう。バッテリー規則は欧州で販売される2kWh以上の電池に適用され、電池に関する以下の3つの対応とバッテリーパスポートという情報開示の仕組みが主な柱となっている。3つの対応とは、デューデリジェンス（DD）、リサイクル率、カーボンフットプリント（CFP）の3つである。以下、それぞれの概要を簡単に整理する。

第1のDDは、企業が投資を行う際に、投資対象となる企業に対して事業や経営の実態・内容

図表2-1-4　3つの対応の概要

	重要トピック	概要	段階	関連条文
1	デューデリジェンス(DD)	●環境と人権に関して、原材料調達関連のリスク低減のためのサプライチェーンデューデリジェンス方針等を定める必要 ●第三者認証を受ける必要	採掘・製錬・加工	48条 50条 51条
2	リサイクル率	●コバルト、鉛、リチウム、ニッケルについて、製造時に一定以上のリサイクル材の使用、リサイクル時に一定以上の素材回収を義務付け	材料製造 リサイクル	8条 71条 付属書XII
3	カーボンフットプリント(CFP)	●カーボンフットプリント宣言を義務付け ●最大閾値の導入。製造工場ごとの該当する電池型式のライフサイクルカーボンフットプリントの宣言値は、最大閾値未満	LC全体	7条 付属書II 付属書VIII

出所：公開情報をもとにNTTデータ経営研究所作成

を事前に把握する調査として、よく知られている。類似の考え方を環境や人権への企業の適切な対応についても適用するのが、環境ＤＤや人権ＤＤである。すなわち、企業は原材料調達関連のリスク低減のため、サプライチェーン全体のＤＤ方針を定める必要がある。具体的なイメージは、次の通りである。

企業がバッテリーで利用するコバルトなどの希少金属を調達する際、希少金属を原鉱石から精製する企業が環境汚染や児童労働などの不正な活動を行っていないことを確認したうえで、調達を進める必要がある。そのためには、社内マネジメントシステムの構築、サプライチェーンの統制・透明化、サプライヤーとの契約・合意事項へのＤＤポリシーの組み込み、サプライチェーン方針・リスク管理手法の組み込み、苦情処理メカニズムの確立などが求められ、その検証報告書を要求に応じて開示することが求められている。

図表2-1-5 リサイクル率などの規定の概要

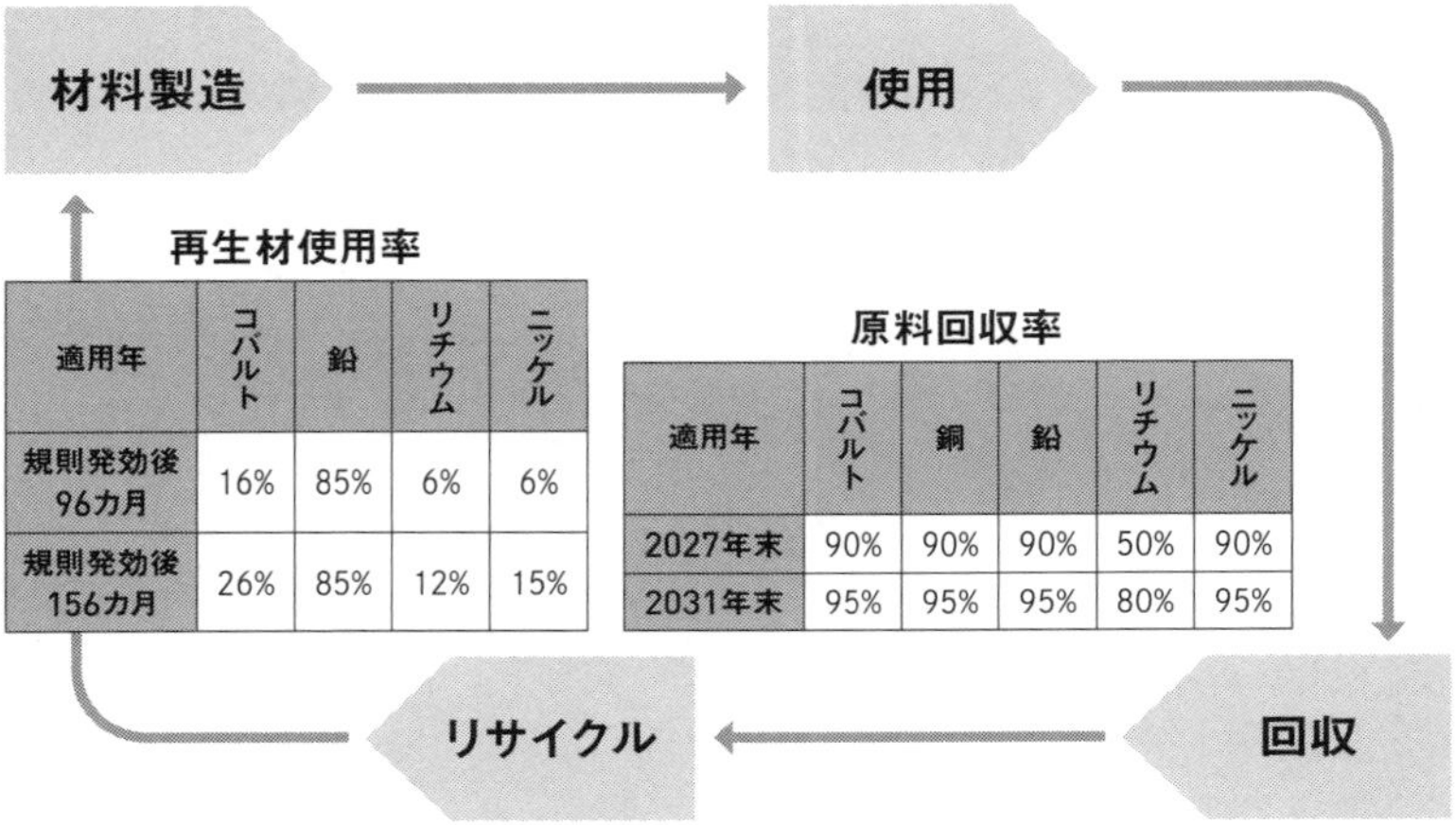

再生材使用率

適用年	コバルト	鉛	リチウム	ニッケル
規則発効後96カ月	16%	85%	6%	6%
規則発効後156カ月	26%	85%	12%	15%

原料回収率

適用年	コバルト	銅	鉛	リチウム	ニッケル
2027年末	90%	90%	90%	50%	90%
2031年末	95%	95%	95%	80%	95%

出所：公開情報をもとにNTTデータ経営研究所作成

次にリサイクル率については、図表2－1－5に示す通り、重要資源であるコバルト、鉛、リチウム、ニッケルを使用ずみバッテリーから一定比率以上回収すること、回収された資源（循環資源）を新しいバッテリー製品で一定比率以上利用することが義務付けられることになっている。重要資源の回収比率、回収された循環資源の使用目標比率は、年を経るごとに厳しく（高く）設定されている。すなわち、バッテリーのバリューチェーン全体において、使用ずみバッテリーから重要資源を回収し、回収された循環資源を新しいバッテリー製造に一定程度、利用していく必要がある。このためには、使用ずみバッテリーから重要資源の回収がどの程度行われているか、回収された重要資源が新しいバッテリーにどの程度の量だけ利用されているかを把握しておかなくてはならない。

さらにCFPについては、電気自動車用電池および産業用充電池、LMT（軽輸送）用電池の3種の電池について、製造工場ごとの各電池の型式に対してCFP宣言を作成しなければならない。宣言に必要な情報は、電池のCFP（電池の予想耐用年数において電池が供給する総エネルギー1kWh当たりのCO_2換算キログラムとして算出）の他、製造者や電池の型式、製造工場に関する情報なども含まれている。なお、ライフサイクルベースで算出したCFPについては、最大閾値が導入されることとなっており、電池はこの最大閾値未満であることを証明する必要がある。加えて、CFPのデータを裏付ける研究の一般公開版へアクセスできるウェブリンクも要求されている。

このルールへの適用が始まるのは、電気自動車（EV）バッテリーの場合、CFP宣言は2025年2月18日、または2024年2月18日までに採択される委任規則（計測方法）、実施規則（申告細則）の施行後12カ月後のいずれか遅い日以降となっている。このように、適用されるルールごとに、また利用される電池の用途ごとに適用時期が定められている。

以上の3つの対応に加え、バッテリーパスポートという情報開示の仕組みの導入が求められている。バッテリーパスポートは、材料調達からリサイクルまで、バッテリーのライフサイクルに関わる情報を記録するもので、上述したDDの対応、ライフサイクル全体にわたるCFP、重要金属のリサイクルや循環利用に関する情報も含まれる。バッテリーパスポートを実現するためには、図表2－1－6の第1層に記載された通り、バッテリーの製造に関連する企業（サプライチェーン構成企業、上流構成企業）のデータおよびバッテリーの利用からリユースやリサイクルに

図表2-1-6 バッテリーパスポートのイメージ

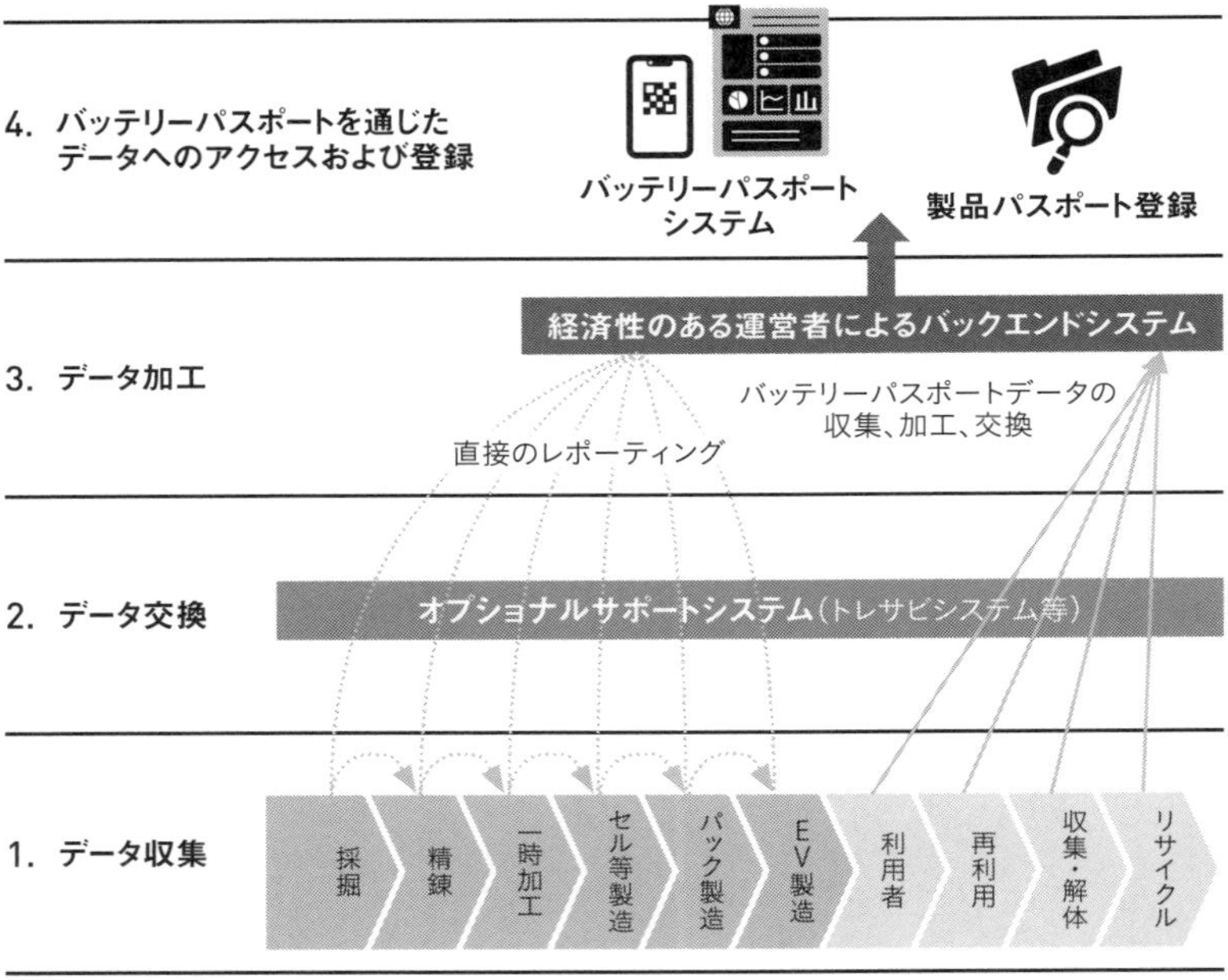

出所：「Battery Passport Content Guidance」Battery Pass Consortium Version 1.0/ April 2023をもとにNTTデータ経営研究所作成

関連する企業（下流構成企業）のデータを集約することが必要になる。集約されたデータは交換・加工を経て、図表2－1－6の第4層に記載された通り、消費者・規制当局・関心を有する人々が関心に応じてアクセスすることで必要な情報を得ることができる仕組みである。

前述の通り、バッテリーパスポートの仕組みを実現するためには、バリューチェーンを構成する企業間で必要なデータをやり取りし、それらのデータを適切に交換・加工していくことが必要になる。企業が保有するデータには企業独自のノウハウが詰まったものもあり、簡単には他社と共有できないこともありうる。データそのものに間違いがあることや、意図的に改竄されていることもないとは言えない。したがって、企業間でデータを流通させるためには、データの適切性の担保やデータが企業間の競争領域に踏み込んだものか協調領域に属するものかを区分していくことも必要になる。欧州ではデータ主権という考え方が徹底されており、データを自ら保有し制御できることが重要になる。こうした各種の条件に配慮しつつ、バッテリーに係る各種データをデータスペースという新しい概念のもとで共有していく仕組みが欧州で動き出そうとしている。

さらに欧州では、サーキュラー・エコノミー（ＣＥ）の実現に向けて、バッテリー以外の分野でも資源循環を促進させていく動きが顕在化している。例えば２０２０年に公表された新サーキュラー・エコノミーアクションプランにおいては、バッテリーに加えて、建設資材、繊維製品、プラスチック、電子電機およびＩＣＴ機器などが資源循環促進の優先対象として取り上げられている。対象となる製品ごとに違いがあろうが、バッテリーの場合と同様に素材調達から製品製造までのライフサイクル全体を対象として、各種資源の循環やＣＦＰを把握、場合によっては規制していく動きは共通しているものと想定している。

したがって今後は、企業のサステナビリティ対応はますます大きくなり、企業単独の枠を超えてバリューチェーンを構成する企業全体で、信頼に基づくデータ流通を実現していくことになる可能性は高い。我が国の経済産業省ではこうした動きを認識し、ウラノスエコシステムというイニシアチブを立ち上げている。ウラノスエコシステムは、Society5.0（サイバー空間〈仮想空間〉

とフィジカル空間〈物理空間〉を高度に融合することで経済発展と社会的課題の解決と産業発展を両立する人間中心の社会〉の実現というビジョンに共感した人たちとともに、企業や業界、国境をまたぐ横断的なデータ共有やシステム連携の仕組みの構築を目指したイニシアチブである。

ビジネスを生み出すルールメーキング力

上記以外にもGXとDXの融合例は、次々と生まれ始めている。例えば、AIを用いて従来以上に高精度に小売店舗の売上（需要）を予測することができれば、需要に見合った製品製造を行うことで過剰生産を抑制することができる。パンやおにぎり、お弁当などを適正量だけ生産することができれば、食品の廃棄ロスを最小化できる可能性がある。過剰生産を行わないことで過剰であった分の製品の輸送も削減でき、結果として生産から廃棄までのプロセスにおけるCO_2排出量を削減することが可能になる。

徹底的に効率化・省エネ化を進めてきた我が国の工場では、単独ではこれ以上の省エネの余地がなくなりつつあるとの指摘がある。そこで注目を集めているのが、複数の工場が連携することでネットワーク効果を生かした省エネを実現することだ。ある工場における余剰熱を別の工場の生産プロセスで利用する、ある工場における廃棄物が別の工場における原燃料となるといった従来のネットワーク効果に加え、昨今では水や電気などのユーティリティの融通、各工場がそれぞれに水処理施設を保有するのではなくいずれかの工場の処理施設への集約、さらには排出される

CO_2の融通も検討される例が生まれている。

こうした高精度な需要予測や工場のネットワーク効果の活用を実現するためには、デジタル技術を活用することが不可欠である。では、ＧＸとＤＸを融合させ新しいビジネスやサービスを生み出していくために企業は何を行えばよいのであろうか。まず、昨今のサステナビリティ関連ビジネスの構造を探っていこう。

第一に注目したいのはルールメーキングとビジネスの関係である。我が国を資源循環の先進国に押し上げた背景には、我が国において各種リサイクル法を着々と整備してきたことがある。図表２－１－７は環境省のＨＰで公開されている我が国の廃棄物処理・リサイクル関係の法体系である。循環型社会形成推進基本法のもと、廃棄物処理法と資源有効利用促進法という２つの法律で基本的な枠組みが規定され、そのもとに製品ごとにリサイクル法が定められている。例えば、自動車リサイクル法が整備されたことから、自動車を購入する消費者は自動車の購入時にリサイクル料金を支払い、支払われた料金は積み立てられ、廃車時のリサイクル費用として使用されることとなった。この法律が整備されたことで、我が国に自動車リサイクルビジネスが本格的に拡大していったのである。このように法制度には、資金の流れを生み出し、リサイクルのような新たなビジネスを生み出す力がある。

上記で紹介した欧州バッテリー規制は、ＥＵの政府機関とも言える欧州委員会が主導している新たなルールである。一方、冒頭に紹介したＲＥ１００やＳＢＴといったイニシアチブは、その発案からルールづくりまで、欧米のＮＧＯなどが行っている。イニシアチブであるため法制度の

図表2-1-7 我が国における廃棄物処理・リサイクル関係の法体系

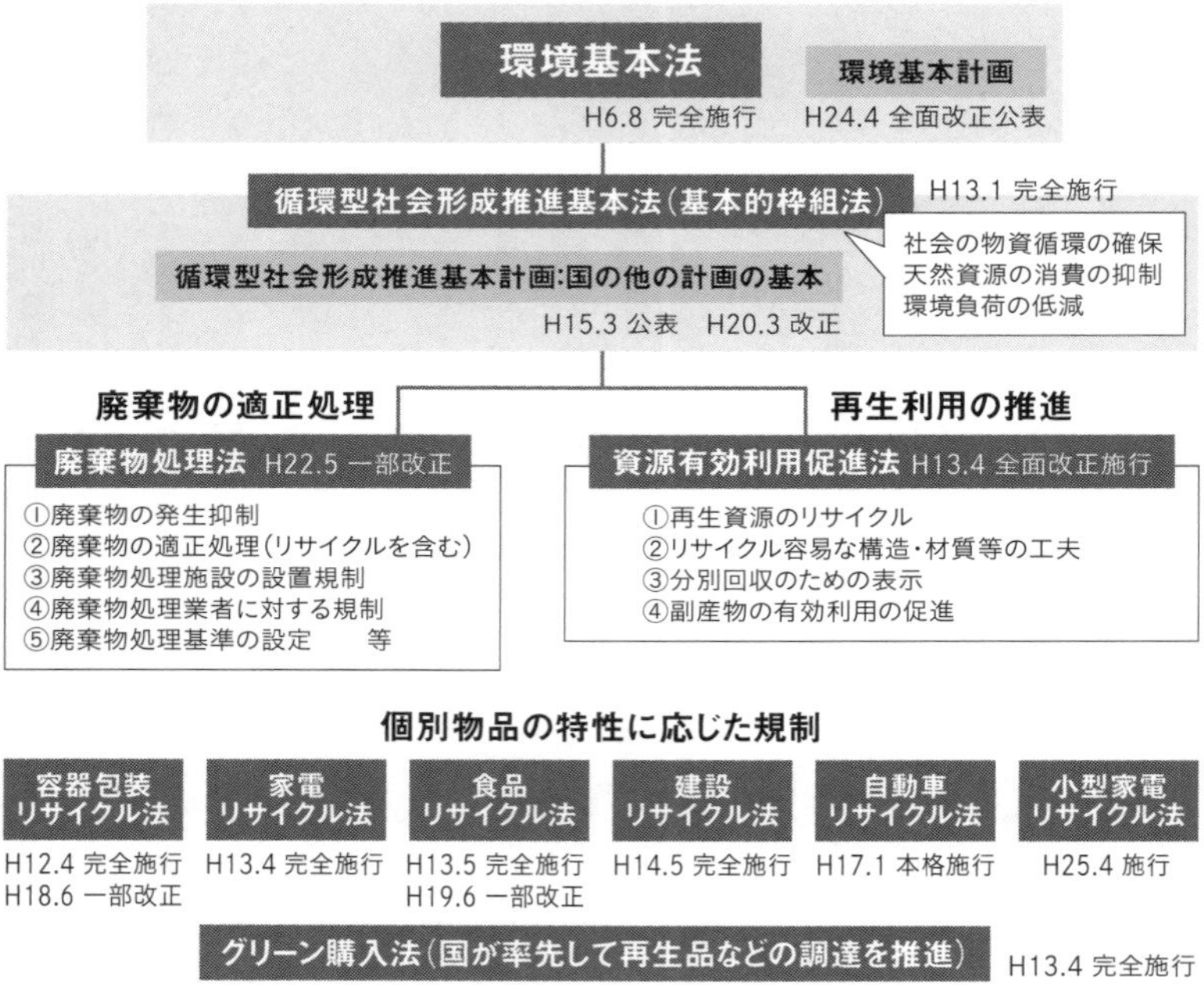

出所：環境省HP

ような強制力はなく、企業が自主的に参加を表明してそのルールを遵守していく仕掛けである。ところが、このイニシアチブが企業のレピュテーションや上場企業の株価に影響を与えるようになると、多くの企業が費用を負担しながらイニシアチブに参加し、自らルール遵守を公表し、そしてルールを守っていく活動を行うようになる。これはある意味、ルールメーキングの民主化とも言える事態であり、欧米ではルールメーキングを主導するNGOが育ち、活発に活動している。

　すなわち、昨今のサステナビリティ関連ビジネスの背景には、ルールの整備がビジネスの源泉となり、ルール整備とビジネスを一体化して育てていく側面がある。この面において欧米では、政府機関のみならずＮＧＯなどの民間組織が金融機関などとも連携し、企業や世論を動かす訴求力を駆使しつつルールメーキングを主導していく。この官民一体となったルールメーキング力が新たなサステナビリティ関連ビジネスの背景にあることを理解する必要がある。

エコシステム全体の開発力

次に注目したいのは、エコシステムを視野に入れたビジネス開発力である。ビジネスモデルを検討する際、ビジネスエコシステムを整理することは、かなり一般的に行われるようになってきた分析手法である。欧州バッテリー規制を別の観点から見れば、これまで輸入に頼らざるを得なかった希少金属を循環資源として欧州域内で調達できるようになり、それらの循環資源を一定比率以上利用した新しいバッテリーの製造、そしてそれらのバッテリーを利用した電気自動車の製造も欧州域内で行われる可能性が高いことがわかる。すなわち、欧州バッテリー規制とはバッテリーに関連するエコシステム全体を欧州域内で実現しようとする産業戦略と見ることもできる。

類似の動きは次世代エネルギービジネスの柱として期待されている水素でも起こっている。ながらく我が国は水素の利活用技術の先進国として、その地位を保ってきた。ところが、欧米や中国、韓国などが水素戦略を打ち出し官民が連携した研究開発・実証や投資を加速することで、我が国の競争力には陰りが見られるとの指摘も多い。ロシアのウクライナ侵攻により、ロシア産の天然ガスへの依存のリスクを認識した欧州では再生可能エネルギー（再エネ）からつくり出すグリーン水素（製造時にCO_2を排出しない水素）を域内で生産し、域内に整備されたパイプラインネットワークを有効活用していく戦略である。そして、再エネからグリーン水素をつくり出すための水電解に関する技術開発が急ピッチで行われている。これらの活動も水素ビジネス全体のエコシステムに着目し、システム全体を開発し、そのなかで欧州産業のポジションを確保していくために、要素技術開発や技術仕様の標準化などを活用していこうとしている。

従来我が国では、水素で言えば燃料電池のように、特定のデバイスや単品技術の開発を支援し、その製品化を推進していく動きが顕著であった。しかし、GX実現のためには単品技術や要素技術に加えて、それらの技術が活用されるシステム全体、すなわちビジネスエコシステムを意識して開発していくことが重要になっている。

ビジネスモデルと一体化したデータ収集・活用力

最後にビッグデータの収集・活用の仕組みという点にも触れたい。既述の通り、欧州バッテリー規制に対応していくためには、バリューチェーンを構成する企業間で各種のデータ流通が必要である。そしてデータを一手に握るGAFAM（グーグル、アップル、フェイスブック〈現在はメタ・プラットフォームズ〉、アマゾン、マイクロソフトのこと）などの米国企業に対抗するために、欧州が打ち出したのがデータ主権という考え方だ。自ら保有し制御できるデータをデータスペースで共有することで、巨大化したGAFAMとは一線を画したデータ流通を構築しようとしていると理解することができる。

一方で、ビジネスモデルに工夫をすることでビッグデータを欧州企業が手にするケースも生まれている。例えば、脱炭素の切り札の1つとして期待される風力発電。我が国でも積極的に導入が図られているが、現在、最終的な風力発電設備の製造メーカーは日本には存在しない。主として、欧米や中国の企業が市場を席捲している。風力発電設備への投資金額は巨大であり、通常、発電事業者はSPC（特別目的会社）を設立し、プロジェクトファイナンスなどの仕組みにより投資資金を調達することが多い。この際、風力発電設備が期待された通りの発電を行ってくれれば問題はないが、発電量が想定を下回る場合、調達資金の返済に支障が生じることになる。この課題を解決するために生み出されたビジネスモデルが保証（ギャランティー）サービスである。

すなわち、風力発電設備メーカーが自らの製造・納入した発電設備による発電量を保証する（例えば定格出力の90％を保証し、90％を下回る場合にはメーカーが費用を支払う）ビジネスが生まれている。ファイナンスを提供している金融団から見ると、安定した収益が期待でき返済原資も確保できることから、歓迎されることの多いビジネスモデルである。一方メーカーからすれば、保証サービスを提供するのであれば、納入した風力発電設備の運転は自ら行いたいということになる。

この結果、時々刻々と変化する風に対応して安定的な風力発電設備を運転するために必要な各種データは、運転を行っているメーカーの手に入ることになる。こうして、気が付くと風力発電に関する各種運転データは保証サービスを提供しているメーカー（あるいはメーカーの関連会社）に集中し、メーカーはデータを活用して発電量を最大化するためのノウハウを蓄積し、場合によっては必要なモニタリング機器の開発・蓄積されたビッグデータを活用するソフト開発が進展していくのである。

この例は、保証という新しいビジネスモデルを生み出し、それを市場に普及させることによりビッグデータを入手し活用していくモデルと解釈することもできる。データは、今後の企業の競争力の源泉であるという意見がある。GXの重要なピースである再エネ発電の世界において、工夫されたビジネスモデルにより、合理的に大量のデータの国外流出が生じていることには留意が必要である。ビジネスモデルの検討に際してデータのありかを考えることも重要な時代を迎えているのではなかろうか。

以上の通り、GXとDXの融合は単なる技術開発の差ではなく、ビジネスに影響を与えるルール、エコシステム全体への目配り、関連データの所在などへの配慮も必要になっているのである。

求められる官民民連携とスピード重視のエコシステム全体の底上げ

以上の点を踏まえると、GXとDXを融合させ新しいビジネスやサービスを生み出していくために企業などが取るべき戦略が見えてくる。

重要なことはエコシステム全体に目配りし、システム全体を開発していくため、官と民、さらには民と民（民間企業とNGOなどの民間主体）の連携を深めていくことだ。サステナビリティの領域では、ルールがビジネスに大きな影響を与えることを踏まえ、ビジネスを視野に入れたルール整備を官民連携で進めること、必要に応じてイニシアチブのような形で民間主体からのルール整備を進めていくことも重要になる。そのためには、ルールづくりに精通した民間主体を育成していくことも重要ではなかろうか。

実はルールと一体化してエコシステム全体を刺激して育てていこうという仕組みは、すでに現実のものとなりつつある。例えば水素関連ビジネスやそのエコシステムを育成していくため、我が国では「水素・アンモニアの商用サプライチェーン支援制度」および「効率的な水素・アンモニア供給インフラの整備支援制度」の基本方針が示されている（2023年1月）。

具体的には2030年頃までに我が国において低炭素な水素・アンモニアの供給を開始する予定である事業者（＝ファーストムーバー）については、事業者が供給する水素・アンモニアに対し、基準価格（事業継続に要するコストを合理的に回収しつつ、適正な収益を得ることが期待される価格）と参照価格（既存燃料のパリティ価格）の差額（の一部または全部）を15年といった長期にわたり支援するスキームが検討されている。

この仕組みは、規制・制度と支援の一体型の施策であり、民間企業の事業投資の予見可能性を高め企業の投資を促し、サプライチェーンを構築することを目指している。サプライチェーンを構成する複数の企業の活動を活性化し、水素の供給利用ビジネスそのものを育成しようとするもので、そのために公的資金投入を行う新たなルールが整備されているのである。

研究開発面でも新しい動きが生まれている。SBIR（Small Business Innovation Research）制度は、2021年4月に改正された「科学技術・イノベーション創出の活性化に関する法律」に基づくもので、スタートアップなどの研究開発成果の社会実装に向けて、随意契約制度の活用などにより、初期段階の技術シーズから事業化までを一貫して支援することが目指されている。基礎研究と応用研究、さらには実証と社会実装を一体的に捉え、技術開発の支援だけでなく公的市場も確保して、新しい技術やシステムの社会実装を目指すものと筆者は理解している。

水素ビジネス創出に向けた仕組みやSBIRの仕組みに共通するのは、システム統合的な考え方であり、一要素の支援ではなく、より複合化したシステム全体の支援を図っている点に特徴がある。いずれも公的ルールに支えられており、民間からのルールメーキングではないものの、エコシステム全体の底上げを図る仕組みと言うことができる。

今後は、民間企業側からのルールに関するアイデアを取り込み、官民一体となったルールメーキング活動をエコシステム全体の底上げに向け一体的に展開していくことが望まれる。その際、民間企業には2つのことが求められよう。1つはよく指摘されているように、エコシステムに係る多くの民間企業が競争領域と協調領域を明確に意識し、協調領域においては企業連携やデータの共有・連携・活用を進め、相互にメリットを生み出していくための仕組み、そのために必要なルールを考えることである。もう1つは、スピードを意識することだ。ソフトウェアの世界ではアジャイルの考え方が普及している。短い期間で開発を行い、実際に使用してみて改善すべき点を修正していく。利用者まで含めてともに開発を行っていくというスピード重視の姿勢が、エコシステム全体の底上げのためにも重要になっているのではなかろうか。

サステナビリティ対応力を企業競争力に結びつけるためには、GXとDXの融合が不可欠であり、多様な主体が連携しルール整備まで含めてエコシステム全体を開発・向上させていくことが、企業などには求められている。そこでは、風力発電におけるギャランティーサービスのように、ステークホルダーに歓迎されるビジネスモデルを工夫し、結果としてビッグデータの収集・活用力が鍛えられていく仕組みも重要である。

※1　オーストラリア、ブリスベンを拠点とするスタートアップ。2018年設立。土壌中に蓄積される炭素量を増加させることによる温暖化対策に注力している。

グローバルサプライチェーン
「供給の不確実性」をどう乗り越えるか

グローバルサプライチェーンを取り巻く環境は、近年極めて大きな変動にさらされている。部品不足や輸送の中断、天然資源の供給不安など、需要だけでなく供給の不確実性への対応が迫られ、環境問題や人権問題といったＥＳＧ観点にも目を向ける必要が生じている。不確実な環境下において求められるサプライチェーンマネジメントとは何か。サプライチェーンのレジリエンス向上を実現するためには、どのようなアプローチを取るべきか。求められるサプライチェーンマネジメントを実現するために、デジタルと人はどのようにあるべきかを示す。

抜本的な見直しが必要となったサプライチェーンマネジメント

サプライチェーンマネジメントの変遷

グローバルサプライチェーンをめぐる最新の動向や、そのなかで求められる新たなサプライチェーンマネジメント（SCM）のあり方を理解するために、まずSCMがどのように過去から変遷してきたのか、現在直面しているSCMに関連する課題がどのような文脈のなかで発生しているものなのかを、概観しよう。

日本では2000年前後、製造業を中心にSCMブームが起こった。それ以降、2020年まで、日本企業のSCMのテーマはおおよそ5年刻みで変遷している。その変遷を「SCM1・0」〜「SCM4・0」と定義し、不確実性が大きく高まった2020年以降を「SCM5・0」と位置付けることとした。

2000年頃のSCMブームにおいて生産管理強化を中心とした取り組みは、「効率重視型SCM（SCM1・0）」である。だが安定した環境を前提とした最適化ロジックと、需要変動の大きいグローバルサプライチェーンとのギャップから、想定した効果を出せずに終わることとなった。

図表2-2-1 SCM1.0〜5.0の変遷

	静的 サプライチェーン（安定的）				動的 サプライチェーン
	1.0 (2000-)	2.0 (2005-)	3.0 (2010-)	4.0 (2015-)	5.0 (2020-)
目的	効率性	柔軟性	採算性	労働生産性	強靭性 持続可能性
コンセプト	効率重視型 SCM	反応重視型 SCM	S&OP	デジタル SCM	ダイナミックSCM

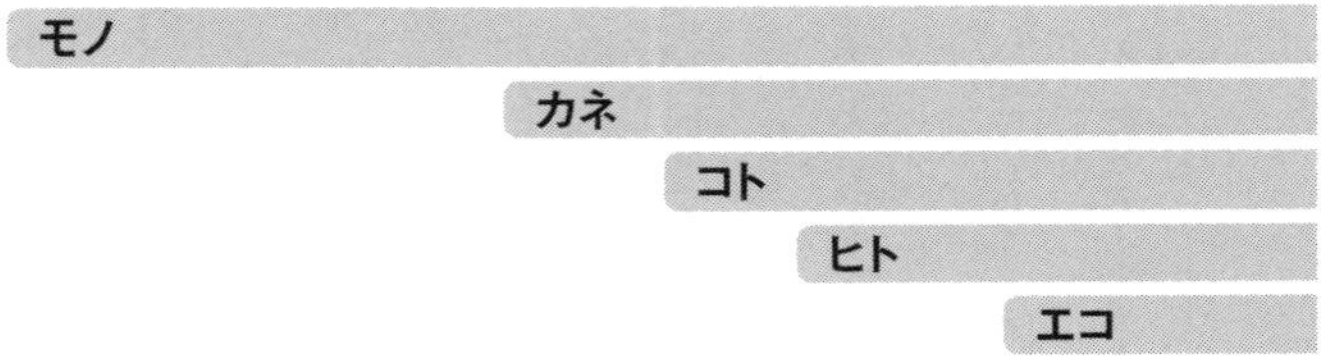

出所：株式会社クニエ

２００５年以降にフォーカスされ始めたのが、国際分業の進展に伴ったサプライチェーン全体の可視化ニーズである。いくつかの企業は「反応重視型ＳＣＭ（ＳＣＭ２・０）」に取り組むことで可視化の範囲が広がり、ＩＴシステムの計算速度も飛躍的に向上したことから、柔軟で高度な判断が求められるようになった。

その後、「モノづくりからコトづくり」といった交換価値から経験価値への認識変化に伴い、日本企業が徐々に稼ぐ力を失い始めると、２０１０年以降には採算性を管理する「Ｓ＆ＯＰ（ＳＣＭ３・０）」の取り組みが加速する。これにより、ＳＣＭに対する経営層の関与度合いは一層高まり、経営とＳＣＭはより近くなっていく。

２０１５年以降、デジタルテクノロジーの進展により、労働代替を主とした「デジタル

ＳＣＭ（ＳＣＭ４・０）」の取り組みが盛んになる。スマートファクトリーやブロックチェーン、機械学習など高度なデジタル技術の活用が進むものの、その多くが部分的な取り組み、または実証実験止まりであった。顧客価値を前提とした発想に切り替わらないまま、日本のデジタルＳＣＭの取り組みは道半ばの状態であった。

そして、パンデミックや紛争、気候変動など世界情勢が大きく変動した２０２０年以降、これまである程度予測可能だったサプライチェーンが予測不能となった。これまでの安定的、固定的な「静的サプライチェーン」から、変化を前提とした「動的サプライチェーン」の時代となり、ＳＣＭにも強靭性や持続可能性が求められる。これが、「ダイナミックＳＣＭ（ＳＣＭ５・０）」である（図表2-2-1）。

高まる需要と供給の不確実性

２０２０年以降、グローバルサプライチェーンは大混乱状態に陥った。米中経済摩擦やコロナ禍で、半導体をはじめ、以前は入手不可能になるなど考えもしなかった資材・部品が不足したり、輸送が止まったことでコンテナ不足が起きたり、天然ガスや鉄鉱石の産地だったウクライナが戦争に巻き込まれたために、エネルギー価格や金属価格が高騰するなど、数々の災いがサプライチェーンの脆弱性を浮き彫りにした。

先行きが不透明で将来を正確に見通すことができない状況が、「ＶＵＣＡ（Volatility：変動性、

Uncertainty：不確実性、Complexity：複雑性、Ambiguity：曖昧性）」と形容されるようになって久しい。特筆すべきは、サプライチェーン領域における不確実性の意味合いが、従来と現在とで大きく変化している点である。これまでは不確実性といえば、主に消費者、つまり「需要」の動向が予測できないことを指して語られることが多かった。しかし現在は、天災や疫病、武力紛争の影響の他、各国の通商政策や、環境、人権問題などへの関心の高まりから派生する、「供給」の不確実性が高まっていること。つまり、「需要」に加えて「供給」の不確実性をいかに乗り越えるのかが、サプライチェーンマネジメントに求められるようになってきているのである。

サプライチェーンに求められる環境問題対策

ＳＣＭにおいて考慮すべき要素として、ＥＳＧニーズが急速に高まっている。気候変動はグローバル政治において主要アジェンダに躍り出て、各国のリーダーが重要なイシューと位置付けている。ＧＨＧ（温暖化ガス）の排出においては、スコープ1と呼ばれる事業者自らによる直接排出（燃料の燃焼、工業プロセス）に加え、他社から供給された電気や熱・蒸気の使用に伴う間接排出（スコープ2）、スコープ1およびスコープ2以外の間接排出（スコープ3、事業者の活動に関連する他社の排出）も含めた管理が求められている。自社の活動だけではなく、川上から川下に至るまでの排出量を把握し、その抑制に向けたアクションを取る必要がある。つまり、グローバル企業がサプライチェーンの排出量目標を設定すると、おのずとサプライヤーも巻き込まれることになるため、規模の大小にかかわらず、この問題にいち早く対応することが競争力に直結することになる。

サプライチェーンに求められる人権問題対応

世界的に関心が高まっているのが、サプライチェーンの川上での強制労働、民族抑圧などの人権問題である。人権問題に対するために、「人権デューデリジェンス」の制定が欧米を中心に急速に進んでいる。これは、企業活動がステークホルダーの人権に対して及ぼす負のリスクを評価し、対処、検証、情報開示を行うプロセスである。2011年に国連人権理事会で「ビジネスと人権に関する指導原則」が承認されたことで、欧州を中心に国別行動原則と法令化が進行し、英国やフランスなどで法制化が進んでいた。

外国人移民労働者の不当待遇や児童労働などを契機とした不買運動が社会的に大きな影響を与えるなかで、2021年7月には、欧州委員会と欧州対外行動庁（EEAS）が「EU企業による活動・サプライチェーンにおける強制労働のリスク対処に関するデュー・デリジェンス・ガイダンス」を公表。企業がバリューチェーン上から強制労働を撲滅するための能力強化を図ることを目的に、強制労働のリスクの特定・抑止・緩和・対処に関する具体的かつ実践的なアドバイスを提供するようになった。これに加え、2022年2月にはさらに一歩踏み込んで、欧州委員会が「持続可能性デューデリジェンス指令法」を公表し、一定規模の企業に対して人権および環境に関するデューデリジェンスを義務化し、その悪影響を予防・是正することを求めた。

すでにドイツではサプライチェーン法が成立（2023年1月より適用）している。法律の義務を負うのはドイツを本拠地とする企業、およびドイツ国内に支店または子会社のある企業ではあるが、人権デューデリジェンスの対象となるサプライチェーンは自社および直接の取引企業にも及ぶ。ドイツ国外の企業も、これらの企業と直接取引のある場合には人権デューデリジェンスの対象となる。

米国では、2021年12月に「米国ウイグル強制労働防止法」が成立。経済産業省の『企業のサプライチェーンと人権を巡る国際動向』によれば、米国は新疆ウイグル自治区で一部なりとも採掘、生産、製造された製品はすべて強制労働によるものと推定し、輸入を禁止し、禁輸措置を避けるには強制労働に依拠していないことなどを輸入者が証明する必要がある。

日本では2022年9月に「責任あるサプライチェーンにおける人権尊重のためのガイドライン」が策定された。日本政府と日本企業による人権尊重に向けた取り組みとして、海外にも積極的に発信することとされている。これまでは最終消費者と生産拠点をスコープに入れていればよかったが、いまは、原材料も含めエンドツーエンド（E2E）で自社製品の生産活動や販売活動を把握し、改善していくことが強く求められている。

求められるサプライチェーンに対する認識の見直し

これまでは、計画・指示通りに効率的に行うことが最重要事項であり、それゆえいかに精緻な計画を立てることができるかに焦点が当てられてきた。従来のセオリーは「ジャスト・イン・タイム」、つまり、計画、指示通り実行し、お客様にお届けするのが当たり前であるという前提で、いかに効率的にリーンにできるかが主なテーマであった。

しかし、地政学リスクや気候変動、人権配慮の要請などの新たな社会価値への対応など、様々な要因が複雑に交錯し、変化の激しい状況が常態化するなかにおいて企業に求められるのは、単に「計画を立案し、その計画に忠実に実行すること」ではなくなっている。計画・指示に基づく実行状況や、そもそもの計画の前提となっている外部・内部の前提条件と制約条件をいかに迅速に捉え、複数のシミュレーションを踏まえて対策アクションに迅速に移せるかどうか、あるいはそれを実現するためのDX・デジタルテクノロジーの実装やデータガバナンスをどのように整備するか、といったことにフォーカスしなければならない。

コロナ禍が終わったとしても、本質的な状況は変わっていない。このパラダイムシフトを、経営層だけでなく現場で実務を支える従業員が理解しない限り、もはや自らが提供するプロダクトやサービスを安定的かつ継続的に提供することは極めて困難である。サプライチェーンの「レジリエンス（強靭化）」に対する要請は、かつてないほどに高まっている。

変化し続けるサプライチェーンに対応するための企業の課題

日本企業の現状

そもそも製造業の目的は「何をつくって、何を売るか。いかに商品の価値を高めるか」だった。その目的のもと、日本の製造業がグローバルサプライチェーンを構築するために重視してきたのは、直接的なコストの削減だ。国際物流の進展とともに輸送費が安くなったことを利用し、賃金の安い海外に製造拠点を広げてきた。サプライチェーンを構成する要素は、「生産・調達（Production）」「販売（Sales）」「在庫（Inventory）」の「ＰＳＩ」に分類できる。このＰＳＩの組み合わせが連鎖することで、大きなサプライチェーンを形づくっている。

日本企業はＰＳＩを縦割りに捉え、効率化、コストダウンを推し進めてきた。人材面でも企画やマーケティング、設計・開発、販売組織に優秀な社員を多数配置し、物流、生産・調達組織への人材投資は控え気味である。オペレーション的な仕事は、いざとなれば人海戦術で乗り越えればよいと考える企業は少なくない。生産領域での効率化を突き詰めた結果、日本のサプライチェーンの縦割り構造は悪い意味でも強化されてしまった。本来ならＰＳＩが連携し、サプライチェーン全体で社会情勢・市場への変化にあたったり、イノベーションを起こしていったりすべき時

図表2-2-2　成長の源泉はWhatからHowへ

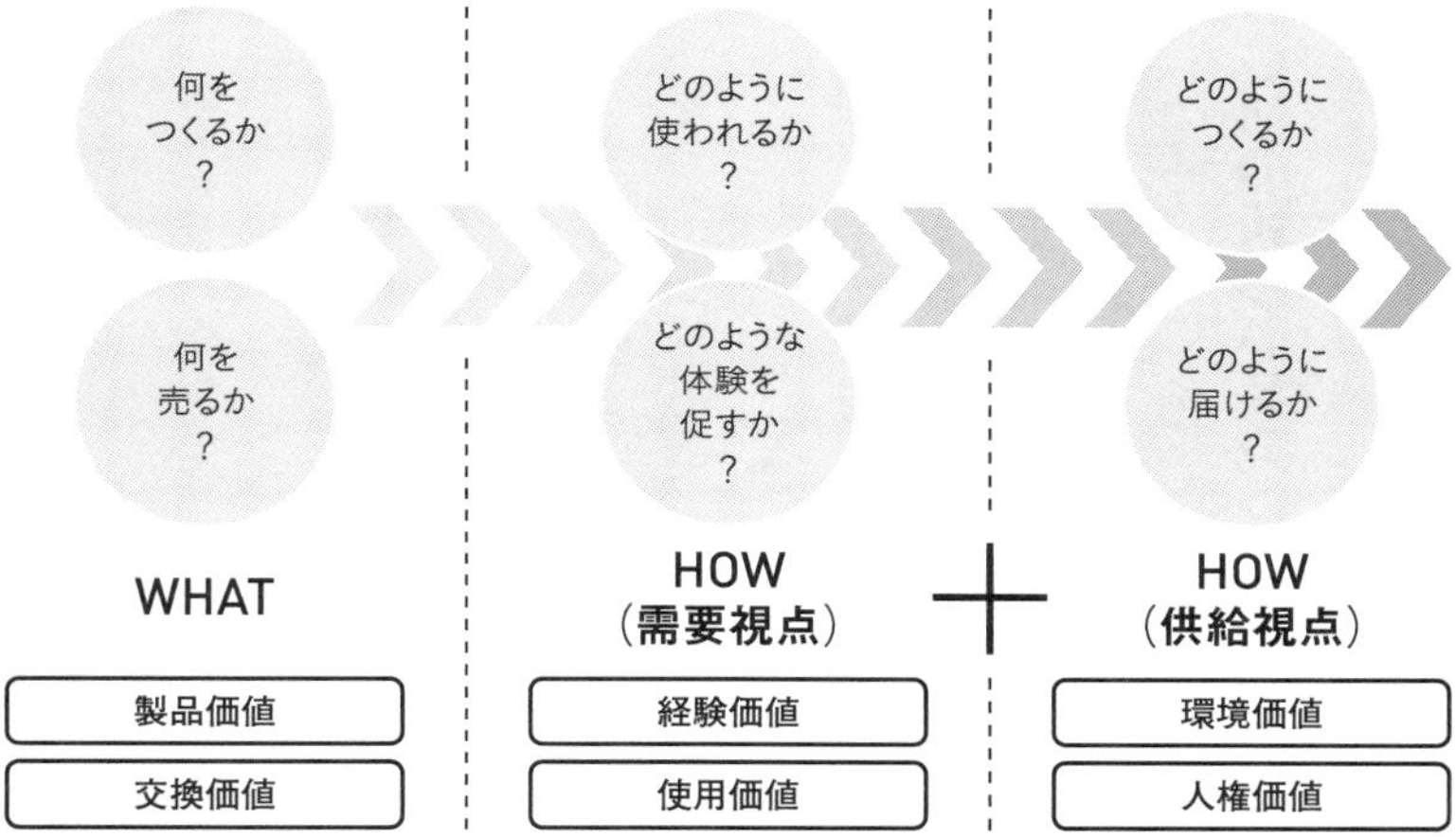

出所：株式会社クニエ

に、柔軟な対応が取りにくい構造になっている。またＳＣＭに関わる多くの組織が、コスト削減を最優先事項とし、環境や人権といったＥＳＧ的な要素に無関心、または関心が非常に低い状態で業務を行っている。

　これまで、成長の源泉として企業が注力してきたのは、「ＷＨＡＴ」（何をつくり、何を売るか）であったが、いま、新たな評価軸として企業が意識しなければいけないのは「需要側のＨＯＷ」（どのように使われるか、どのような体験を促すか）と、「供給視点のＨＯＷ」（どのようにつくり、どのように届けるか）であり、こうした体験・使用価値と環境・人権価値をいかに高めるのかが、企業の競争優位につながるのである（図表２－２－２）。

SCMの過去からの仮定と新しい現実

このような状況を引き起こしている要因として、SCMには過去からの5つの仮定が暗黙的に存在する。

①環境や人権などの「社会的責任」はCSR部門だけが負い、CSRに直接的に関わらないSCM組織はいかなる社会的責任も引き受けない。
②イノベーションはSCMの守備範囲外であり、他と異なる行動を実行する勇気よりも改善を推し進める能力が重要である。
③工場労働者の生産性を高めることがSCMの仕事である
④SCMは科学であり、ルールである。SCMは数字や物理の法則、エンジニアの応用であり、文化的な価値観や個人的な信念とはいっさい無縁である。
⑤SCMは「原因」というよりも「結果」であり、「チャンスの創出」というよりも「ニーズへの対応」である。

SCMの新しい5つの現実

これに対して、現在ではSCMに新しい5つの現実が突きつけられている。

①あらゆる業務が「生活の質」に責任を負う。「社会的責任」は本来の業務以外のものであったりはしない。SCMの仕事はますます、個人の価値観や夢を生かすことで組織を動かし、成果を上げていくこととなる。

②イノベーションがまさにSCMの核心となる。「管理機能」が重要なのと同じくらい、「イノベーション」が重要となる。SCMの世界では「変化への抵抗」が、いまだ古くて新しい問題である。既存の組織は、現状を維持したいという慣性を打破する方法を学び、変化はチャンスであるという姿勢を身につけなければならない。

③手仕事や肉体労働よりも、知識すなわち概念やアイデア、理論をより生産的に活用することが、SCMの仕事である。

④SCMは自然科学、社会科学であり、人文科学でもある。SCMには業務ルールやツールやテクニックがある。SCMは価値観や信条などからなる文化や制度でもある。SCMは日増しに多国籍に展開されるものとなり、いまのところグローバルエコノミーにおける唯一の制度となりつつある。

⑤企業や社会の発展はSCMの成果である。資本という経済的な要素だけを提供した企業は、どこも経済的発展という目的を達成しておらず、サプライチェーンのマネジメント力を生み出すことができたケースは数少ない。アップルやアマゾンのようにサプライチェーンを見事に構築した企業が、急速な経済発展に成功している。経済力でなく、人間力の問題なのである。

実はこの5つの仮定と5つの新しい現実は、ピーター・ドラッカーが1969年に発表した論文『マネジメントの新たな役割』におけるマネジメントという言葉をSCMに置き換え、一部意訳したものである。デジタル全盛の現在においても、ものの見事に企業が置かれている状況を的確に表している。つまり、本質的な意味での企業のマネジメント課題はここ50年変わっていないのである。この先10年を見据えて、現在実施すべき取り組みは、この新しい5つの現実をいかにSCMに取り入れるかである。

求められるダイナミックなサプライチェーンマネジメント

スタンフォード大学経営大学院のチャールズ・A・オライリー教授は、共著『両利きの経営』（東洋経済新報社、2019年）で、イノベーションには「知の深化」「知の探索」の両方が必要であり、深化ばかりが進むと企業プロセスの経路依存性が高まり、変化が難しくなることを主張している。ハーバード・ビジネス・スクールで教鞭を執り、国際経営研究者でもあるパンカジュ・ゲマワット教授は、著書『VUCA時代のグローバル戦略』（東洋経済新報社、2020年）で、企業のグローバルな成長には、Aggregation（集約化）、Arbitrage（裁定）、Adaptation（適応化）のトリプルAが重要だと指摘している。

両教授の指摘を日本のサプライチェーンに当てはめてみると、現状に至るまでの経緯を理解しやすい。日本はトリプルAのうちの集約化と裁定によって、サプライチェーンを構築してきた。

人件費が安い国に製造拠点を集約し、高付加価値のついた商品を他国で売る裁定取引で1980年代の成長期を築いてきたのである。「知の探求」よりも「知の深化」（徹底した生産効率化）に傾倒していったため、柔軟性に乏しい適応力に欠ける組織となってしまった。今後、需要も供給制約も、そして社会ニーズも、これまで以上にダイナミックに変化する時代が到来するだろう。これに応えるためには、サプライチェーンもダイナミックな変化に適応できるマネジメント力、レジリエンスを身につけていかなければならない。

課題に対して現在何を実施すべきか？

レジリエンスを高めるためのアプローチ

様々な変化に適応していくために、SCMのなかに最適化という概念だけではなく、レジリエンスという新しい概念を盛り込んでいくことが求められる。サプライチェーンのレジリエンスを高めるためにはいくつかの原則があるが、ここでは「モジュール化」「目的の共有と権限移譲・分散」という2つの原則を紹介する（図表2-2-3）。

図表2-2-3 仕組みとしてのレジリエンスを高めるための基本原則

1	モジュール化	コアをシンプル化し、周辺に様々な物を組み合わせて多様化させる。
2	目的の共有と権限移譲・分散	目的意識を共有し、権限移譲と分散を進め信頼関係を構築する。

これらの原則をサプライチェーンネットワーク構造、サプライチェーンプロセス、組織、ITシステムに応用していくことが鍵となる。

出所：株式会社クニエ

①モジュール化

サプライチェーンの原理原則であるＰＳＩをモジュール化し、販社や工場といった企業内の拠点をＰＳＩでつなぎ、さらには顧客、サプライヤーともＰＳＩをつないでいく。これによりサプライチェーン上の情報伝達、製品供給フローのメカニズムのなかにある遅延や認知バイアス（人間が物事を判断する場合において、常識や周囲の環境などの要因によって、本来行われるべき理性的、合理的判断が行えず、時に非合理的な判断に至ってしまうことがサイロ化されたサプライチェーン業務のなかでは頻発する）、ブルウィップ効果（後に詳述）といった不確実性を抑えるのだ。コロナ禍やロシアのウクライナ侵攻のように、予測不可能で外生的な不確実性に対しては、リスク分散という方法で対処せざるを得ないが、自分たちのなかにある内生的な不確実性はうまくコントロールすれば減らすことができる。

典型的なサプライチェーンの場合、サプライヤー、工場、販社、流通を担当するプレイヤーが縦割り構造で動いている

図表2-2-4　どのような状況下においてもPSIの原則は変わらない

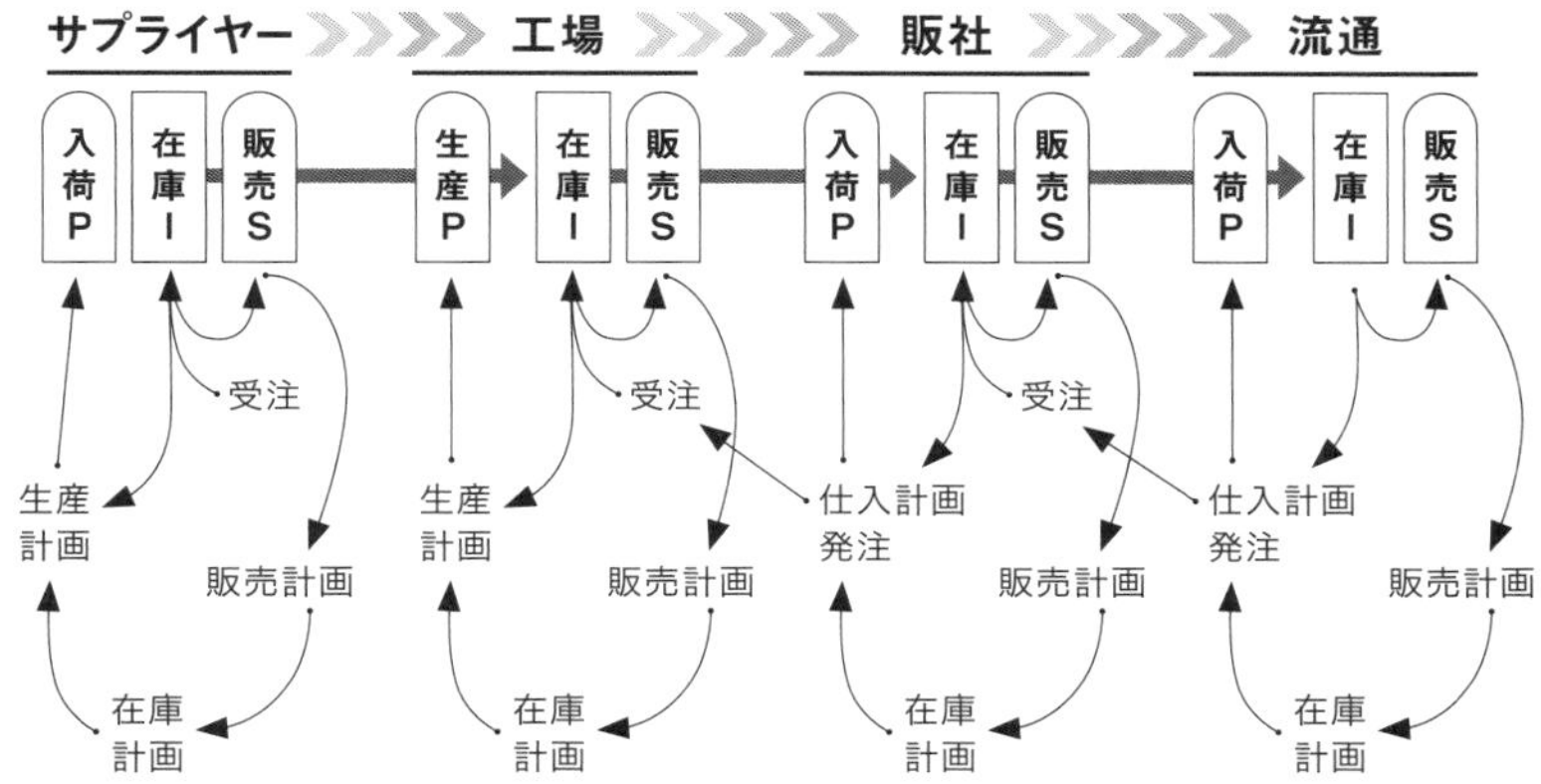

数量PSI+上流・下流のPSI → E2Eのサプライチェーンマネジメント

数量PSI x 単価 → 過去と将来の金額、利益マネジメント

数量PSI x CO_2排出原単位 → 過去と将来のGHG排出量マネジメント

出所：株式会社クニエ

ため、プレイヤー同士の情報伝達に遅れが発生しがちだ。そのため各プレイヤーは最新の情報を意思決定に使えず、間違った認知に基づく誤った判断、誤った計画立案をしてしまう事態につながることがある。これらが積み重なれば、生産・仕入れの数量が実際の需要とかけ離れたものになる「ブルウィップ効果」が発生し、大きな損失を生みかねない。

　各プレイヤー、各拠点間の壁を取り払い、情報の境界線を拡張し、全プレイヤーができる限り新しい市場動向・情報に基づいた判断を行えるようにするのだ。情報の遅延がなくなれば判断の誤りも少なくなる。先に「PSIの連鎖がサプライチェーンを形づくっている」と述べたが、それぞれのプレイヤーがＰＳＩを連携させ、「正しい情報を迅速に得て、自ら最善の結果を目指すモジュール」として動かせるようにすれば、サプライチェーン全体の機能は大きく向上するだろう。数量情報としてのＰＳＩが金額情報や環境情報としてのベース数値となり、ＥＳＧ視点を含む経営的状況把握と意思決定のキードライバーとなりうる（図表２－２－４）。

②目的の共有と権限移譲・分散

これまでは生産プロセスの最適化、在庫最適化、輸配送最適化のように、ＰＳＩの縦方向に「最適化」という目的があり、それを深化させることが重視されてきた。だが最適化を進めれば進めるほど、既存の手法が固定化されていき、柔軟性はますます失われていく。ここで最適化と強靭性は相反する概念だと再認識し、従来型の目的のみに固執するのを止めるべきだ。前出のゲマワット教授もミクロ・アプローチにおけるArbitrage（裁定）の留意点として、コスト削減についてのみ語るのでなく、企業の生存と成長を目的とするべきであることを挙げている。

ではＳＣＭの本質的な目的とは何だろうか。先程述べた「ＳＣＭの新しい５つの現実」を踏まえて、大きな目的を設定して各プレイヤーに一定の裁量を与え、それぞれの組織が新しい共通認識のもとに実行できるようにしていくことが、ひいては全体の成長を促す結果につながるのである。

デジタルテクノロジー活用と人材育成が継続的なSCM改革の鍵

デジタルテクノロジーの活用がレジリエンスなサプライチェーン構築の鍵となる

日本の製造業は高い技術を生かした高品質、高機能なモノ・製品と、高い生産能力を武器に1970年代から80年代にかけて大きく成長してきた。しかし、2000年以降はデジタルを武器としたGAFAMなどの企業に大きく水をあけられている。つまり、モノ（製品）を中心としたタンジブルな競争アプローチが、デジタルサービスを中心としたコネクテッド・インタンジブルな競争アプローチに敗北したと言える。こういった状況のなかでは、タンジブルなプロダクト、コネクテッド・インタンジブルなプロダクト・サービス、どちらか一方ではなく、両方を組み合わせていくこと、そしてそれを組織・企業をまたいでコネクト、つないでいくことがこれからを生き抜く鍵となる。

サプライチェーンの構築において大きな目的を共有し、互いの裁量を認め、ともに仕事を進めていくためには、それを支えるサプライチェーンの共通デジタル基盤（プラットフォーム）が必要となる。タンジブルな世界を、コネクテッド・インタンジブルな世界に転写し（デジタルツインとも呼ばれる)、そしてそれらにあらゆる顧客、サプライヤーがつながり、コネクテッドデジタルサプライチェーンツインを構築する必要がある。計画、実情を含めたあらゆる情報の可視化、その情報をもとにした分析、シミュレーションを行えるようにすれば、適応力もレジリエンスも高まる。さらには「知の探索」が進み、プロセス・イノベーションが起きる可能性も出てくる。

サプライチェーンのE2E全体を対象としたDX事例

不確実性が高いなかでESGニーズにも応えつつ、ダイナミックなマネジメントを行っていくためには、サプライチェーン全体をE2Eで見渡せることが必須となる。変化対応力を強める、業務領域をつなぐプロセスこそDXとして手を打つべきであり、特定の個別領域でのデジタル活用でとどまることなく、E2Eで取り組みを波及させていくことが重要である。特に、サプライチェーンにおける計画業務は、標準化しにくくエクセルシートによる管理が多く蔓延している。逆に言えば複雑なレガシーシステムの影響が相対的に少なく、手を打ちやすい領域であるとも言える。ここでは前述のモジュール化アプローチとしてのPSI情報の連携、活用例として、我々が支援させていただいた「グローバルPSI(生産・販売・在庫)計画」「SCM企業間連携」「GHG排出量可視化」の3つの事例を紹介する。

事例①：グローバルPSI計画

サプライチェーンにおける「ブルウィップ効果」を低減するための施策として、以下の2点が必要である

- 販売計画精度の向上
- 販売計画起点から工場、サプライヤーへの要求の連鎖におけるブレを少なくする

いくら販売計画精度が向上したとしても、工場やサプライヤーへの要求伝達の連鎖によるブレが大きくなれば、過剰在庫や欠品を発生させる要因となる。販売計画に基づく計画連鎖の考え方や業務プロセスは、いまでは多くの企業に採用されている一方で、本来の意味で、きちんと運用できている企業は少ない。

例えば、販売会社（以下、販社）が工場に出荷要求をする際、「少し遅れるかもしれない」「供給制約などによって要求した量のすべてが納入されないかもしれない」といったことから、安全を見て本当に必要な量より水増しした要求を行う。一方、各販社からの出荷要求がそろったところで、本社が「こんなには必要ないだろう」「もっと必要だろう」と要求量に対して調整を行う。

このような計画の調整作業は計画の「意思入れ」業務と呼ばれ、それぞれの組織、部門のベテラン計画担当者の、過去の実務経験とそれに基づく職人的「勘」によって実施されている。しか

図表2-2-5 グローバルPSI計画の基本コンセプト

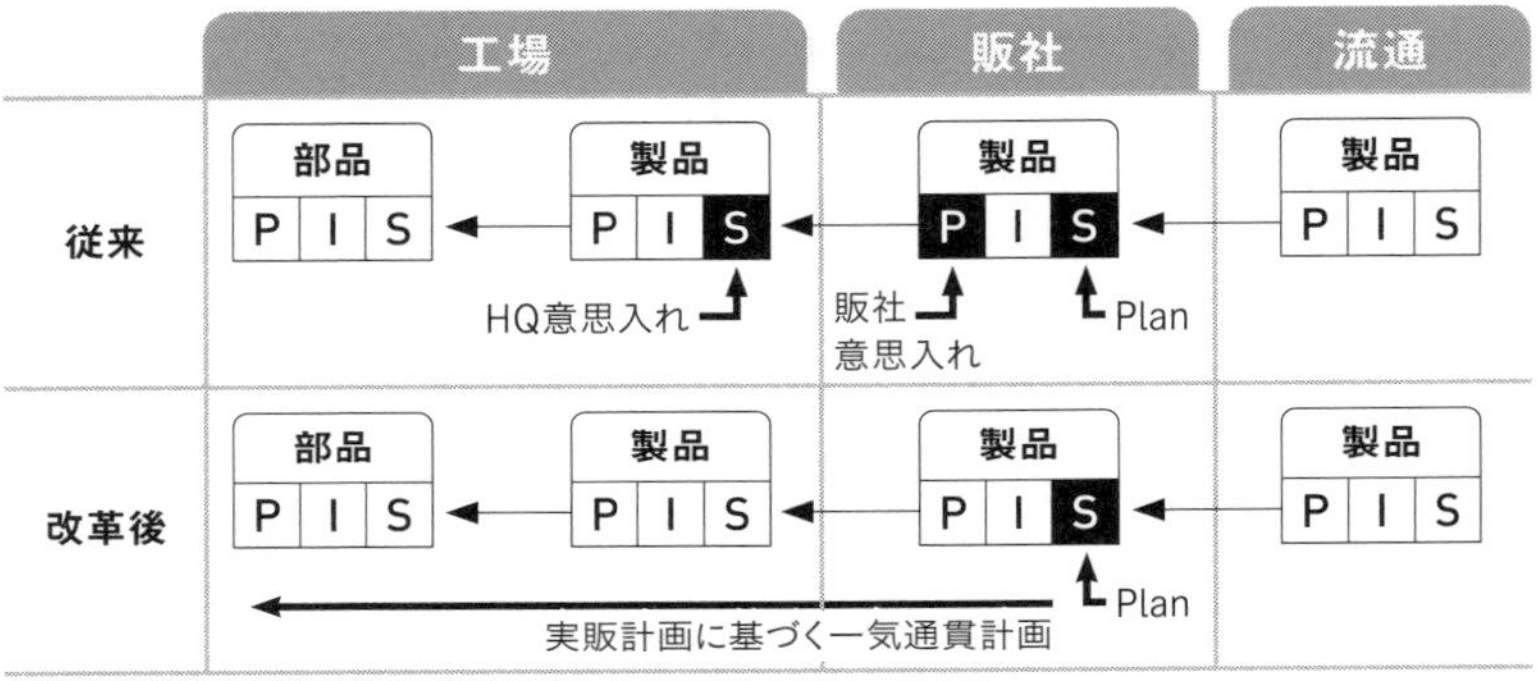

PSI= **P**:Production(Purchase) / **S**:Sales(Shipment) / **I**:Inventory

出所：株式会社クニエ

し、川下（販売側）の計画担当者が実施する調整の上に、川上（製造側）の計画担当者の調整が重ねられていくことで、需要変動は本来以上に増幅、減衰され、先述した「ブルウィップ効果」が発生する。需給ギャップをコントロールするために実施される一連の計画プロセスにおける不要な意思入れが、需給ギャップを拡大させる原因になっているのだ。

サプライチェーンの計画情報は、デジタル時代である現在においても、組織、個人単位で構築されたエクセルシートをメールで相互に送付し合うような運用がほとんどである。こうした環境では、各組織個人の意思入れを統制することは困難である。計画サイクルの同期や即時性を保つことも難しく、組織から組織に情報が伝達されるたびに、情報の劣化が生じ、計画情報の鮮度、精度を悪化させてしまう（計画精度が悪化していることに気がつくことさえも各組織には難しい）。

この問題を回避するために、事例企業ではサプライチェーンプランニングツールを活用して、計画業務全体のどこで意思入れするのかを統制している。販売計画情報が、工場やサプライヤーの計画と組織の壁を越えてタイムリーに相互連鎖されている。販売計画（セルイン）以外では原則意思入れを許可せず、規定のルール、マスターデータ（リードタイム、製造および調達ロットサイズ、在庫基準方針、確定期間など）に従って、生産計画や調達計画を一気通貫で機械的に立案しているのである（図表2－2－5）。

事例②：SCM企業間連携

次に、企業の壁を越えてサプライチェーンの川上方向に拡大した事例を紹介する。事例企業は、自社サプライヤー（1～N次）との情報共有を目的とした情報基盤を構築し、製品および部品のPSI情報をAPI（Application Programming Interface：インターネットを通じたデータ連携の技術標準）を介して各サプライヤーの業務システムなどと相互に接続、共有することで、PSIデータ管理および、各サプライヤーに対する納期調整業務の効率化を図っている（図表2－2－6）。

販売計画～生産計画の変動を反映した部品の調達計画、およびそれに対する各サプライヤーの納期回答結果をクラウド上のプラットフォームで集計し、各部品PSIの見通し（シミュレーション結果）を共有する。各サプライヤーはこのPSI表を参照することで、自社が納入する部品

図表2-2-6 関係者からAPIによりPSI関連情報を取得

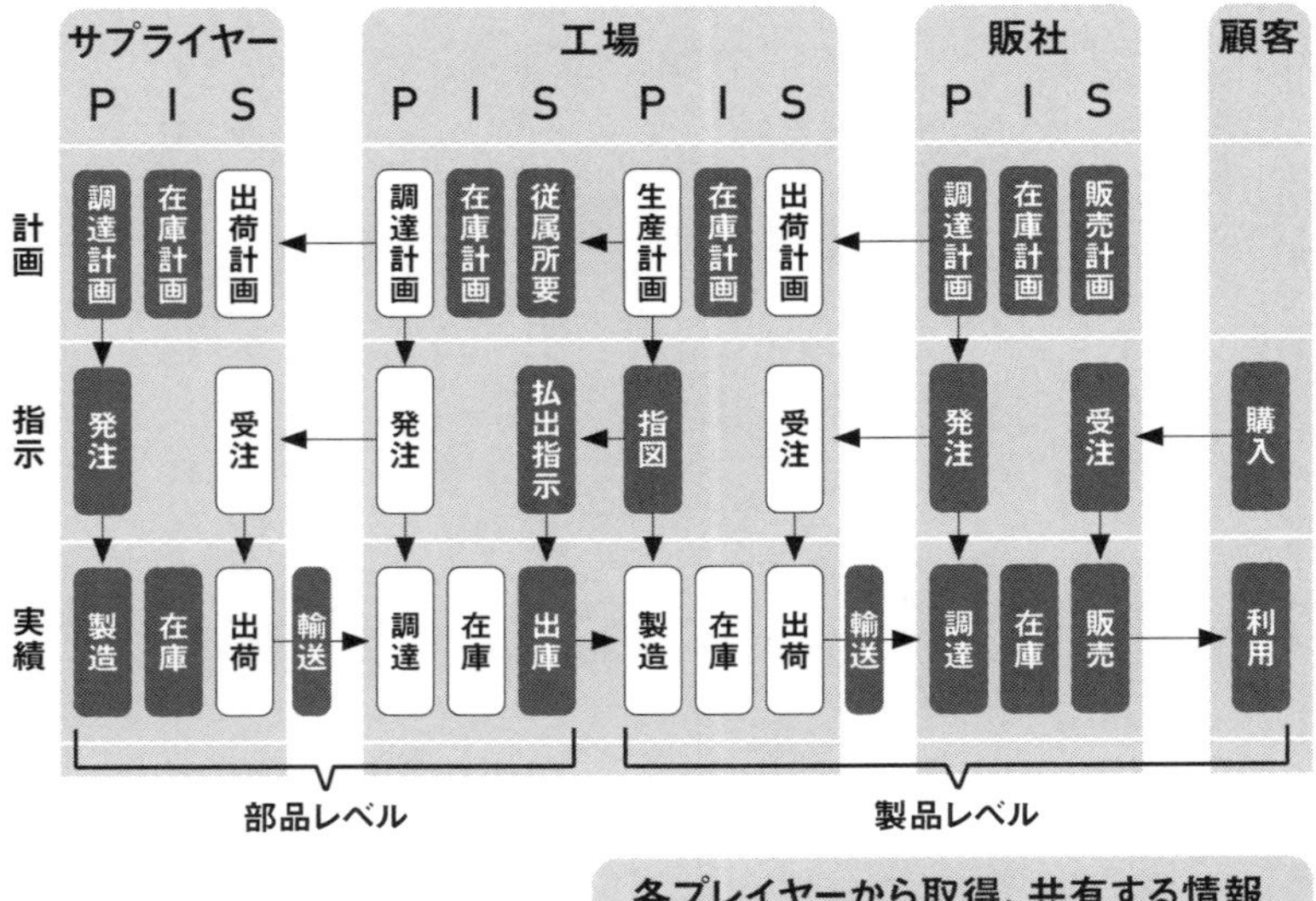

出所：株式会社クニエ

の将来の在庫状況（欠品するタイミング）を自律的に確認し、同メーカーからの個別納期調整依頼を待たずに、欠品を生じさせないようプロアクティブに出荷をコントロールすることが可能になる。これにより同社は、サプライヤーとのコミュニケーションおよびPSI情報管理に関わる業務負荷を大幅に効率化するとともに、部品ショートの発生リスクを極小化している。

　通常、サプライヤーは自社供給部品の要求出荷納期情報のみしか判断材料がなく、出荷された後のサプライチェーン上のどこにどれだけ部品在庫があるのか、部品在庫が将来どれだけ使用される予定なのかといった情報がないなかで生産、出荷をコントロールするしかない。クラウド上でデータ、サービス連携に優れたデジタルツールや基盤を活用することで、自社の情報だけでなく関連企業との情報共有、連携を行い、企業をまたいで変化に対応するSCMの目指す姿が実現できるようになってきている。

事例③：GHG排出量可視化

最後のサプライチェーン領域におけるデジタル改革事例として、原料メーカーから調達する原料、および自社の製造プロセスや外注加工プロセス分も含めた生産工程全体のCFP（製品カーボンフットプリント）を捉える「GHG排出量可視化」を紹介する。事例企業は、約1・5万点の製品を扱っており、その生産工程は、世界中の委託先工場や複数製造拠点をまたいで多段階で行われる。そのため、サプライチェーンネットワークが複雑化し、そのデータも各拠点で管理されているのが特徴だ。

本取り組みのコンセプトは、製造業のGHG排出量管理において事実上のデファクトスタンダードになりつつある「スコープ1＋スコープ2＋〝自社から見て上流側の〟スコープ3（Cradle-to-Gate)」の範囲におけるCFP可視化を、短期間で実現することである。製品別一貫損益の管理のために整備した各サプライチェーン拠点の連結BOM（Bill Of Materials：部品表）などのデータを流用して、CFP可視化の仕組みをクイックに構築することを目指した。加えて、内外製方針判断（Make or Buy）などの経営レベルの意思決定ができる仕組みづくりも目指した。

図表2-2-7 サプライチェーンGHG排出量算出イメージ

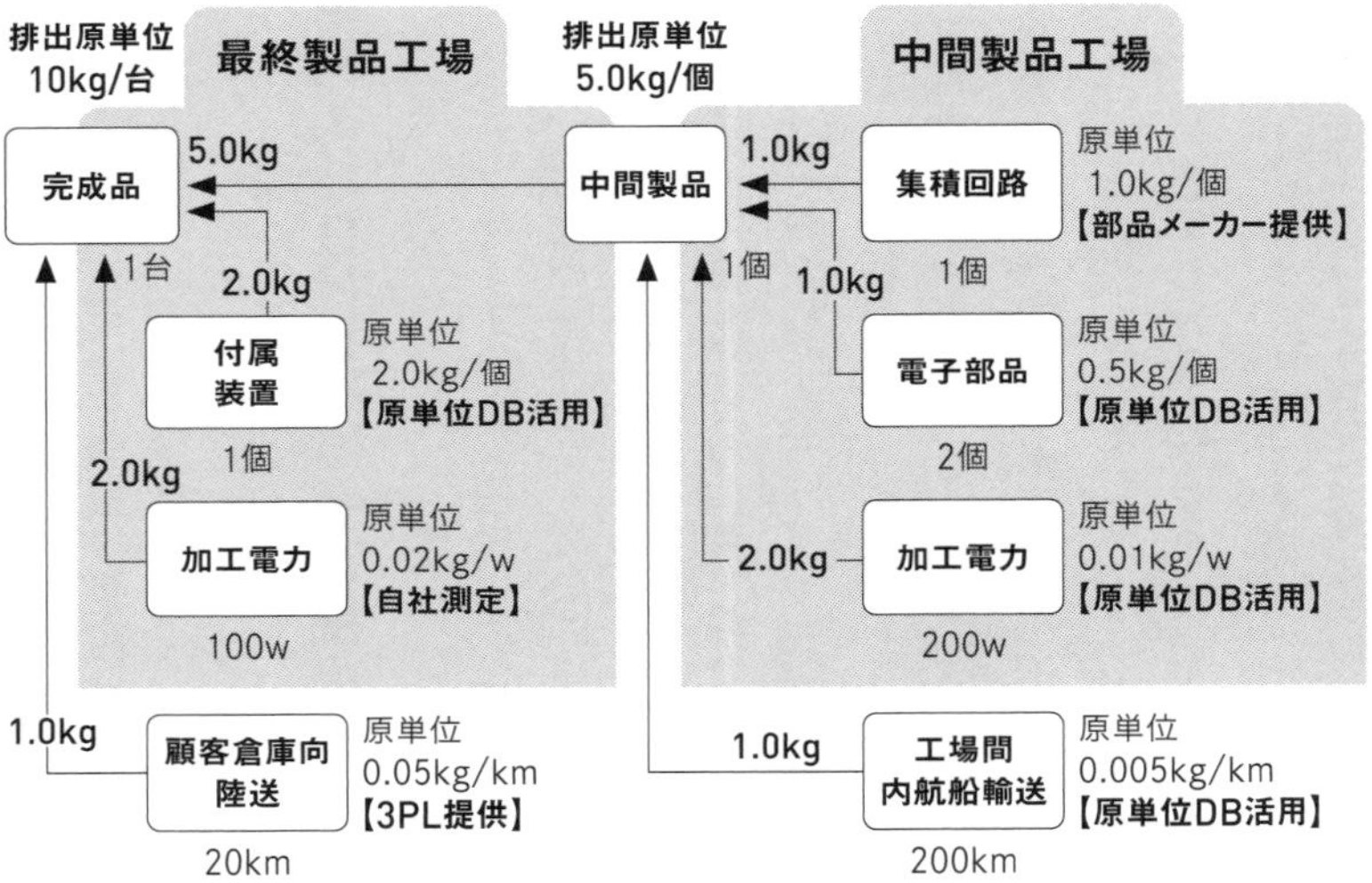

出所：株式会社クニエ

まず、品目別コストをグローバル拠点横断で積み上げ、製品別一貫損益を算出する「デジタル経営基盤」をクラウドシステム上に構築。これにより、もともと年2回のサイクルで、手作業でのデータ収集とスクラッチのＩＴシステムで実施していた損益計算処理を、一元的に算出できるようになった。さらに「デジタル経営基盤」上で整備されているグローバルでの連結ＢＯＭ情報と、商流とコストの紐付けデータを活用し、「ＣＦＰ可視化システム」を構築した。

ただし、原料サプライヤーからＣＦＰ情報を漏れなく提供してもらうのは現時点では困難であるため、主にライフサイクルインベントリデータベース（定量化された環境負荷データを提供する外部データベース）から入手した原料別ＣＦＰ情報に、自社の製造プロセスや外注加工、拠点間輸送で発生したGHG排出を加算することにより、サプライチェーンの上流からの調達・製造・加工・輸送などのプロセスを網羅したCFPを算定し、顧客やマネジメント層に随時提示できるようにしている。具体的には、「製品別一貫損益」の算出ロジックにおける、プロセスごとの「コスト原単位」を、各プロセスの「GHG排出原単位」に置き換えることで、自社工場はもちろん、原材料加工の委託先工場を含めた各プロセスで排出されるGHGを同システム上で集計・可視化できるようにした（図表2－2－7）。

同システムの導入により、これまでマニュアル集計で1カ月近くかかっていた複数のグローバル拠点をまたいだ製品別排出量計算が、約5秒で算出できるようになった。製品別に加え、顧客別のCFPも算出できるようになったことで、顧客要求や販売戦略などの意思決定のつど、迅速にCFP情報を提供することも可能となった。さらに、グローバル拠点全体の「品目×プロセス」単位でGHG排出量を追跡できるようになったことで、どのプロセスで最も多くGHGが排出されているのか、どの品目から削減活動を着手するのが合理的かといった分析が行えるようになり、具体的なGHG削減活動の効率が大幅に高まったのである。

SCM人材の育成が変化に対応し続けるための前提条件

デジタル基盤を活用し、複数の業務領域、企業間をまたいで大きな目的の達成のためにともに仕事を進めていくためには、SCM人材の育成と活用が欠かせない。サプライチェーン全体を見渡し、経営や各業務領域と密接に関係するSCM人材にとって、幅広い知識と経験が必要となる。そもそも外部環境や事業環境が安定的に続くことはもはやない。日本企業は他社の成功事例を求め、〝How：やり方〟に高い関心を示すが、現在の条件に合わせてSCMを構築してもいずれ陳腐化する。将来起きうる変化を捉えて、SCMをアップデートし続けていくためには、いかにSCM人材を確保し、育成するかが鍵となる。

SCM人材に求められる要件は多岐にわたるが、ここでは8点を紹介する。

①全体思考・フロー思考：業務プロセスの詳細知識よりも、全体のフローとデータのつながりを理解し、業務全体を俯瞰できる能力が重要となる。

②ビジネス知識：経営理論やマーケティング知識など、ビジネススキルも必要となる。経営層とオペレーション層をつなぎ、顧客に価値を提供するためには経営理論の理解が必須となる。

③システム思考：グローバルなサプライチェーンの問題を解決するためには、システム思考が必要であり、因果関係やフィードバック構造を把握し、問題を特定し解決策を考える能力が求められる。

④グローバルリスクと文化ギャップ知見：グローバルな状況や文化の差異を理解し、サプライチェーン業務に影響を与える要因を把握する能力が求められる。

⑤外部価値視点とデザイン思考：顧客の価値視点からサプライチェーンを考え、デザイン思考を用いて改善策を考えるマインドセットが必要となる。

⑥ビジネステクノロジー知見とトレンド把握：ＳＣＭ関連の理論についての知識が必要であり、データ分析とそれを周囲に理解、納得させる視覚化スキルが求められる。
⑦デジタルテクノロジー知見とトレンド把握：ＩＴシステムの役割や各ツールの知識が必要であり、それらを組み合わせていくキュレーション能力が求められる。
⑧関係者との調整能力と改革推進能力：ＳＣＭを推進するためには多くの関係者を巻き込み、調整し、改革を推進する能力が重要となる。

様々なプラットフォーマーがつなぐサプライチェーンネットワークを活用していくために

サプライチェーンがこれまで以上に企業課題、社会課題の重要要素となることはもはや明らかである。需要と供給の不確実性への対応とＥＳＧニーズへの対応を図るために、様々な企業やプラットフォーマーがサプライチェーンに関する情報をＥ２Ｅでデジタル化し、それらの活用、共有を積極的に行うことは必須であり、すでにその動きは加速している。

社会的ニーズ、課題、サプライチェーン環境を取り巻く状況は今後も変わっていき、予想はできない。グローバルに複雑に絡み合ったサプライチェーンのなかで、特定の企業やプラットフォーマーがすべてのステークホルダーの情報を一元的に管理することは現実的ではない。様々な企業や、複数のプラットフォーマーがそれぞれ持っているサプライチェーンに関連する情報を連携、共有するためのデジタル上のサプライチェーンネットワークが急速に形成されていくことになる。つまり、これまでモノを中心として形成されてきたフィジカルなサプライチェーンネットワークと、E2Eでデータを中心としてモデル化し（E2Eサプライチェーンモデル）、データを中心として形成されるデジタルなサプライチェーンネットワークをいかに組み合わせ、融合させるのかが求められる。

これまでのSCMの取り組みの多くは、製品をどうするか、業務プロセスやオペレーションをどう変えるか、それに必要となるITシステムに何を選び、どのように導入するのかといった〝モノ〟と〝プロセス〟を中心とした仕組みづくりがほとんどであった。現状のSCMと外部環境、事業環境を踏まえてSCMを新しいレンズで捉え直す人材をいかに確保し、成長させるかが争点になることは極めて少ない。SCM組織に求められる人材要件の明確化、人材育成のための計画的なローテーション、CSCO（Chief Supply Chain Officer）といったサプライチェーン人材の設置などキャリアパスの明確化を行い、人材育成・成長の仕組みをつくること、つまり〝ヒト〟を中心とした仕組みづくりが、変化を乗り越え続けるSCM構築の前提条件となるのだ。

地域創生

最重要視すべきは就業機会の創出

都市と地方の格差を生み出した本質的な問題とは何か。いま求められるのは、地域活性化プロセスの「コペルニクス的転回」である。それぞれの地域が持つ固有の自然や文化といった創造性資本を生かし、ひとを中心とした地域づくりを行うためには、縦割り型の制度・組織の限界を補い、様々なステークホルダーをつなぐことが重要になる。これからの時代に向けて、日本の地域共創プラットフォームをバージョンアップするには何をすべきかを説く。

地域とはどのような存在だろうか？　地域づくりに関わり続け、約30年を経たいまであっても、筆者は日々この問いを自分自身に問いかけている。

地域とは、暮らしの場であり、働きの場であり、学びの場であり、憩いの場である。ライフサイクルの視点では、成長し、心をときめかせ、家族を育み、自己実現を模索し、病を得ては癒やし、1人ひとりの時を刻んでいく舞台でもある。つまり地域とは、私たちの人生と同じように総合的なものである。「地域の活性化」が容易ではないことの理由の1つは、それが私たちの「暮らしの活性化」そのものであるからだ。

本節では「働く」ことに着目して、地域の活性化について解説をしたい。多くの人の人生において、ある程度の時間を費やすのが「働く」という営みであるからだ。その時間が豊かであるか否かは、1人ひとりのウェルビーイングや自己実現を大きく左右する。同時に「働く」という行為は、多くの場合、個人の収入に関わるものであり、その集積は地域の活性化に直結すると言えるだろう。その一方、「働く」といった個々人の営みに着目した地域づくりは、自治体や各府省庁の制度に馴染みにくい面もあり、これまで必ずしも十分には浸透してこなかった。「働く」という、ひと中心のアプローチにより、地域活性化に「コペルニクス的転回」を図ることの可能性についても言及したい。

これまでの地方と大都市圏との関係

地方の経済的プレゼンスの低下

「働く」ことに着目しながら地域を考えるにあたり、これまでどのような動きが地方と都市部にあったのか、その振り返りから始めていこう。

図表2－3－1は、内閣府の県民経済計算をもとに、各都道府県の県民総生産が日本全体に占める割合をまとめたものだ。1960年と2020年を比べてみると、プレゼンスが増している地域は一部（12都県）にとどまり、相対的な位置付けを低下させている道府県の数が多いことが理解できるだろう。

こうした状況は、人口の変化に加え、都市部と地方での労働生産性の違いも要因となっている。内閣府のホワイトペーパー『地域の経済2022』によれば、地方圏の労働生産性は3・6千円／時間・人であるのに対し、東京圏では5・2千円／時間・人となっている。労働生産性と賃金との間には正の相関があることが知られており、地方創生に関わる各種アンケートにおいて散見される「地元には魅力的な仕事が少ない」といった回答を経済面から裏付けているといえよう。

続いて、人の流れのファクトから、地方と大都市圏の関係の変化を追いたい。全人口に東京圏・三大都市圏が占める割合を見ると、産業面と同様に人口面においても、東京をはじめとした

図表2-3-1 都道府県別県民経済の推移（1960年／2020年）

1960年から2020年にかけた全国に占める県民総生産[※1]の割合の推移

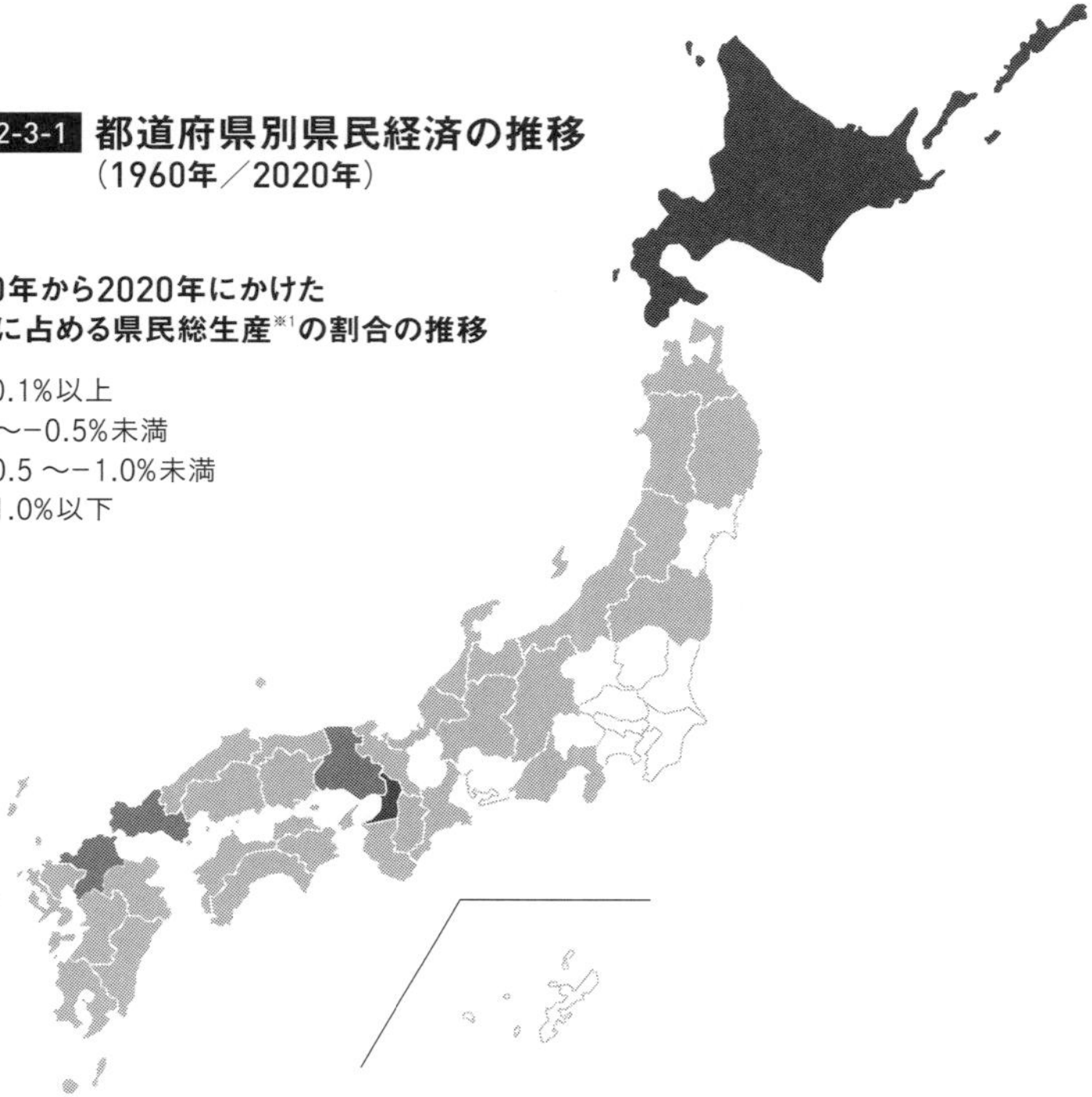

1960年から2020年にかけた全国に占める県民総生産の割合の推移 上位／下位5都道府県

順位	上位5都県		下位5道府県	
	都県	推移した値[※2]	道府県	推移した値[※2]
1	埼玉県	2.23%	大阪府	−1.85%
2	千葉県	2.10%	北海道	−1.65%
3	東京都	2.00%	福岡県	−0.75%
4	神奈川県	1.21%	兵庫県	−0.70%
5	茨城県	0.89%	山口県	−0.70%

※1　県内にある事業所の生産総額から物的経費を控除したもの
※2（2020年の全国に占める県民総生産の割合）−（1960年の全国に占める県民総生産の割合）を算出

出所：内閣府「県民経済計算」をもとにNTTデータ経営研究所作成

図表2-3-2　新型コロナ前後の人の移動の変化

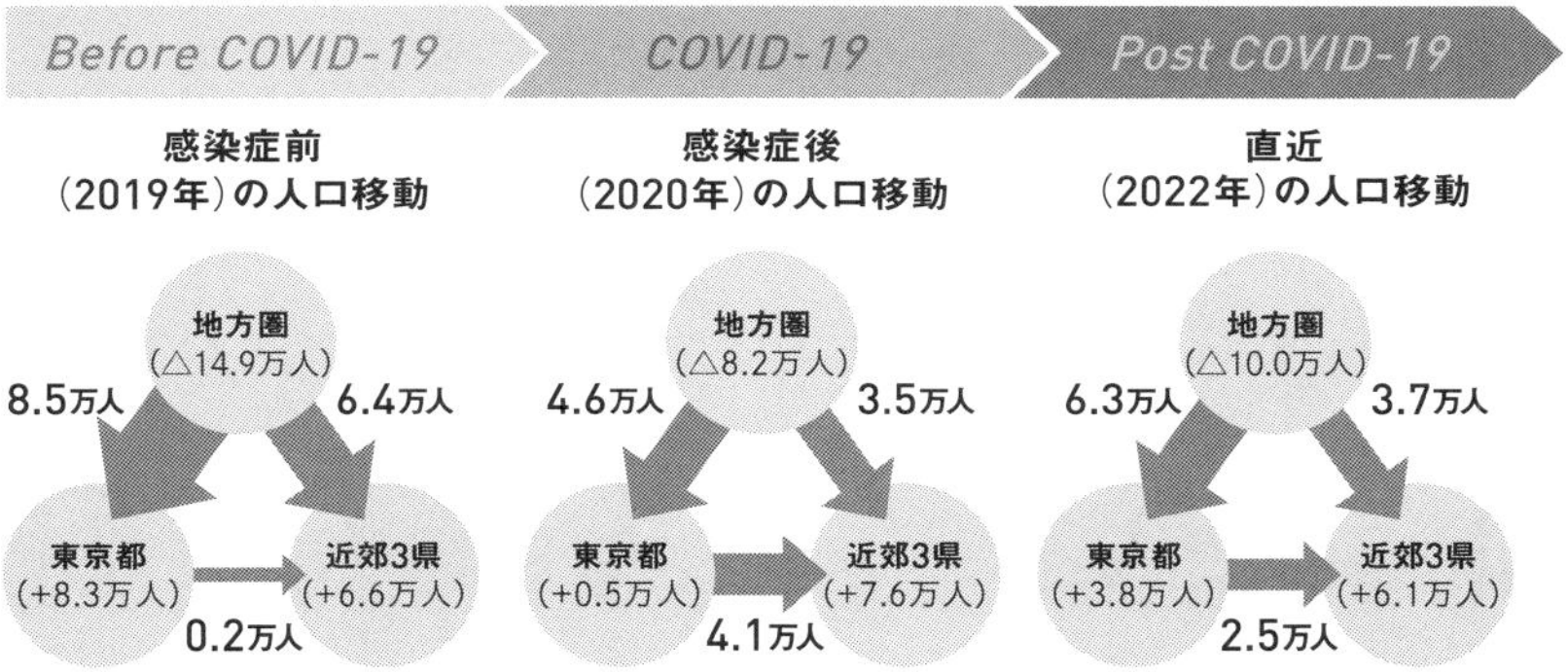

出所：「住民基本台帳人口移動報告」をもとにNTTデータ経営研究所作成

大都市圏への集中が続いていることがわかる。

直近の人の流れはどうか。一時、東京への人口流入が止まったことがニュースとなったが、地方圏と東京都、東京圏（近郊3県：千葉県、埼玉県、神奈川県）という関係でいえば、数字は小さくなったものの、依然地方からの転出超過が続いていることがわかる（図表2-3-2）。

では、地方圏からどんな人が東京圏に転入しているのだろうか。年齢階層別に見ると、東京圏への転出者は15歳から29歳までの層が継続的に突出しており、全体の9割を超える状況が続いている。大学進学や就職を機に東京圏へ引っ越すという傾向がいまも続いていることがわかる。

地方のプレゼンス低下を生み出す悪循環構造

経済面、人口面でのプレゼンス低下。この2つの要素が相乗的に生み出す悪循環こそが、都市と地方の格差を生み出す本質的な問題である。

かつては、地方に根づきながらナショナルブランドとしての輝きを併せ持っていた製造業が全国各地に存在していた。大規模工場は研究開発や設計機能を有しているケースも多くあり、地元出身の優秀な人材とともに他の地域から人材流入の受け皿としての役割を有していた。しかし1990年代以降、安い人件費を求めた製造業の海外移転などによる空洞化を経た現在、こうした機能を担っている製造拠点は全国で大幅に減少している。

このような産業構造の変化も、経済面・人口面の格差の拡大を後押ししている。将来への可能性を広げる仕事、魅力ある仕事の場として大都市圏が選ばれ、その結果、人材やノウハウの蓄積が大都市圏に集中していく。製造業の空洞化も進展し、ますます大都市圏の職場が選ばれることで、付加価値の高い仕事が都市部に集中することとなり、さらなる地方からの人材流出につながっていく。こうした悪循環に対し、必ずしも効果的な手を打ってこられなかったこと、そしてそれ以前に、若者をはじめとした「個人の選択」に対して十分な注意が向けられてこなかったことに注目したい。

この項の最後に、もう少し過去を振り返っておきたい。

図表2－3－3は『第1回日本帝国統計年鑑』（1882年）による明治13年の府県別人口ランキングである。現在、地方圏として括られる地域が多数上位にランクしていることがわかるだろう。北陸をはじめとした日本海側や四国・九州が人口面でも存在感が大きかったことが確認できる。「東京一極集中」という言葉が使われて久しいが、この用語の背景には、かつて我が国が

図表2-3-3 1880（明治13）年の日本の人口

順位	府県名	人口（万人）
1	石川	183.4
2	新潟	154.6
3	愛媛	143.9
4	兵庫	139.2
5	愛知	130.3
6	鹿児島	127
7	広島	121.3
8	長崎	119
9	高知	117.9
10	千葉	110.3
11	福岡	109.7
12	島根	103.7
13	岡山	100.1
14	長野	100
15	熊本	98.7
16	静岡	97
17	東京	95.7
18	堺	95.7
19	埼玉	93.4
20	茨城	89.4
21	山口	87.8
22	三重	84.2
23	岐阜	84
24	京都	82.2
25	福島	80.9
26	神奈川	75.7
27	滋賀	73.8
28	大分	73.2
29	山形	68.3
30	宮城	61.9
31	秋田	61.9
32	和歌山	59.8
33	岩手	59.2
34	大阪	58.3
35	群馬	58.2
36	栃木	58.1
37	青森	47.5
38	山梨	39.5
39	沖縄	31.1
40	開拓使	16.3

全国計:3592.5万人

出所：「第1回日本帝国統計年鑑」（1882年）をもとにNTTデータ経営研究所作成

分散型の国土構造を持ち、地方の存在感が大きな時代があったことをとどめておきたい。

現在に暮らす私たちは、大都市に人や企業が集中するいまの国土構造が、あたかも不変なものと捉えてしまいがちだが、百数十年前のこうした統計は、日本の地方都市が持つ様々な可能性を私たちに示唆してくれる。

価値創出の源泉は、1人ひとりのアイデアやインスピレーションのみにあるわけではない。「巨人の肩の上」の喩えにあるように、先人たちのチャレンジや知恵、技術の蓄積に、現在の私たちがある。こうした視点に立ちながら、過去の国土構造を眺めると、豊かな鉱脈がいまも残っていることに私たちは気づくであろう。そしてその豊かさの源泉を未来へ継承することができるか否かの岐路に、いま立っているのである。

未来への明るい兆し

リモートワークの社会浸透が意味すること

東京大学生産技術研究所の加藤孝明教授が提唱する「災害復興6原則」には、「災害・復興は社会のトレンドを加速させる」というものがある（第2原則）。また「復興で用いられた政策は、過去に使ったことのあるもの、少なくとも考えたことがあるもの」との言及もある（第4原則）。

近年、私たちの社会が経験した大きな出来事の1つにコロナ禍がある。コロナ禍は社会のトレンドを加速させるとともに、これまでに使われた、もしくは考えられてはきたものの、十分に社会に定着してこなかった取り組みを半ば強引に社会実装させるに至った。その代表がリモートワークだろう。

国土交通省が2023年5月に発表した『テレワーク人口実態調査』によると、普段とは違う場所で仕事をするテレワーカーは、全国平均で26・1％に及ぶ。地域別に見ると地方圏では18・1％であるのに対して、首都圏では39・6％と倍以上となっており、場所にとらわれないナレッジワーカーが多いことが示唆されている。公益財団法人日本生産性本部が2023年8月に出した『テレワークに関する意識調査』によれば、テレワークを継続する意向は8割を超えるとともに、テレワークが廃止された場合、退職・転職を検討するというテレワーカーが16・4％に及ぶなど、人不足時代において、テレワークが社会に浸透していく流れは今後も変わらないと考えられる。

テレワークとともに、社会に大きな変化をもたらしているのが、オンライン会議だ。霞ヶ関の各種委員会においても、オンライン・対面併用開催が日常的になりつつあるなど、社会的な受容がコロナ禍を経て一気に進んでいる。地方創生の観点から見れば、地方圏に住む人々が全国・世界の人々と交流するコミュニケーション機会が急速に拡大したことは注目すべきだろう。現在では、イベントの前後の打ち合わせがオンライン上で頻繁に行われるようになったとともに、地元での用件や往復の時間、交通費の関係などで参加が難しかった人でも、より気楽に交流できるようになっている。

首都圏をはじめとした大都市圏には、ナレッジワークなど場所にとらわれず、しかも付加価値が高い仕事が数多く存在していること。そして地方においても、コミュニケーションを十分に取りうる環境が整ったこと。こうした時代変化を新しい可能性として捉える感性が、地方のリーダー層には必要だろう。

地方圏が豊かに持つ「創造性資源」

個性や差別化が求められるトレンドは、今後も続くと思われる。条件が許すのであれば、消費者としての私たちは、自分の好みや嗜好性に合ったものを選択し、意味や意義のあるものを選ぶ。だが、選択の際には経済性も考慮される。必要とされる機能をより安く満たす商品が選ばれやすいのは当然であり、選択や入手に必要な時間や手間の要素も重視される。選ぶこと自体が面倒な人のために「本日のオススメ」も存在する。企業・地域の商品・サービス開発が進むなかで、コモディティ化やファスト風土化が進むことは、現在の経済状況下においては必然の結果だと言える。

一方で、均一化した商品・サービスに飽き足らない消費者は、常に差別化を求めていくことになる。我が国の地方圏の財産の1つは、独自の自然や文化の蓄積にある。差別化要素の宝庫だと言ってもよいだろう。例えば観光面でいえば、「いまだけ、ここだけ、あなただけ」という特別感の3要素を満たすポテンシャルを、地方は本質的に備えている。

次に場所にとらわれない仕事やスキルの代表として「クリエイティビティ」に目を向けてみたい。カンザス大学心理学部のルース・アン・アッチリー博士らが行った研究では、人里離れた場所でのハイキングがどのような効果を与えるのか調査した結果、クリエイティビティに関するテストの結果が約50%も向上したことが知られている。アッチリーは、心を休ませ、リラックスさせ、脅威の反応を取り除く場所の重要性を指摘している。反面、現代生活の絶え間ない注意散漫や刺激を、創造性やイマジネーション、問題解決などに関わる心の余裕を奪うものとして、「脅威」と呼んでいる。米ミシガン大学のスティーブン・カプラン博士らは、自然環境が持つ心理的・精神的な疲労の軽減効果を「注意回復理論」として提唱している。大学生がGPS受信機を装着した状態で散歩するという調査・研究では、自然のなかを散歩した人は、繁華街を歩いた人に比べ、メンタルがポジティブに向上し、注意力や短期記憶の点数が有意に向上していることが示されている。

これらの研究からうかがえることは、情報や刺激といった要素は、ともすれば心をすり減らし、創造力をたわめてしまう方向にも働きかねないということだろう。どこにいても多様な情報に触れられることに加え、創造性を育む重要な要素である「人的交流」といった対面の価値がデジタルに一部代替されるようになった現在、固有の自然・文化などバーチャルでは再現しにくい「創造性資源」を豊かに持っている地方圏にチャンスは広がっているのではないだろうか。

地方圏の未来はどうなるのか

フランスの小さな村から見えてくる可能性

2023年10月、筆者のグループはフランスのブルターニュ地方の小さな村バ・シュール・メールを訪問した。この村は世界的に有名な塩の産地ゲランド半島に位置し、伝統的な塩づくりを継承することを通して一時は1000人にまで迫った人口減少を食い止め、現在では約3000人までの回復を見せている。1000年以上の歴史ある製法を守るために、塩田のある湿地帯をラムサール条約保護地域として指定されるよう活動するとともに、人材育成や外部人材の交流を図り、人口面と産業面での持続性を確保してきた歩みに、筆者は日本の地方都市の未来を考えるものとして、いくつかのヒントを得た。

ヒントの1つは、固有性、オリジナリティの重要性だ。同村をはじめとしたゲランド地域の特徴は、その固有の自然を最大限保全・再生している点にある。クリーンな海水と湿地を必要とする伝統産業を守るために、前述のラムサール条約の指定に加え、県の保護地域にも登録され、今後、新たな建築物が建設される懸念もなくなっている。また固有文化としての製法を守り続けていることも特徴的だ。塩に付加価値を与えることの重要性を悟った職人たちは、当初より「オリジナルな商品」「他のどこの場所にもない、1000年以上の歴史のある製法」「自然商品」「手づくり」などを全面に出すことをその戦略としたという。自然資本や文化・産業資本を守り、強化することで、地域の固有性を維持している点が極めて印象的だ。

もう1つのヒントは、その固有の取り組みが「世界水準」を確保していることだ。料理人の世界では多くの人が知る「ゲランドの塩」。その品質を守るために、塩田の保全・再生のみならず、周辺エリアの開発規制や近隣の避暑地エリアでの厳しい水質検査が行われている。また加工工程を含めて品質の高い地産商品に与えられる品質保証ラベルである「Label Rouge」を1991年に取得するとともに、2012年にはEUの保護地理的表示IGPを受けるなど、高い水準での地域性と品質の保持が可視化されているのも特徴である。

さらに当初から守り続けられている「自然商品」であることも、高品質の証しとなっている。バ・シュール・メールをはじめとしたゲランド地域の塩は、環境に配慮した製法に加え、固結防止剤や加工助剤などの添加物をいっさい使用していないなど、昨今のエシカル消費の流れの先駆者的な役割をも担っている。ゲランドの塩生産者組合からのニュースレター（2019年9月）によれば、「ゲランドの塩は、10点中8・2点という高スコアでフランス消費者に最も高く評価されている塩のブランド」なのである。

こうした流れを受け、働き手の意識も変化している。かつては近隣都市での造船産業でエンジニアとして就労することが地域の若者たちの理想だったところ、地域の伝統産業の本来的な価値の再発見がなされ塩職人のイメージも向上し、地域内外の塩職人以外の家庭からの就業が約7割となっている。

いまこそ若者が働きたい場所を生み出すチャンス

再び日本に、そして「働く」という視点に戻りたい。地方圏における、経済面・人口面でのプレゼンス低下の悪循環。その中心には「働きたい仕事が地元にはない」という悩みがあった。しかし地方圏を振り返れば、東京や大阪、名古屋とは異なった、自然や文化、技術、伝統産業などが、現時点ではまだ継承され続けている。こうした固有の自然資本、文化・産業資本は、差別化の要素となるとともに、これからの経済で求められる創造性を育む資源ともなりうるものである。

こうした状況を踏まえ、これからの地方圏は「ここには、働きたい仕事がある」「ここだから創造的な仕事ができる」「ここだからこそ世界水準の仕事ができ自己実現ができる」という「創造と自己実現の場」となることを、我々は「あるべきフォーサイト」として提言したい。リモートの流れや産業構造の変化を追い風として、地元そして地域外の若者や就業者の夢や希望を受け止めることのできる地域こそが選ばれるのだ。

例えば、新潟県にある日本を代表するアウトドアメーカーのスノーピーク。キャンプフィールドと一体化した丘陵地の本社では多くの若者たちが働く。そのなかには移住してきた従業員も多い。オフィスでは会議以外の時間帯であっても常時、東京の事務所の様子が大型スクリーンに映されているなど、地理的な隔たりを感じさせないような工夫がなされている。徳島県美波町では、URや東京の建設コンサルタント、東京大学生産技術研究所の研究室などの立地が進んでいる。我々NTTデータ経営研究所も、新潟県佐渡市にサテライトオフィスを設置している。これらに見られるような、そこで働く1人ひとりの選択を軸に、企業や地域などが価値をつくり合う時代が目の前にあるのではないだろうか。

高度成長期までの地域づくりは、インフラをはじめとした「モノ」の整備が進められてきた。しかし心の豊かさや生きがいなどへの関心が高まるにつれ、これまでの仕組みは必ずしも十分には機能しなくなっている。1人ひとりのウェルビーイングがより重視されるなか、「働く」「自己実現を図る」といった、「ひと中心の視点」から地域活性化プロセスを再構築する「コペルニクス的転回」が必要な時代が来ているのだ。

自己実現しやすい環境をつくる

前項で掲げたようなフォーサイトは、地域づくりに関わる多くのステークホルダーに示唆を与えてくれる。例えば首長をはじめとした地域の政策立案者に対しては、都市間競争の明確な戦略軸を提供するであろう。

近年自治体行政で参照される地域経済循環モデルによれば、活性化の要諦は、地域外からの外貨を稼ぐことと、流出を少なくし地域内で資金を循環させることの2点となる。地域経済を好循環につなげるためには、外貨を獲得する仕事を生み出すことが最重要ポイントとなるだろう。これまでの日本は、就業場所は会社側の都合が優先されることが多かった。しかし今後、どこで働くか、個人の裁量が高まることを見据えると、暮らしの便利さや医療・福祉の安心などに加え、創造資源の充実など、「働く」面での自己実現のしやすさに秀でた地域が選ばれるのではないだろうか。

人材の流動性が高い欧州では、持続的繁栄の礎として新産業創出が位置付けられており、その担い手である人材をめぐる都市間競争が継続している。その結果として、人材側、つまり「ひと」の視点に立ったビジネス環境や暮らしやすさの整備を、他市・他国よりも優れた形、あるいは差別化された形で進める営みが定着し、生活の質やウェルビーイングの向上などにつながっている。我が国においても、各地域の固有の資源が磨き上げられ、仕事の場、暮らしの場としての魅力を、広く世界から認知される地方都市が、1カ所でも多く生まれることを願いたい。

新たな産業創出が自らの成長戦略

続いて、地方圏が仕事の面での「創造と自己実現の場」となることが、地域金融機関やインフラ企業にとって持つ意味を考えてみたい。こうした地域の基幹的な産業群にとっては、それぞれの管轄する地域の経済的縮小は、自らの将来を左右しかねない大問題である。地域経済循環の視点からは、外貨を獲得する人材や企業の育成は、地元企業にとって重要な自己防衛策となると言える。

フランスのインフラ企業ヴァンシは、パリにインキュベーション施設「レオナール」を設置している。環境アセスメント対策や廃棄物処理など、自ら事業課題に対する発注先をスタートアップ企業に一部切り替えることで、新産業の創出と自らのイノベーション力の向上につなげている。日本の地域のインフラ企業も、このようなパトロネージュを通して産業育成を図ることのできる数少ないプレイヤーでもあり、とりわけ地方圏では貴重な存在である。こうした企業が、自らの業務課題に関わる解決策の模索をスタートアップや大学、地元企業などに「創造と自己実現の場」として提供することは、自らの成長戦略となるだろう。

地方圏における「創造と自己実現の場」の確保は、地域外企業にとってもビジネスチャンスであり、自己防衛策になると言える。少子化そして人口減少社会の到来を受け、我が国では大幅に働き手が不足すると言われている。全国の企業にとって、どのように優秀な人材を内外から獲得するかが、今日以上に大きな問題になってくるだろう。

6Gの普及やソサエティー5・0の世界観がより一層定着する将来では、例えば筆者が属するコンサルティング・ファームをはじめとした土地・空間に縛られない一部の業界では、「働きたい場所で働く」ことは常識化し、それが認められない企業は人員集めに相当の苦労をすることになるだろう。企業が人材に求めるものは、アウトプット、アウトカムである。社員が創造資源に優れた地域で働くことは、企業にとってもポジティブな意味を持つことになる。

仕事もプライベートライフも

働く場所の選択は、家族の事情、友人やパートナーとの人間関係など様々な要素も重なり合いながらなされるものである。いままで東京などの大都市に限定されていた付加価値の高い魅力的な仕事で、「働きたい場所で働く」ことができるようになった場合、自らの生まれ育った地域での就業を選ぶ若者は確実に増えることが想定される。ナレッジワークが地域で展開される可能性が、これまで以上に高まっているのである。

世界的な産地やブランド地域は、リモートワーク環境が進展し、創造性資源や生活環境の整備が進めば、これまで以上に仕事を通じた自己実現の場として選ばれやすくなるだろう。ワークライフバランスを重視する就業者は現在でも数多く存在しているが、「仕事かプライベートライフか」という二者択一的ではなく、「仕事もプライベートライフも」といった両立を図れる地域が出現することで、就業者のウェルビーイングも全体的に底上げされていくことだろう。

ウェルビーイングの向上、人口減少の緩和、経済の持続性の確保を同時に実現

ここで気づくのは、「ひと中心」という当たり前の視点が、活性化の各プロセスにおいて抜け落ちがちであることだ。地域づくりや地方創生の議論においては、これまで常に「地域のためには」「地域の活性化のためには」と、「地域」を中心とした課題設定や問いかけがなされていた。こうした姿勢が、1人ひとりの生活者の視点との乖離を生み、ひいては地方圏の人口減少に拍車をかけていたのではないだろうか。

現在、デジタル技術の進展と産業構造の変化とがあいまって、地方圏が就業者から改めて選ばれるチャンスが広がりつつある。「ひと中心」の視点に立ち、働くことを通じた自然な自己実現の夢や希望にふさわしい舞台を提供していくこと。こうした取り組みを通じて、個々人のウェルビーイングの向上と人口減少の緩和、業務の生産性・創造性の上昇、経済の持続性の確保などの同時実現を図っていくことを、ここに改めて提言したい。

「創造と自己実現の場としての地方圏」の実現化に向けて

様々なステークホルダーをつなぐ地域共創プラットフォームの必要性

就業者の願いを実現し、地方空洞化の悪循環にブレーキをかけていくためには、様々なステークホルダーの協働が必要だ。

現在有効な手立ての1つが、地域共創プラットフォームである。諸外国の例では、異業種や組織間の連携が比較的スムーズに進んでいる北欧では、多様な人や組織をつなぐ「ハブ」が数多く準備され、人々の関係づくりや活動を活性化する仕組みが地域内に織り込まれている。

例えばデンマークのロスキレ大学の安岡美佳准教授は『北欧のスマートシティ』（学芸出版社、2022年）で、①自治体主導の産官学民連携（クアトロヘリックス）のプラットフォーム、②人や情報が集まり交流や活動を生み出す図書館、③NPOや企業、大学などが主導する共創ラボなどを紹介している。

北欧では幼少期からのアクティブラーニングが定着しており、自らの主張を行うとともに、異なる視点や利害を有する者との対話（ダイアローグ）を通じて、互いが合意できる平衡点を探るというコミュニケーションパターンが浸透している。こうした土壌のなかに「ハブ」が置かれることで、より一層の共創効果が生み出されているのが特長と言えるだろう。

日本でも、数多くの共創の仕掛けが現在模索されている。中心となる主体を軸に、地域共創プラットフォームを分類すると、図表2-3-4のようになる。企業が自らプレイヤーの1人ひとりとして、地域のなかに入り込んでいくケースが増えていることが見て取れるだろう。協働の前提となる座組が地域のなかに準備されつつあることは、「働く」ことを通じた地方創生の実現に向けた、確実なステップアップとなっている。

京都市街から自動車で30分ほど北に行った京北エリアに立地する京都里山SDGsラボは、かつて小学校だった校舎を活用しながら、オープンイノベーションの場が産官学民連携型で運営されている。ここに設置されたテレワークやコワーキングのためのスペースは、協力体制にある京都超SDGsコンソーシアム（京都市や京都大学、民間企業などが参加）関連団体の就業の場として活用されるとともに、スタジオ機能やファブラボ機能なども備え、過疎化や高齢化が懸念さ

図表2-3-4　運営主体から見た地域共創プラットフォームの分類

分類名	自治体中心型	産官学公民型	民間主導型	市民主導型
定義	自治体の課題（ニーズ）と企業・市民等の持つ解決策（シーズ）とをつなぐラボ	地域のステークホルダーが集まりビジネスや社会課題解決プロジェクトを創出するもの	民間企業が中心となって地域課題の解決や地域産業の創出を図るもの	地域住民やNPOなどが中心となりながら、企業など他ステークホルダーを巻き込んだもの
事例	•KYOTO CITY OPEN LABO •福岡100ラボ	•京都里山SDGsラボ •佐渡島自然共生ラボ	•東急WISE Living Lab •淡路自然と暮らし研究所	•越後川口まちの暮らしラボ •うんなんコミュニティ財団

出所：NTTデータ経営研究所作成

れる地域において、「働く」を軸とした新しい活力を提供している。

佐渡市や新潟大学などが運営する佐渡島自然共生ラボでは、2023年10月現在、10を超えるプロジェクトが産官学地元で組成され、地域産業の付加価値向上や佐渡発のコンサルティング人材の育成など、地元の雇用力と外貨を稼ぐ力を向上させる取り組みについて、国内外をオンラインで結びながら日々熱心な議論がなされている。

同ラボの活動の1つである「エシカルファクトリープロジェクト」では、トキの再生で知られる生物多様性に配慮した農業が世界農業遺産にも指定されていることなどを背景に、持続可能性をテーマとした食品加工物を国内外に提供する事業が進められている。生産時のCO_2削減や食品ロスの削減に関わるファクトとストーリーを生活者に伝えるとともに、そこで得た付加価値を食材の生産現場や自然資本の再生へと還元する取り組みだ。生産者や加工事業者など、地域内の様々な主体の連携が進むよう、地元企業群が連携して「エシカル特化型」の地域商社を立ち上げており、「外貨獲得」と「社会性」の両立により、若者にも魅力のある新たな地元雇用の場となることが期待されている。前述のゲランド地域とも、その視点が通底する取り組みと言えよう。

現時点でトキ米をはじめとした佐渡市の食材は、環境配慮に加え品質面でも高い評価を得ている反面、必ずしも十分に売価に反映しきれていないケースが散見される。そのため新たに設立された地域商社では、事業と環境配慮の双方の持続性確保に向け、ターゲティングをはじめとしたトータルなマーケティング戦略とともに、消費側とのコミュニケーションに力を入れている。

同ラボの「仕事づくり」の例としては、先に触れた地域発のコンサルティング人材育成の取り組みが進んでいる。首都圏のコンサルティング・ファームが中心となり、概ね20～40代を対象に育成プログラムを実施するとともに、国や島外企業のコンサルティング業務を協働で受託し、ナレッジワーク型の業務で地域人材が外貨を獲得する活動がなされている。地方空洞化の悪循環を止めるべく、人とお金の流れを直接的に変えていこうとする試みと言える。

ニッポンの地域共創プラットフォームをバージョンアップする

いまだに組織の壁が多く残っていると感じられる場面が多い日本では、産官学民が1つのテーブルに着き、議論すること自体が価値を持つと捉えられ、それが目的化してしまうケースが散見される。情報を共有し異なった視点を知り合うことに一定の意味があるのは確かだが、「交流」

以上の成果を生み出していない事例も数多くある。私たちが求める課題解決やビジネス創出、付加価値の高い雇用創出を通じた地域の活性化を確実に生み出していくためには、得るべき成果からバックキャストして、共創プロセスをリデザインすることが必要である。

共創の先進地・北欧に再度目を向けてみると、国営デンマークデザインセンターの「デザイン・ドリブン・アプローチ」は、ヒントの1つになる。このアプローチは、中心に「インパクト」、つまり社会変革が置かれている。そこに向けて「エコシステム形成」し、「方向性の設定」を行い、「能力強化」を図っていく（図表2-3-5）。一見、検討項目の羅列とも捉えられかねないが、常に社会変革や社会課題解決が意識されていることが、日本の多くの共創プラットフォームとは異なる点であろう。

我が国の共創型のハブやラボでは、集まってきたメンバーだけで問題や課題の解決を図ろうとしないだろうか。このデザイン・ドリブン・アプローチでのエコシステムの組成は、より能動的であり、社会課題解決に関わる代表的なステークホルダー群、とりわけ利害関係や立場が異なるステークホルダー群を洗い出したうえで、1つのテーブルに集めるのである。ここでは交流や親睦といった要素が希薄である反面、社会をより良いものとしようとする意欲が共有されている。そして、いま残されている問題・課題は必ず複雑系であり、それを解くためには、異なる利害や立場間の協調・共創の模索、つまり対話（ダイアローグ）こそが必要だという確信がある。

日本の精神風土を考えると、まずは親睦を深め相互の信頼関係を深めていくというプロセスも重要であろう。そうした安定的な基盤を築きつつ、本来的な課題解決につながる共創プロセスを

図表2-3-5 デザイン・ドリブン・アプローチの概念図

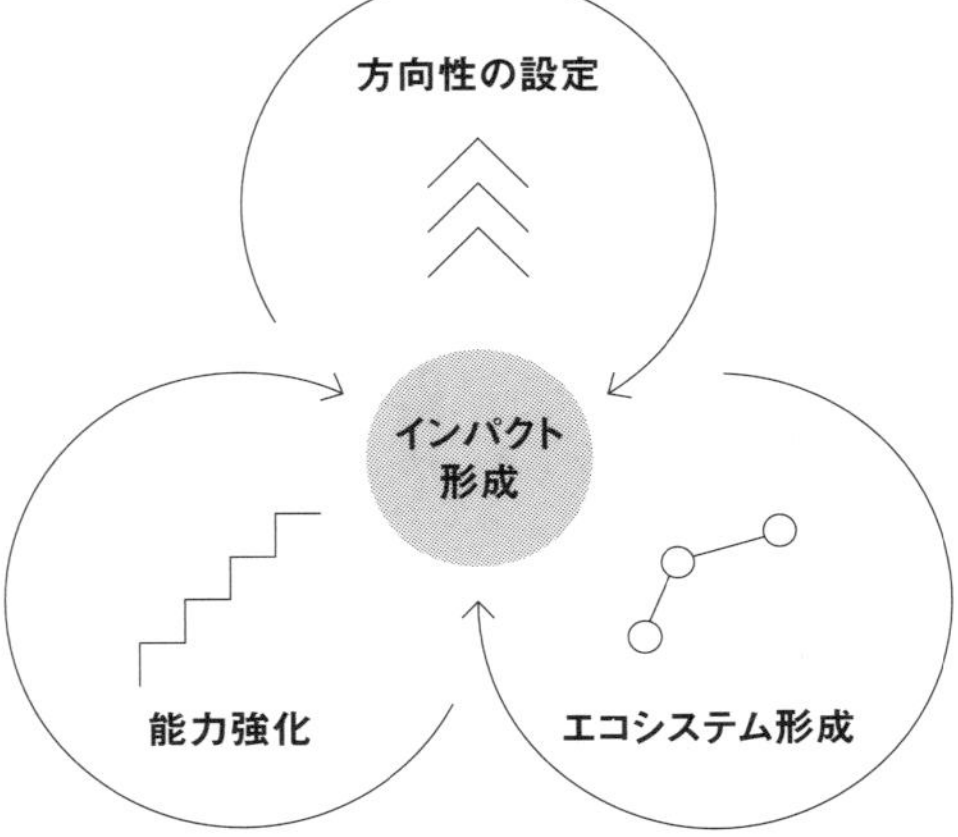

出所：Danish Design CenterのHPをもとにNTTデータ経営研究所作成

リデザインし、地域共創プラットフォームをバージョンアップさせていくことが、いま求められている。具体的には、「立場は異なれども、志は共有」できる、異なるステークホルダーを含んだクロスファンクショナルなプロジェクトチームを組成することが効果的だろう。

その際、デザイン・ドリブン・アプローチの「方向性の設定」のプロセスで、単に目的・理念・方向性を定めるのではなく、ステークホルダー間で共有される「社会課題が解決された姿」を描くことが重視されること、そしてそれがデンマークデザインセンターのファシリテーターにとって最も重要なタスクの1つとなっていることもヒントとすべきだろう。多様な立場を尊重しながら議論を建設的に進めるためには、曖昧になりがちな「志」を言葉やイメージにより可視化し、共有することが必要となる。未来像の共有により、裾野の広い共創型の社会課題解決の素地が形成されるのである。

こうした営みは、地域における新たな「働く」像の実装のみならず、教育や医療・福祉、防災面などでの暮らしやすさの向上にも、可能性をもたらすだろう。いくらそこに費やす時間が多いからといっても、私たちの人生は、「働く」ことだけからできているわけではない。「働く」ことに加え、暮らし、学び、憩いなどにおいても、他の地域に比べ優位性を持つエリアが選択されやすいことは、論をまたない。地域の政策立案者や企業経営者は、こうした総合性ある課題解決に応えうる共創基盤を自らの地域に育てていくべきではないだろうか。

デジタルの活用と普遍的な価値

かつて文化人類学者のレズリー・A・ホワイトは、文化の構成要素として、「テクノロジカル」「ソシオロジカル」「アイデオロジカル」の3つを挙げた。現代の文脈では、テクノロジー、制度・組織、価値観とも表現すべき3要素は、そのいずれかに変化が訪れると、他の2つの要素にも影響を与え、全体的な変化を促すのだという。こうした点で、デジタル技術をはじめとしたテクノロジーの革新は、未来をつくる重要なドライバーだと言える。

テクノロジーはあくまでも手段であり、その使用目的により、社会善にも社会悪にもなりうる。デジタルの有効活用を図るためにも、未来像の共創と共有から始まる日本らしい新たな共創プロセスを、私たちは生み出し社会に組み込んでいかなくてはならない。

　地域の活性化をはじめとした社会変革・社会課題解決が、望ましい成果を生み出し、ありたい未来の方向へ進んでいるのかを、常に、確認、モニタリングできる仕組みも重要だろう。昨今、私たちのチームも含め、1人ひとりのウェルビーイングや自然資本の豊かさなどを可視化する取り組みが各所で行われている。こうした普遍的な価値を、デジタルでリアルタイムに近い形で把握し、より良い社会づくりをオープンに進めていく仕組みもまた社会に必要とされているのである。

　地域は、1人ひとりがつながった輪郭を持たない活動体としての側面を持つ。従来の手法にこだわらず、コネクテッド・インタンジブルのプロダクト・サービスを取り入れ、真に生活者の視点に立ちながら、地域というトータルシステムの変革を促進していくことが求められている。

レジリエンス

2030年代を見据えた災害への対応力強化

災害は、「いつか」から「いつも」に変わり、社会、企業、市民、皆が災害対応を通常の活動に組み込んでいかなければならない。今後、災害は、ますます激甚化・広域化・頻発化すると見られ、自助・共助・公助それぞれが高度化し、社会全体の災害対応力を上げる必要がある。「組織間連携」「自助・共助の強化」「企業の取り組みの強化」が、これからの防災の課題だ。災害対応力の高いハイレジリエント社会を実現するためには、様々なステークホルダーが組織の壁を越えて連携し、「つながる」「つかう」「いかす」ための災害対策プラットフォームを構築することが鍵になる。

日本の特徴と近年の環境変化

高まる風水害の脅威と日本の状況

近年、気候変動の影響などによって地球レベルで災害リスクが高まり、日本でも災害の頻発化・広域化・激甚化が進んでいる。今後の災害対策のあるべき姿を考察するうえで、まずは災害に関する日本の環境的な特徴を見てみよう。

日本の国土は山地・丘陵地が約7割を占めている。河川は、他の多くの国の主要河川と比べると河口からの距離が短く、急勾配となっている。このような地形的な特徴に加え、モンスーンアジアの東端に位置する日本は多雨地帯で、世界平均の約2倍の降雨量がある。季節ごとの雨量変動も激しく、梅雨期と台風期に集中することで、洪水や土砂災害が起きやすいことが特徴となっている。風水害の増加に強い影響をもたらすと考えられる地球温暖化も、日本は世界的に見て進行が早い状況だ。気象庁によると、世界の年平均気温は19世紀の後半以降の100年当たり0・74℃の割合で上昇しているのに対し、日本では1・24℃の上昇が見られている。

風水害の直接的な原因となる降雨量の変化についても見てみよう。気象庁「日本の年降水量偏差の経年変化（1898～2021年）」によれば、2010年代以降の日本は、1920年代、1950年代と並ぶ多雨期に入っているとされる。さらに、近年では1時間の降水量が50㎜を超える短時間強雨の回数が増加傾向にある。1976〜85年の10年間で年間発生回数が平均174回であったのに対し、2010〜19年では平均251回と、約1・4倍となっているのだ。線状降水帯という言葉が一般化してきたのもここ10年のことである。

このような強雨の増加は、水災害のリスクも高めることとなり、避難を開始すべき「氾濫危険水位」を超える洪水が全国的に発生し、大きな被害が出ている。年間水害被害額の推移を見てみると、2018年から急激な増加が見られ、2019年には2兆円を超える被害となっている。2023年は、観測史上最も暑い夏となり各地で台風などの風水害が多発した。今後この傾向はますます顕著になっていくものと考えられる。

発生する可能性が高い巨大地震

今後の災害リスクを考えるにあたり、巨大地震の発生確率の検討も避けては通れない問題だろう。地震調査研究推進本部「全国地震予測地図 2020年度版」によれば、北海道東南部や仙台平野の一部、首都圏、東海から四国地域の太平洋側および糸魚川―静岡構造線断層帯の周辺地域などにおいて、2020年以降の30年間に震度6弱以上の揺れに見舞われる確率が26％以上と高まっている。

なかでも南海トラフを震源地とする巨大地震については、地震調査委員会の2022年1月の公表では、40年以内にマグニチュード8〜9級の地震が発生する確率が、前年の「80〜90％」から「90％程度」に引き上げられている。実際に南海トラフ巨大地震が起きた際の被害想定では、最大で被害総額220兆円、死者32・3万人、避難者950万人、帰宅困難者380万人と、甚大な被害が予想されている。首都直下地震についても、今後30年間での発生確率が70％程度、被害額合計47兆円と算出されるなど、災害対策において巨大地震への備えが喫緊の課題となっている。

近年の災害の特徴として、広域化・複合化も挙げられる。広域化においては、河川の上流と下流で複数の自治体にまたがる場合など、自治体間で連携した対応が必要になる。特に2011年の東日本大震災では、津波などの影響もあり、被災エリアが超広域化した。このようなケースでは、公的な支援物資が行き届くまでの時間が長くなるだけでなく、被災者を支援しなければならない自治体の職員の多くも被災することとなり、行政機能が麻痺する事態が各地で起こっている。複合化においては、例えば災害と新型コロナの流行が同時期に発生するような事象の場合、避難所において土木系と医療系の救助部隊が連携するといった、より複雑化した対応が求められるようになっている。

近い将来の環境変化に対応する社会の状況

脆弱化する災害対策の体制

災害リスクが高まれば高まるほど、対策の重要性も当然高まっていく。ここからは、災害対策の基本となる3つの力「自助・共助・公助」を支える人的資源について見ていこう。長期的に人口減少していく日本においては、高齢化率も上昇し続けていく。厚生労働省によると、2030年には約3人に1人が65歳以上となると予想されている。「自助・共助」の力が低い高齢者が社会に占める割合が増えることで、災害発生時に1人ひとりが自分自身や家族の身を守ることの困難さが増していくことになる。

このように低下していく「自助・共助」を補うための「公助」の体制は、どのような状況にあるのだろうか。2000年代以降、地方公共団体の職員数は地方財政の改善に向けて大幅に削減されてきた。その結果、市町村全体の職員数は、2005年度から2017年度の間に約11％減少し、特に災害対策に関係の深い土木部門の職員数は約14％と、減少傾向がより顕著となっている。近年は横ばいとなっているものの、20年前と比較すると公助力は格段に落ちており、そもそも技術系の職員が不在の市町村は日本全体の約3割にものぼっている。人口全体を見ても、市町村の職員数を見ても、自助・共助・公助のための体制は脆弱化の傾向にあると言えるだろう。

図表2-4-1 市町村における職員数の推移

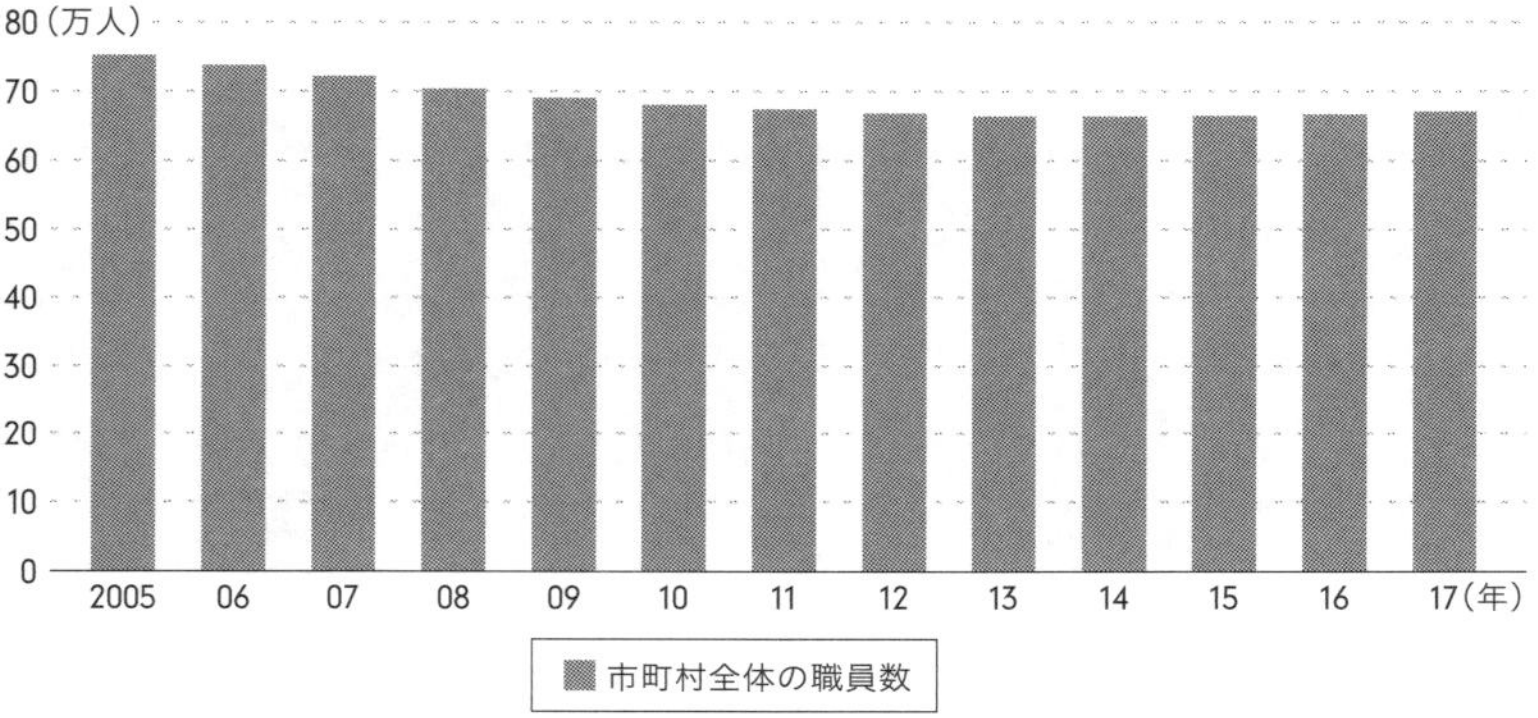

出所：「未来投資会議産官協議会（次世代インフラ）第２回資料（平成30年11月20日）」をもとに筆者作成

図表2-4-2 建設後50年以上経過する施設

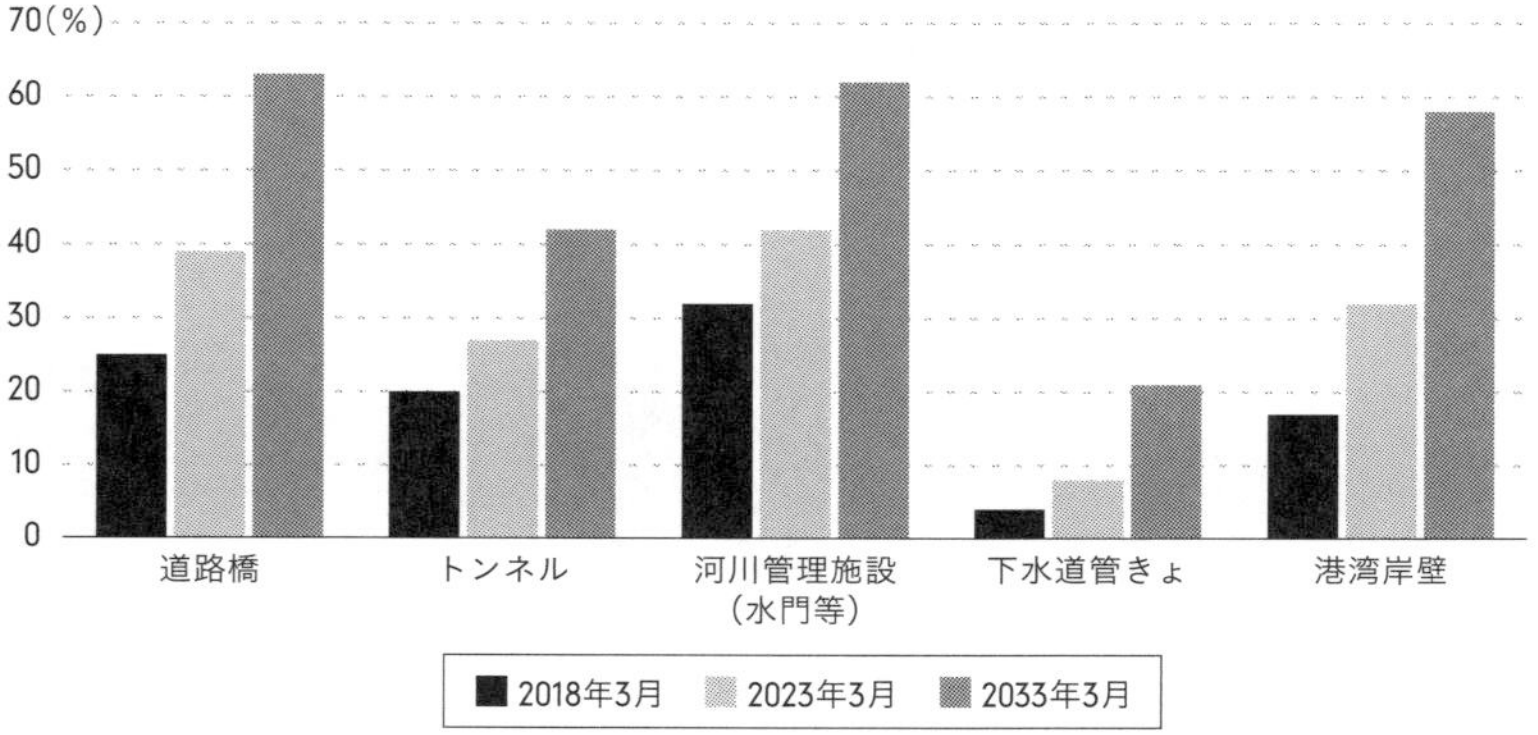

出所：「国土交通白書2021」（国土交通省）

災害発生時の被害の大きさに大きく関わるインフラ設備の状況にも目を向けてみたい。道路、橋、トンネル、河川管理施設、下水道管、防波堤など、防災や減災に重要な役割を果たすインフラは、その多くが高度成長期以降に整備されている。そのため、今後は建設から50年以上経過する施設が加速度的に増加していくことになる。インフラの老朽化を止めることができなければ、災害時のさらなる被害拡大も避けられず、ライフラインの断絶による二次被害の拡大にまでつながる可能性がある。維持管理・更新を計画的に進めていく必要があるが、上述の通り人手も予算も減少するなか、メンテナンスもままならないのが現状となっている。

災害対策の新たな潮流としての防災DX

こうした一方で、これまでにないテクノロジーの進展が、新たな災害対策として期待されている。各種センサーやドローンなどの低廉化が進み、情報収集が容易となるとともに、スーパーコンピュータによる気象予測精度向上など、災害対策の高度化が進んでいる。個人のスマートフォンやドライブレコーダーなども、災害情報を収集するセンサーとして活用可能だ。ＩｏＴデバイスは、２０２２年時点では世界で約３２４億台あり、２０２５年には約４４０億台にまで増加すると予測されている。災害予防・事前準備、災害応急対策、災害復旧・復興の各フェーズにおいて、人的資本に代わる情報収集源として期待される。

日本政府もこのような状況を受け、今後の災害対策の戦略を示す「防災・減災、国土強靭化新

図表2-4-3 世界のIoTデバイス数

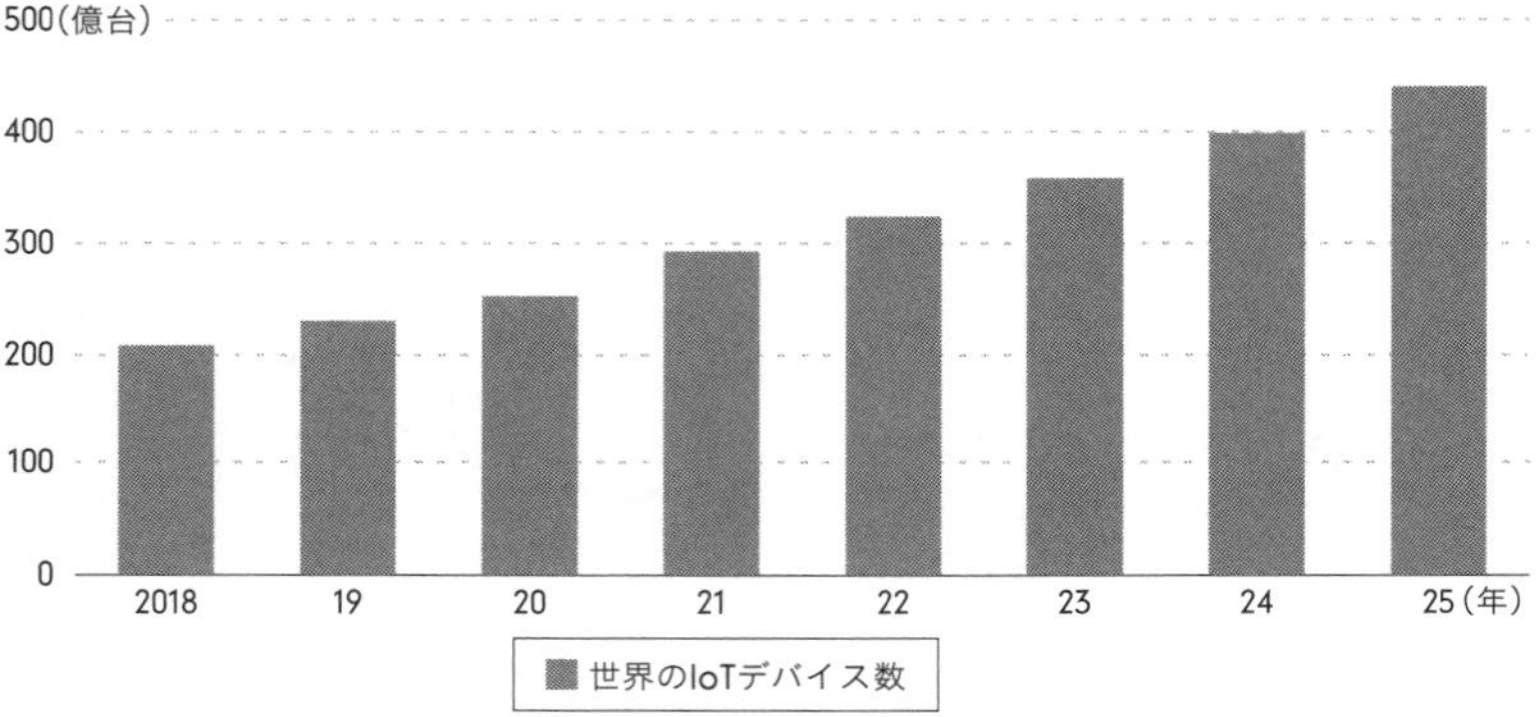

出所：「情報通信白書令和5年版（総務省）42. 世界のIoTデバイス数の推移及び予測」をもとに筆者作成

時代の実現のための提言」のため、「デジタル・防災技術ワークグループ」を立ち上げ、従来のようなハード整備に加え、デジタル技術や情報活用といったソフト施策を重点化した政策にシフトしている。例えば、災害対応に必要なデータ整備である「日本版ＥＥＩの策定・進化」や「防災デジタルツインによる被災・対応シミュレーション」などの政策方針が掲げられるなど、国としてもデジタル技術の活用は重要な項目として認識が高まっている。

将来的な環境変化を鑑みたうえでこれから取り組むべき課題

ここまで環境的な変化を見通してきたが、ここからはそれを踏まえ、今後の数年で重点的に取り組んでいくべき課題について考えていきたい。

組織間連携

広域化・複合化する災害への対応、さらに被災者の救助において必要となる労働力不足を補うため、組織間連携の強化は社会全体で取り組んでいくべき課題だ。しかし、実際に連携を進めることは簡単ではない。他の組織への情報共有に難色を示す組織も多く、そもそもデータ形式が統一されていないという課題もある。たとえすべての組織が情報の共有に同意していたとしても、先にデータ形式の整備をする必要があるだろう。

自助・共助の強化のためのパーソナライズサービス

生産人口も減少していき「公助」の体制が限界を迎えているなか、私たちは「自助」および

「共助」を強化する方法も考えていかなくてはならない。

この際に問題となるのが、住民1人ひとりの災害対応の経験値や成熟度と「自分は大丈夫だ」という正常性バイアスだ。防災の現場ではこれまでもハザードマップの配布や防災無線の活用など情報伝達の努力と工夫が行われてきた。しかし実際の災害時には、避難勧告が発せられても、勧告の対象エリアが広く「自分ごと化」されていなかったり、周囲の人も避難していないから大丈夫だろうと判断した結果、逃げ遅れたりするケースが散見されている。

これらの対策として、今後は個々の置かれている状況を踏まえたうえで各人に最適な行動を案内するような、「自助」「共助」を強化するためのサービスが必要と考える。ただしこれらのサービスレベルを向上させるためには、個人情報を活用したパーソナライズ化が鍵となるが、個人情報保護などの観点から情報の利活用が進展していない。前述の「防災・減災、国土強靭化新時代の実現のための提言」でも、デジタル改革関連法による個人情報「2000個問題」の解消を契機に、自治体などの個人情報取扱指針の策定・徹底活用が記載され、国の政策においても重要課題となっている。

防災DXへの企業の取り組みの強化

社会全体で災害対策を進めるにあたっては、企業による取り組みも重要である。災害対策の意識は徐々に高まってきてはいるが、まだ社会全体で災害が起きることが自明のこととして受け止められているとまでは言えないだろう。このような意識を表すように、災害対策の予算は、災害発生時には捻出されるものの災害のリスクが顕在化していない平時においては矮小で、組織体制も脆弱なままとなっている。現状、災害対策だけではビジネスとしては成立しにくい社会となっている。

予算捻出という共通の課題を抱える前述の「インフラ老朽化対策」と「災害対策」、両方をカバーできるような施策が成立すれば、企業が災害対策に取り組みやすくなるだろう。このような現状を打破する分野として、「防災ＤＸ」への期待が高まっている。しかし新しい分野であるがゆえに、まだ予算化は十分に進んでいない。

広がりつつある組織間連携の動き

組織間連携、自助・共助の強化、企業の取り組みの強化。私たちが向き合うべき課題が見えてきたところで、ここからはより具体的な事例を紹介したい。

デジタル庁が推進するデータを活用した組織間連携

1つ目の課題、組織間連携に関しては、デジタル庁が官民防災DX共創協議会を立ち上げ、官民のデータ連携基盤を整備しようと動き始めている。近年、デジタル技術を活用した多様な防災アプリケーションやシステムが開発されている。しかし、サービス間のデータ連携がなされていないままでは、実際に活用する際に多重入力が必要となるなど、住民にとって負担が大きくなることが考えられる。生活者起点でサービスをデザインする必要があるのだ。このデータ連携基盤では、各サービスから得られるデータを統合し、住民1人ひとりの必要に応じて的確な支援を提供できるようにすることで、こうした課題の解決を目指す。平時には防災教育を、発災時には避難情報を提供し、その後の避難生活や生活再建まで、膨大なデータから個々に必要な情報がサービスとして提供されていく世界観が描かれている。

データ連携基盤を活用した住民向けサービスの全体像

この取り組みの全体像について、さらに具体的なイメージを見ていこう。平時においては、自治体や企業などのサービス提供主体は、ハザードマップや過去災害記録といったデータをもとに「AR・VR、デジタルツインを活用した災害リスク情報提供」を実現し、防災教育を進化させる。さらに、このデータ連携基盤には住民の個人情報も共有されているため、汎用的な防災教育ではなく「ハザードマップと個人の位置情報を活用した訓練環境」を提供することができる。このようなサービスを通じて、住民は災害リスクの認知・事前準備、リアリティのある訓練ができるようになり、結果的に避難行動への備えを充実させることができる。

災害が間近になる切迫時においては、SNSや衛星・航空・ドローンからのリアルタイムな情報に加え、警報・注意報、避難指示などのデータも集約することで、最適な避難先の決定とルート案内などが可能となる。このような高精度の情報によって、住民は危機を自分ごと化し、避難という行動への判断が促され、スムーズに避難場所へ移動することができるようになる。

発災から72時間までの応急時においては、避難所、物資配送、病院の開設状況、道路やインフラの被害状況、浸水域・土砂災害エリアなどのデータが、避難所運営、物資の受付提供、救助の迅速化といった支援サービスに役立てられる。これによって、住民は避難所での受付や支援物資の受け取り、救助の要請など、被災状況に応じて必要な行動を適切に取ることができるようになる。

災害からの復旧・復興時においては、個人の生活状況や口座情報といった個人情報を活用することで、がれき撤去や清掃、支援制度の申請などといったサービスがスムーズに提供され、住民は自宅の復旧や経済的な支援を受けることができるようになる。これが、デジタル庁の構想するデータ連携基盤を活用した防災アーキテクチャの全体像だ。

さらに政府は、官民連携に向けて電力データや携帯電話の位置情報といった個人情報を、災害時に自治体が救助などに活用できるよう、法改正や実証実験の動きを始めている。例えば、電力会社のスマートメーターは検針作業を不要とするものであるが、使用量から住人の在・不在の推測も可能であり、災害時に直前まで人がいたのかを把握し救助の効率化に役立てる、といった活用が見込まれている。

ここまでデジタル庁を主体とした組織間連携の動きについて見てきた。企業間の連携においても、様々な動きが出てきている。特に、近年の自然災害の頻発化に加え新型コロナウイルスの影響もあり、製造業を中心にサプライチェーンリスクマネジメントが重要視されてきている。サプライチェーンにおける組織間連携の動きについては、本章の「グローバルサプライチェーン」の節を参照していただきたい。

自助・共助の力を強化するための取り組み

マイナンバーカードを活用した災害対策の実証実験

次に2つ目の課題として挙げた自助・共助の強化について、世の中の動きを紹介していこう。デジタル庁では、マイナンバーカードを災害対策に活用する実証実験を、「平時」「切迫時」「復旧復興時」の3つの段階に分けて計画している。

まず平時の災害対策においては、マイナンバーカードと連携した医療関係情報などをもとに、パーソナライズされた防災学習サービスを体験する実証実験が検討されている。この実証実験では、利用者は専用のアプリをダウンロードし、マイナンバーカードの情報をベースにした質問に答えることで、汎用的なハザードマップではなく、近隣の危険箇所や避難経路などパーソナライズされた防災知識を得られる「マイタイムライン」を作成できる。アプリでは、パーソナライズされた防災知識や苦手分野などを、クイズ形式で学習することもできる。これらのパーソナライズされた情報や位置情報から、ARやVRによってリアリティのある避難体験ができ、住み慣れた街が災害時にどう変わるのかを体感できる。これらによって、事前の備えの重要性に対する理解や防災リテラシーがどのように高まるかを、検証するのである。

次に切迫時においては、正常性バイアスによって災害を自分ごと化できておらず、避難指示が発令されても避難せず、避難場所すら把握されていないことが課題として設定されている。これに対し、災害切迫情報やマイナンバーカードと連携した医療関係情報などをもとに、本人の状況に応じて早期避難を促したり、現在位置からの安全な避難場所・ルートを誘導するアプリサービスの有効性を検証する実験が検討されている。

このアプリでは、医療情報や介護情報など機微な個人情報と、SNSを含む災害リスク情報やスマホGPSによる位置情報を連携させ、「避難スイッチ」「避難ナビ」という2つの機能を提供する。避難スイッチは、現在地の危険情報からきめ細かな逃げ時を通知し、逃げ時までのタイムリミットを提示することで、避難行動を促進する機能だ。避難ナビは、浸水など危険エリアの警告、避難所の開設状況や混雑状況を提示し、ルートを含む避難行動の最適化をサポートする。実証実験では、デモデータによって、避難誘導の有効性などが検証される予定だ。

復旧復興時を想定した実証実験では、次のような内容が予定されている。まず課題として、避難後の物資支援が一部に集中したり、支援メニューが多岐にわたったりすることで、必要な人に必要なものがスムーズに届きにくくなっている現状がある。そこで避難所運営のデジタル化によって収集した情報をもとに、自治体や中間支援組織が物資の供給可能量を把握し、被災者に合った支援制度などをプッシュ型でアドバイスするアプリの有効性が検証される。

具体的なアプリの機能は2つある。1つは、公的物資と民間物資の備蓄量から供給可能量をマッピングし、さらに個別の避難所が必要とする物資のメニューと量を提示。自治体や中間支援組織はそれらの情報をもとに、必要な物資やメニューを必要な避難所へ届けることができるようになるというものだ。もう1つは、登録された被害情報やマイナンバーカードの医療関係情報から被災者1人ひとりの支援ニーズを捉え、個別最適な支援メニューをチャットシステムによって提案する機能である。この2つの機能を通じて、被災者の必要性に応える物資と支援メニューのタイムリーな提供が検証される予定だ。

デジタル庁によるマイナンバーカードを活用した災害対策の試みは、「自助・共助」の強化を全国レベルで検討する動きだが、今後はこのようなアプリを通じてバーチャル上での防災訓練を実施することも有効な手段となるだろう。

災害対策のビジネスとしての可能性

5年間で約15兆円の災害対策予算

３つ目の課題である企業の取り組みの強化についても、現状の世の中の動きを見ていこう。政府は前述の「防災・減災、国土強靭化」に向けて、２０２１年度から２０２５年度までを期間とする「５カ年加速化対策」をまとめている。このなかで、「激甚化する風水害や切迫する大規模地震等への対策」「予防保全型インフラメンテナンスへの転換に向けた老朽化対策」「国土強靭化に関する施策を効率的に進めるためのデジタル化等の推進」の各分野について、加速化・深化を図るため重点的に取り組む対策と事業規模を定め、合計で15兆円の予算を計上している。このことは、これまでのような災害発生時の一時的な予算捻出から、事前対策やデジタル化へ向けた定常化・平準化された予算組みへと舵を切り始めたと言うことができるだろう。

それぞれの分野を見ていくと、「激甚化する風水害や切迫する大規模地震等への対策」が合計78対策と数も多く、予算も12・3兆円の規模となっている。一方、「国土強靭化に関する施策を効率的に進めるためのデジタル化等の推進」にも、24に及ぶ対策が設けられた。「連携型インフラデータプラットフォームの構築等、インフラ維持管理に関する対策」「スーパーコンピューターを活用した防災・減災対策、高精度予測情報等を通じた気候変動対策」など、デジタル化関連の対策に幅広く予算が用意されるようになった。

定常的な災害対策の事業に5年間で合計約15兆円もの予算がついたことで、ビジネスとしての可能性が大きく開けることとなったと言えるだろう。

海外におけるビジネス展開

温暖化による自然災害の増加は日本だけではなく世界中で起きている。日本は災害先進国であり、これを事業機会と捉え、日本の取り組みを海外マーケットに輸出することも考えられる。

２０２３年にもカナダの森林火災、リビアの洪水などに加え、ニューヨークの記録的豪雨など都市型災害も増えている。いままでは発展途上国などで、インフラが未成熟なために被害が大きくなるケースが多かった。しかしニューヨークのような成熟した都市での被害も増えてくることで、今後はデジタル活用といったソフト対策のニーズが世界規模で高まる可能性が高い。

日本には、自治体による避難指示を広くメディアなどを通じて住民へ知らせるＬアラートというシステムが整備されている。２０２３年には、この制度・技術を海外に転用し、インドネシア版Ｌアラートを構築することがＯＤＡ事業により進められている。単純に日本の制度・技術をそのまま輸出するのではなく、各国・地域の置かれている状況を考慮しカスタマイズする必要があると考えられるものの、災害大国日本において鍛え抜かれた防災ソリューションは、世界市場を狙える可能性、世界をリードする産業となる可能性を秘めている。防災をビジネスとして成立さ

図表2-4-4 DPISのシステム概要

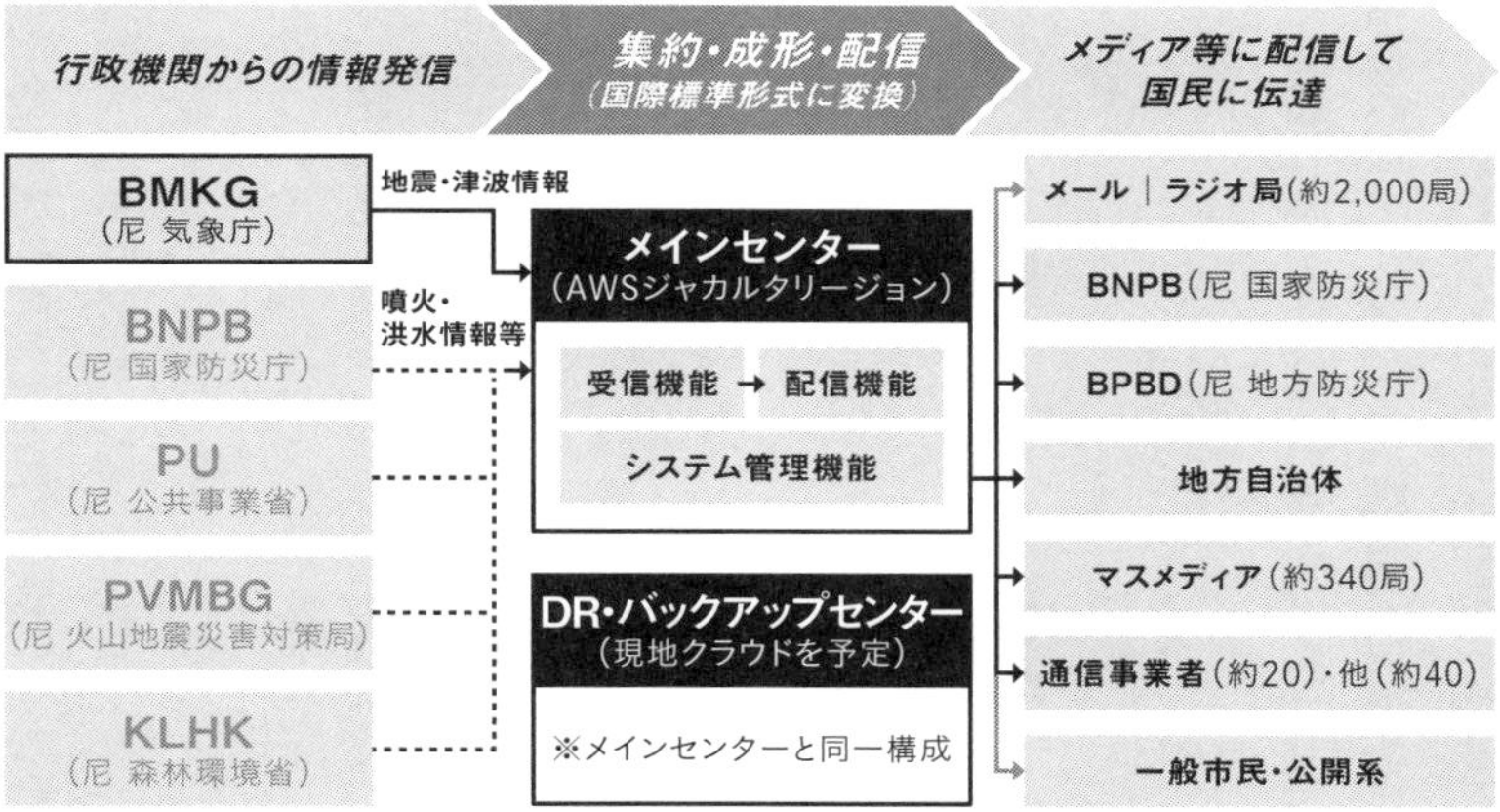

出所：「インドネシアLアラート プレスリリース」

せられること、そしてそれを日本から発信していくことには大きな意味があるのではないだろうか。

フェーズフリーの発想で災害対策を日常化

「フェーズフリー」とは、災害時と日常生活の垣根を取り払い、どちらの局面においても役立つ商品やサービスを生み出す発想である。これがいくつかの分野で進み始めている。

例を見てみよう。「ローリングストック法」は、備蓄しておいた食料品が賞味期限切れとなり、災害時に使い物にならなかった教訓から推奨されるようになった非常食の備蓄方法だ。これは企業にとっては新たなビジネスの機会になりうる。備蓄した食品を定期的に消費し、食べた分だけ買い足すことでローリング（回転）させていく考え方で、結果として災害時だけのものと思われていた非常食の消費量が増えることになる。さらに一般的な非常食は3~5年の賞味期限が必要とされるため食品の選択肢が限られるが、ローリングストック法に対応する非常食は1年の賞味期限があれば十分となり、日常でも楽しめるだけの食品の選択肢を用意することができるのだ。

このようなフェーズフリーの商品が生まれる背景には、「災害に備える難しさ」という課題がある。防災ワークショップや避難訓練で一時的に災害への意識を高めることはできても、日常と災害が別のものと捉えられている状況では、常に災害に備えていることは難しい。そこで、最初からその垣根を取り払ってしまおうという発想だ。災害対策は単独ではビジネスとして成立させることが難しい分野だが、このようなフェーズフリーの商品やサービス開発などによって、新たな市場開拓が模索されている。

我々が考えるレジリエンスの未来

最後に我々が考えるレジリエンスの未来「ハイレジリエント社会」について紹介したい。

災害時には、平時とは全く異なった混乱が発生し、情報の分断・錯綜・氾濫やパニックなどが起きかねない。こうした厳しい環境下において、ひとの命に関わる判断や意思決定を素早く行うため、イノベーションを積極的に導入していくことが必要になる。そこで我々は、様々なステークホルダーが連携し、「つながる」「つかう」「いかす」を軸としながら、災害対応力の高いハイレジリエント社会の構築を目指していく必要があると考える。

「つながる」「つかう」「いかす」

阪神・淡路大震災以降、ＩＴ技術の発展とともに、自治体や中央府省、金融機関、民間企業、インフラ企業など幅広い組織に対して、災害情報の提供や意思決定支援、住民への避難指示といった多種多様な防災にかかるシステムやサービスが構築、提供されてきた。それらの経験から、特に今後重要だと考えるのが、コネクテッド・インタンジブルなプロダクト・サービスの特徴を最大限生かした「つながる」「つかう」「いかす」である。

「つながる」はデータ連携だ。従来は各組織が足で稼いだ情報を自分たちの活動のために活用してきたが、関係者で共有し情報収集の効率化を図ろうというものである。最近は社会課題解決を謳い防災ソリューションに取り組むベンチャーも増えており、加えて我々個人のスマートフォンも重要な情報源として活用可能である。クロスインダストリな企業間連携を広げ、これまで災害対策に使われてこなかった有益なコンテンツを取り込む形で豊富なデータをリアルタイムに集約していくことが重要であると考える。

「つかう」では、「つながる」ことによって連携した情報の利用効果の最大化を目指していく。リアルタイムかつ豊富な情報により、状況判断、意思決定を的確かつ迅速に行うとともに、情報収集にかかる時間やリソースを応急対応などに活用できるようになり、さらなる効率化を図ることが可能となる。この時豊富な情報量はかえって判断を惑わすことにもつながりかねないため、そのなかから取捨選択や、情報を複数組み合わせて分析するなど、情報を高度化し適切なタイミングで届けることが重要である。

「つながる」「つかう」によって生まれたデータや自治体・企業・個人がさらにつながって社会課題解決に向けた新たなサービス創出を目指す取り組みが、「いかす」だ。これまでは各主体の行動支援、個別最適の世界だったが、各主体が連動した行動を行うことで、社会全体の最適化を目指すものである。例えば停電からの復旧のため、道路管理者が被災箇所までの道路啓開を優先して行い、電力会社がいち早く現地に向かい復旧を行えるようにする、といったものである。

すでにこうした活動は始まっている。例えば「防災コンソーシアムＣＯＲＥ」は、防災における社会課題を抽出し民間企業各社の協賛によって解決に取り組む枠組みである。東京海上日動火災保険が発起人となり、メーカー、通信、鉄道、インフラ、セキュリティ、コンサル、アプリなど業界を超えた14社が設立に携わった。２０２３年10月2日現在、１０３社が参画メンバーとなり、「避難につながる災害の事前予測」「リアルタイムハザードマップの開発」「デジタル技術を活用した被害調査および復旧・復興の迅速化」などの10テーマに対し、それぞれの強みを生かしながら横断的な取り組みが進められている。２０２３年7月には、東京都水道局と東京ガスネットワーク株式会社が、災害時対応において連携協定を締結している。

社会全体の災害対応の最適化を実現する災害対策プラットフォーム

「つながる」「つかう」「いかす」を実現するためには、災害対策に関係するステークホルダーが組織の壁を越えて情報の共有や災害対応の協働化を促進し、社会全体の災害対応の最適化を実現するためのプラットフォームが必要だ。

「つながる」では様々な組織やサービサーが持つ災害対策に必要な情報を収集・交換できるようにするため、連携インタフェースや標準データフォーマットへの変換機能などを充実させていく必要がある。「つながる」ことで得られた情報を「つかう」ために、各業界・組織などの目的に合った形で情報を加工・分析し、災害対応を支えるアプリケーションをプラットフォーム上に構築していく。プラットフォームにはアプリケーションを迅速に開発するために必要な共通モジュール、例えばパーソナライズサービスのためにマイナンバーカードとの連携に必要な各種機能などを具備していく。

そして最終的には、企業や業界を横断し、連携する組織のあらゆるデータを集約しながら社会全体を最適化する「いかす」ための組織間連携の機能を実装していくことになる。いま、各種コンソーシアムや政府の実証事業などを通じ、ステークホルダーが連携した社会課題解決型ユースケース・必要な機能が洗い出され、実装されようとしている。このなかで特に必要と考えられるのは、平常時には競争関係にある企業間も災害時には円滑に協力できるような平常時／災害時のオンオフで連携を可能とするエマージェンシースイッチである。

ただし最後に付け加えておくべきは、すでに触れたようにデジタル庁の取り組みをはじめ、保険、小売、自治体など多くの業界で連携プラットフォームの構築がすでに模索されていることだ。上記で述べた基盤は、唯一絶対の巨大なプラットフォームを志向するのではなく、個々のプラットフォームが柔軟に形を変えながら地域や災害種別、特性、規模などに応じてつながる相手を可変するような仕組みとして構成されるべきである。いつどこで起こるかわからない災害への対策においては、1つの正解を定めるのではなく、状況や地域特性に応じて変化する社会の柔軟な強靭さが、鍵を握ると考えるからである。

災害はもはや「いつか」ではなく「いつも」に変わってしまった。従来の常識にとらわれず、政府・自治体、企業、市民などが共創しながら安全・安心な社会づくりを行う必要がある。デジタル化、防災DXの推進、それ自体を目的としてはならない。これらは、多様な連携プラットフォームにより社会活動の効果を最大限に引き出し、生活者の安心・安全に貢献していくための大いなる手段であり、武器なのである。

第3章

注目すべき業界のトレンド

【食と農業】
NTTデータ
松本良平
NTTデータ経営研究所
新見友紀子

【製造】
クニエ
須藤淳一

【流通】
NTTデータ
龍神巧

【保険】
NTTデータ
矢野高史
NTTデータ経営研究所
松田耕介

【バンキング】
NTTデータ
山本英生

食と農業

日本の「食」が直面する課題と解決策

日本の農業・食料分野は現在、食料安全保障や環境負荷削減、人手不足といった課題に直面している。海外に目を向けると、組織の壁を越えて各種センサーから得られる農業データを連携し、そのデータをもとに、農機の自動操舵や農薬のピンポイント散布など、農業を自動化するとともに農地から得られる収益を最大化させる動きが加速している。日本の農業・食料生産を維持していくためには、アグテックやフードテックをどのように活用していくべきだろうか。デジタルによって、現場や体制をどう変革していくべきかを示す。

「食」がいま直面する課題

「食」は生きていくためのエネルギーや栄養素を提供するだけではなく、家族や社会のコミュニケーションを創出したり、美しい料理の写真がSNSで数多く発信されたりするなど、人々の生活に彩りや喜びをもたらし、毎日の生活や旅先、あるいは特別な日にとって、多くの価値を提供するものである。今日では、安さや安全、おいしさだけでなく、環境負荷低減、労働者の権利などのSDGsが重視されるようになってきた他、人々の生活スタイルに合わせた提供方法、例えば少量パックやカット野菜、ミールキットなどが求められるなど、時代に合わせて食品の提供スタイルも変化してきている。

日本で暮らしていると、スーパーにはいつも食材があふれ、食品ロスが社会課題になることもあることから、安定した食料が供給されるのは当たり前のように思われがちだ。しかし食料生産は、気候や病虫害、社会情勢などからの影響を受けやすく、さらにそれを支える生産者1人ひとりの大変なるプロ意識に基づいたたゆまぬ努力によって成立しているものである。ウクライナ危機やイスラエルとガザ地区における戦闘など世界の情勢が揺れ動くことで、農産物や資材の流通に影響が出たことは記憶に新しいだろう。

食料安全保障から見える農業・食料調達の危機

農林水産省が2022年12月に公表した『知ってる？ 日本の食糧事情2022』によると、日本が輸入している農産物を農地面積に換算すると、現在の日本国内の農地面積を3・1倍にしなければ、現状の食料を国内で賄うことはできない。一方で、現在の国内の農地面積での自給を考えた場合、花卉栽培として利用している農地や耕作放棄地などを活用し、さらに二毛作が可能な農地についてはすべて二毛作をするなどのフル活用をする試算で、食事は白米・野菜・魚以外は、牛乳は4日間でコップ1杯のみ、鶏卵は14日間で1個のみ、肉類は14日間で1皿のみとなることが記載されている。

つまり世界的な情勢によって食料の輸入ができなくなった場合には、日本国内の農地を最大限に活用したとしても、上記のような侘しい食事になってしまうのだ。食料安全保障を考えるうえでは、このような事態を防ぐために、国内の自給率の向上と海外からの調達の安定化に向けた対策が必要である。

食料が入手可能であるためには、国内の生産量、および海外からの調達の両面からの安定が必要である。現在の日本の状況を見ると、以下に挙げる大きく7つの危機があると考えられる。

①農業生産者の減少・農地の減少

食料生産の担い手である基幹的農業従事者数（販売農家の世帯員のうち、普段仕事として主に

図表3-1-1　国内農地を最大限に活用した時に提供できる食事

朝食	昼食	夜食
白米 1杯 漬物 野菜116g分 煮豆 大豆12g分 牛乳1/4杯	素うどん1杯 ＋ 卵4g サラダ 野菜116g りんご1/6個	白米1杯 野菜炒め 野菜232g分＋肉7g 焼き魚1切 魚54g分

出典）農林水産省「知ってる？日本の食糧事情2022」よりNTTデータ経営研究所作成

自営農業に従事している者の数）は、財務省推計では2040年に2020年比で約7割の減少となる。農地の減少は約1割と推計されているが、現状の生産者の平均年齢が67・9歳であることを考えると、早急に農地集約、機械化、スマート農業の導入などの対策を取らないと、事業継承できないリスクが高い状況にある

②肥料・飼料の海外依存・価格高騰

慣行農業（適切な量の農薬・肥料を使用する一般的な農業）で生産効率向上に大きく貢献している肥料の自給率はほぼ0％、畜産で活用される飼料の自給率は25％である。これらは一部の国への依存度が高いため、国内の農業の安定化における大きなリスク要因となる

③燃料の高騰

ハウス栽培の野菜や漁船漁業などにおいては、燃料を多く使用するため、燃料費の乱高下の影響を受けやすい。日本のエネルギー海外依存度は87・9％であり、これも

既存の農業を継続するうえでの大きなリスク要因となっている

④地球温暖化・環境変化による影響（栽培適地の変化・災害発生）

日本では豪雨や台風、高温などによる災害が毎年のように起きており、世界では干ばつの被害も多い

⑤高い海外依存度（低い食料自給率）

日本における食料自給率はカロリーベースで38％であり、他国と比較しても低い状況である。トウモロコシは自給率0％、小麦は15％、大豆は6％、なたねは0％と、土地利用型の農作物の自給率が軒並み低迷している

⑥世界の人口増加によるたんぱく質クライシス

世界の人口増加や、食生活の高度化によって、たんぱく質に対する需要が急増しており、需要が供給を上回るたんぱく質クライシスが、2025〜2030年に起きると試算されている

⑦円安などによる購買力の低下（買い負け）

日本の1人当たりGDPは世界32位（2023年）、ドル換算による平均所得はOECD平均以下と低迷している。さらに近年の円安の影響で、購買力の低下が一層進んでいる。高級魚など

図表3-1-2 日本の食料安全保障における7つのリスク要因

食料生産	❶農業生産者・農地の減少	農業生産者	7割減少（2020年　136万人→2040年　42万人）
		農地	11%減少（2020年　437万ha→2040年　391万ha）
	❷肥料・飼料の海外依存・価格高騰	肥料	肥料の自給率はほぼ0% ※Nのみ4%。P・Kは0%
		N	マレーシア、中国への依存度が87%と偏重 ※2021年秋以降中国からの輸入が停滞。
		P	中国のみへの依存度が90%と偏重 ※2021年秋以降中国からの輸入が停滞。
		K	カナダ、ロシア、ベラルーシへの依存度が85%と偏重 ※ロシア・ベラルーシからの輸入が停滞
		飼料	飼料自給率25%であり、海外依存度が高い
	❸燃料の高騰		日本のエネルギー海外依存度は87.9%であり、農業生産、輸送、保存などのすべての段階において高リスク
	❹地球温暖化・環境変化による影響（栽培適地の変化・災害発生）		気候変動により、農作物の栽培適地が変動し既存地域では生育障害、病害虫リスク増大 水産漁獲高の減少 気候変動による大型台風・豪雨・干ばつなどのリスクが増大
食料調達	❺高い海外依存度（低い食料自給率）	トウモロコシ	海外依存度が100%　米国とブラジルで98%と偏重
		小麦	海外依存度が85%　うち、米国とカナダ、豪州で86%と偏重
		大豆	海外依存度が94%　うち、米国70%とブラジル、カナダを合わせると92%と偏重
		なたね	海外依存度が100%　うち、カナダが97%と偏重
	❻世界の人口増加によるたんぱく質クライシス		2025～2030年に世界のたんぱく質需要が生産量を上回り、不足する
	❼円安等による購買力の低下（買い負け）		日本における国際競争力の低下

出所：NTTデータ経営研究所作成

の購買だけではなく、穀物などの購買においても買い負けることが起こりうることを想定しておくことが必要だろう

求められる食料生産の環境負荷削減と健康配慮への対応

一方、世界の各機関からも農業や食料について、様々な方針が出されている。特に最近注目されているのは、環境への対応である。IPCCからは、世界の人為起源の温室効果ガス（GHG）排出量のうち、食料システムによる排出量は21～37%と発表されている。生物多様性の保全や水使用量の削減などの観点からも、農業をはじめとする食料システムにおける対応が重要視されるようになってきている。

2020年2月に米国農務省は「USDAイノベーションアジェンダ」を、同年5月にEUは欧州グリーンディール（2019年12月）の一環として「Farm to Fork戦略」を公表し、環境対策への明確な数値目標を掲げた。日本では農林水産省が2021年5月に「みどりの食料システム戦略」を公表している。これらの目標に対しては生産者などからの反対意見も見られるものの、世界的な農薬メーカーであるシンジェンタ（Syngenta）、バスフ（BASF）、バイエル（Bayer）などは持続可能性に対する戦略を次々と打ち出し、環境配慮型農業、環境再生型農業などを大きく進めていくための対応をしており、グローバル企業における本気の取り組みが始まっている。

環境や健康などを訴求する「食」に対する市場の動向

消費者自身が持続可能な消費の実現に向け購買行動を変える動きも広がっており、米国では有機食品市場が486億ユーロ（7・6兆円）、ドイツでは159億ユーロ（2・5兆円）規模となっている。

日本では、有機JASやマリンエコラベルなどのラベルが貼られた商品を一般的なスーパーの店頭で見かけることも増えているが、欧州では有機に当たるBIOやヴィーガン・ベジタリアンなどの環境に関する認証が広く普及している。環境意識が高いオランダでは、スーパーの肉売場の3分の1程度は代替たんぱく質である植物から加工された肉・魚のようなヴィーガン商品が並ぶ。認証ラベルが貼られるだけでなく、スーパーの大きなエリアを形成しているケースも多い。

健康ニーズにも対応したラベリング「ニュートリスコア」も、多くの商品パッケージで目にすることができる。これは科学的根拠に基づき、カロリーや塩分、糖分といったマイナス要素、たんぱく質や食物繊維といったプラス要素を踏まえ、A~Eの5段階評価がラベルで示されている。2023年時点でフランス、ベルギー、ドイツ、ルクセンブルク、オランダ、スペイン、スイスの7カ国で、掲載任意のラベルとして導入されている。一方、日本では、機能性表示食品の市場規模が6000億円規模にまで拡大しており、食品・飲料だけではなく、野菜などの生鮮食品にもこのような表示ができるようになってきていることは、世界から注目されている。

このように国による差はあれ、健康や環境を訴求する商品の市場が育ってきており、訴求方法にもいくつかのパターンが見られることは注目に値する。

機関投資家が注目する食品会社のESGのあり方

食料システムの環境対応、健康対応を推進する潮流を生み出している1つが、金融関係機関などによるESG投資や融資である。例えば地球温暖化対策として、G20の要請を受けて各国の中央銀行などから構成される金融安定理事会が、気候関連財務情報開示タスクフォース（TCFD）を設置しており、企業に対して気候変動関連リスクや機会の情報開示を推奨している。

生物多様性保全を目的とした、より広い環境への情報開示を対象とする自然関連財務情報開示タスクフォース（TNFD）の動きも、活発化してきている。企業は水保全や森林保全など、自然資本に関連するリスクや対応策などの情報を、さらに開示することが求められている。

2021年には、Nutrition For Growth投資家宣言が出され、合計運用資産が12・4兆米ドルとなる世界中の53機関投資家が、すべての食品企業に対して栄養面からの取り組みに関する情報開示を呼び掛け、投資家として栄養課題に取り組むことを表明した。

オランダの非政府組織であるAccess to Nutrition Initiative（ATNI）は、食品メーカーを栄養面から評価する指標を公表してグローバル企業のランク付けを行っており、世界1位の評価を得たのはネスレ（スイス）、2位はユニリーバ（英国）であり、日本からランクインしたのは12位の明治、14位の味の素、21位のサントリーであった。このような栄養に関するインデックスが、企業のESG評価、ひいては企業評価につながっているのである。

新たな技術による解決策とビジネスの創出

農業分野のロボット化、スマート化(アグテック)

食料安全保障や環境対策、人手不足などの様々な課題に対応するため、農業分野における技術開発が世界中で取り組まれている。日本ではスマート農業、世界ではアグテック(AgTech)と呼ばれており、ベンチャーキャピタルなど投資家からの資金も集まってきている分野でもある。調査会社DataM Intelligenceによると、世界のスマート農業の市場は226億米ドル(3・4兆円相当)とのデータも公表されている。

スマート農業の代表例は、ロボットトラクターや自動操舵システムである。世界中の大手農機メーカーが開発を進めており、すでに市場にも出始めている。日本国内では、北海道大学を中心とした実証事業が進められており、我々NTTグループも通信技術関連で参加している。

一方で、ロボットトラクターなどは高額であるため、経営規模の大きな生産者しか導入できないのではないかとの懸念もある。農業経営規模で比較すると、日本のコメ農家の平均が約1haであるのに対し、米国カリフォルニア州のコメ農家は約161haとなっており、日本国内における導入の難しさがうかがわれる。企業ごと、あるいは農作業におけるプロセスごとに、それぞれ作業を効率化する新技術の開発が相次いでいるため、サービスのサイロ化（個別最適化）が起きてしまっていることも否めない。そこで期待されるのは、企業間あるいは、農作業プロセス間におけるデータ連携をベースにした技術革新や、新規サービスの構築である。

第1章で記載した通り、生産現場のデータ連携の事例として、米国の大手農機メーカーであるディア・アンド・カンパニーの取り組みは、農機というタンジブルなプロダクトに対し、クラウドによる様々なデータの管理、農機の電動化、自律化、AIの活用など、コネクテッド・インタンジブルなプロダクト・サービスを埋め込んだ良い例である。さらに同社は、競合であるCNHインダストリアル、クラースなどの農機のデータも連結可能とする「Data Connect」というプラットフォームにより、米国で主流である大規模農家が一元的に情報管理できるサービスを立ち上げている。つまり、顧客の囲い込みのために単独でのプラットフォームを展開するのではなく、複数メーカーの農機を持っている農家が1つのアプリケーションで農場を管理できるようにするといった、顧客のユーザー・エクスペリエンスの最大化に取り組んでいるのである。

さらに、農薬メーカーのバスフのサービスである「xarvio」との連携により、衛星から取得されたデータに基づき、各地域の地力分析を行い、土壌の条件ごとに肥料の散布量、農薬の散布量を調整することができるマップを作成し、各地域の条件に合わせて、ディア・アンド・カンパニーの農機で自動的に可変散布をする仕組みを構築している。完全自律型のトラクターも開発し、広大な農地を自動で管理できる世界を創り始めている。

農業データの標準化に向けた検討を行う非営利組織であるAgGATEWAYにも、同社は参加している。AgGATEWAYには農機メーカーだけではなく、農薬メーカーや、小売店など200社以上が加盟しており、データ標準化戦略を進める大きな勢力となっている。その他の動きとして、欧州を中心としたアグリルーターや、日本においてはＷＡＧＲＩなどもある。ディア・アンド・カンパニーのような大型農機と日本向けに展開されているクボタ、ヤンマーなどの小型農機では活用すべきデータの規格が異なるため、日本企業が世界の農業データ標準化に合わせていくことは難しい側面もある。しかし、日本国内での検討だけではガラパゴス化してしまい、海外展開の妨げとなるため、世界の標準化の検討状況を把握しながら、開発を進めていくことが重要である。

スマート農業については、ロボットトラクターだけではなく、収穫ロボや自動追従型運搬機、自動走行型除草・草刈機、農業用ハウスの環境制御、植物工場、データ活用など様々な種類がある。日本では農研機構を中心に多くの実証事業や研究開発が行われてきている。しかしここにも、サイロ化（個別最適化）という大きな問題点がある。

日本では、例えばきゅうりのつるの吊るし方においても、地方によって様々な方式が開発されており、栽培方法が異なるため、それぞれの地域に適した自動収穫機などの導入を検討しようとすると、地域ごと、あるいは現場ごとにカスタマイズしたロボットや画像判定システムが必要となってしまう。本格的にスマート農業を推進するためには農作業体系自体も変更し、ロボットやＡＩを導入しやすい方式を検討する必要がある。農業においても既存の農作業体系に合わせたロボットを開発するのではなく、体系自体の見直しや施設の規格化、圃場の超大型化、経営形態の変更なども含めた一体的な変革が求められる。

食料生産分野の新しい動向(フードテック)

食料危機、環境問題の解決、そして複雑化する消費者ニーズに応えるため、新しい技術(フードテック)に対する期待が世界中で広がりつつあり、世界のフードテックへの投資額は2012年から2022年の間で、31億ドルから296億ドルと急速に増加した。しかし日本のフードテック投資額は、2022年当時で投資額の上位10カ国外の0・68億ドルと、低い状況にある。このような状況を打破するため農林水産省が2020年に設立した「フードテック官民協議会」は、1000人以上の会員を有し、細胞農業や昆虫食、プラントベースフード、スマート育種など各分野の情報共有やガイドライン策定を進めている

プラントベースフード(特に大豆ミート)はすでに普及が進み、数年前と比べて日本でもスーパーや飲食店で大豆ミートを見る機会がかなり増えた。特許出願の傾向からも、その開発が2019年以降急増していることは明らかだ。

植物肉ブームを牽引する米国のスタートアップのうち、Beyond Meatはビーツエキス、Impossible Foodsはヘム(血液や肉に含まれる成分)を利用して、それぞれ生肉のような外観を再現している。外観や調理体験から本物に近づける発想は、肉食にこだわりを持つ米国ならでは

図表3-1-3　プラントベースフードに関するPCT出願動向

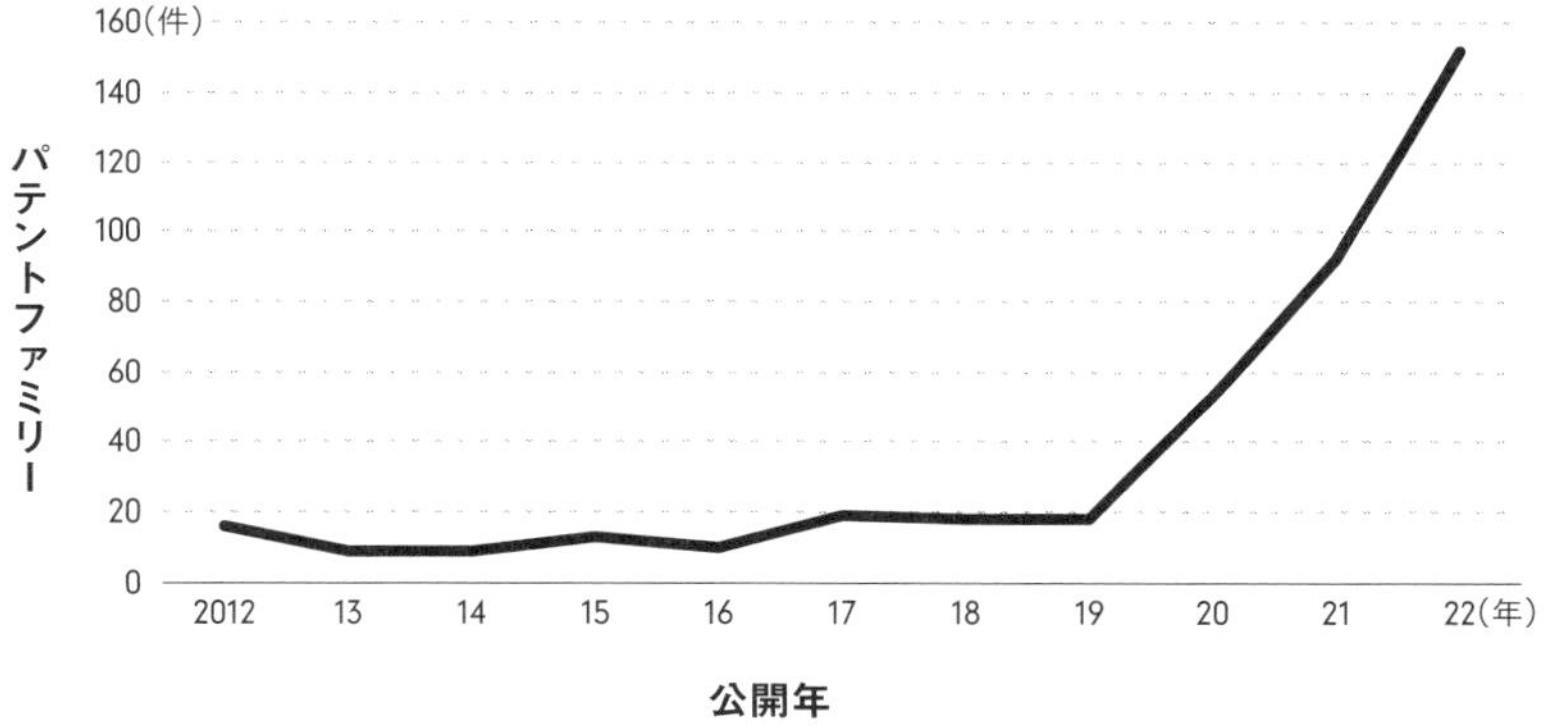

出所：E spacenet特許データベースをもとにNTTデータ経営研究所作成

かもしれない。日本のフードテックが勝つためには、さらなる顧客理解や顧客価値の発見、顧客体験のデザインと、それに関わる技術開発が求められるだろう。

現場の変革を伴うデジタルトランスフォーメーションの必要性

流通においても、ルートの効率化や市場での積載にかかる人手の削減などを目指し、既存の慣習を大きく変えていくべき時が来ている。

日本の農業の現場では、いまだに紙や電話、ＦＡＸによる注文のやり取りが多く、農業生産管理においてもデジタル化が大きく遅れていると言われる。農家やＪＡなどの人手不足への対応を進めていくためにも、まずは基本的な業務のデジタル化が求められる。前述のような、日本で多数開発されている各地域に最適化された小さなサービスは、日本国内においてもスケール化が難しく、海外からのサービスに浸食されてしまう可能性も高い。スマート農業に関わる国内事業者は、地域における個別最適ではなく、そのビジネスを他地域や世界で展開していく視点を持って事業開発を行うべきである。

付加価値を創出することのできるデータの見える化と流通促進

食品メーカーが環境配慮の対応を進めていくなか、農作物の生産方式による環境負荷削減、流通や工場などにおけるＧＨＧ削減などのデータが、価値を創出するようになるだろう。農地におけるバイオ炭の施用や水田の中干期間の延長のように、すでにＪ－クレジットの対象になっているものもあるが、バイオプラスチックの利用や化学農薬・化学肥料削減、食品ロスの削減などは、環境負荷削減効果があるもののＪ－クレジットの対象とはなっておらず、その価値が埋もれてしまっている状況にある。このような取り組みによるＧＨＧ削減量を評価して数値化し、そのデータを流通させることで、食品メーカーや小売店などにおいてもその価値を活用することができるようになるだろう。

食に関する健康を推進するための基礎となる栄養に関するデータ流通も、ほとんど実現できていない。多様な農産物、多様な原材料が組み合わされて加工品となり、流通して、家庭で調理されるという流れを考えると、毎日食べている食事に含まれる栄養を正確に計算することは難しい。写真によって大まかなカロリーや栄養バランスなどを計算するアプリは多数存在するが、日本人の最大の栄養課題とも言える食塩摂取量について把握できている人はほとんどいないのではないだろうか。食料システムが最終的にたどり着くゴールは、売って終わりではなく、消費者の日々の体調やメンタル、血圧や血糖値のような健康状態、おいしさ、幸福度など、様々な面での個人のデータにつながっていくことが予想される。

農業生産の段階においては農業従事者数の減少が差し迫った課題となっており、農作物の生産方式自体をアップデートし、デジタル化やロボット導入に向けた変革が前提ではある。一方で、生産された地域、個々の生産者の品質へのこだわり、環境配慮への努力、農作物への愛情といった情報も、消費者にとっては大きな価値を創出する。マスマーケットの他に、地域内での流通や、こだわりを持った消費者への流通経路など、食には様々な価値の提供方法があることを忘れてはならない。

必要なのは提携とスピード

今後必要となってくるのは、「大企業とスタートアップの役割分担」であろう。我々が日々、食品関連企業と接するなかでよく耳にするのは、研究開発の自前主義、内製化についてである。これは大手企業、スタートアップのどちらにも見られる。その背景には、まず食品業界における研究開発費の少なさが挙げられる。総務省の『2022年科学技術研究調査』によると、売上高に対する試験研究費の比率は、製造業全体が4・03％、全産業が3・06％であるのに対して、食品製造業は、0・88％にとどまっている。[※1]

ゲノム編集や培養肉に関する技術などは、従来の食品開発の流れとは一線を画する新規性の高い研究分野だが、企業が持つ研究予算が少ないことに加え、これまでの企業体質、業界慣習から内製化が検討されることが多い。しかし、国際的にフードテック企業への投資が活況を呈しており、競争が激化するなか、重要なのは「スピード」である。大企業側には、開発期間を短縮するという経営判断が求められる。一方、スタートアップ側も、自社のコア・コンピタンスを確立し、スケールアップや販売部分などにおいては、積極的かつ、柔軟に大手企業と連携する視座が求められる。

食・農の課題に対応していくために

これまでに述べた通り、日本では農業生産人口の減少、肥料・飼料・燃料の海外依存、環境問題への対応などが大きな課題となっている。日本政府が支援を行っているスマート農業やフードテックは、これらの課題に対して取り組むものであり、作業の自動化、可変施肥・可変散布、生産量・収益の向上などがその対象となる。

しかし、これらは世界でも多くの開発がなされ、競争が厳しい分野である。開発スピードを上げるためには、自前主義から脱却し、大手企業とスタートアップの連携が必要である。これを実現するための資金や人材、体制なども、整えていかなければならない。そして目指すべきは、タ

図表3-1-4　データ取得・連携・活用によって事業分析や最適な計画を行うことができるとともに、ロボット等の導入により、自動化が進む、最終的な農作業の姿

計画・準備	栽培・生育管理	収穫・出荷
●衛星データを活用した圃場の地力分析、播種・植え付け密度の計画 ●衛星データを活用した圃場の地力分析による施肥・農薬の最適化計画 ●収量センサー付きコンバインによる地点ごとの収穫量分析 ●農作業計画に対する人員の最適配置計画	●播種密度の自動調整 ●生育ステージ（分げつ、開花等）の自動判定と、ステージごとの作業提案 ●病害虫の発生予測・特定による農薬散布量の最小化 ●農作業の自動化（ロボットトラクター、遠隔監視、自動草刈機等） ●外部専門家からの指導 ●コントラクターへの委託 ●スマート農機のシェアリング	●最適な収穫時期のタイミング把握による収量・品質の最大化 ●自動収穫による労働力の削減 ●需給マッチングによる単価の最大化 ●品質、地域ブランド、環境負荷削減などの付加価値が商品とともに流通

目指す姿		
目指す姿	経済	収穫量の増大、コストの削減による収益向上
目指す姿	環境	化学農薬、化学肥料使用量の削減
目指す姿	価値	品質、味、栄養素の高い農作物の栽培
目指す姿	持続	農家の稼働時間削減・労働強度の低減
目指す姿	安全保障	農作物の安定供給、面積拡大による効率性向上

出所：NTTデータ経営研究所作成

ンジブルなプロダクトにコネクテッド・インタンジブルなプロダクト・サービスを組み合わせ、顧客の真の課題を解決するトータルなサービスを、構想し描くことであり、そのなかで各社が果たすべき役割を明確化していくことこそが重要である。

※1　https://www.stat.go.jp/data/kagaku/kekka/kekkagai/pdf/2022ke_gai.pdf

製造

デジタル化と環境対応がもたらすものづくりの変化

工業製品においても、コネクテッド・インタンジブルなプロダクト・サービスの価値が占める領域は、急速に増大している。つくり方や製造ライン、リサイクルにおいても、デジタルやAIを利用した、従来とは異なる製造工程、材料供給が求められる。どのような新しい技術やサービスを使い、どこで価値を出す企業になるのか。垂直統合やファブレスではない製造業のあり方が問われている。これからの付加価値の源泉は、自社の無形資産を含めたデータとプロセスにある。その資産が活用できる基盤を早く確立すべきなのだ。

加速する製造方法の変化と採用技術の刷新

生産性は高く特定分野は相変わらず強い日本の製造業の弱点

日本の製造業は、２００２年から20年間で11・６％就業者数が減少するなかでも、生産性の改善や海外進出により、ＧＤＰ対比で約20％の経済規模を継続的に維持してきた。現在も、製品の機能やサービスのレベルを高めていくことで、競争力を維持することができると思われる業種は多く、国内市場にとどまらずグローバルに活躍している企業は、生産性を向上させ今後も活躍していける可能性が高いだろう。

特に、ニッチトップと呼ばれている特定分野の部品や素材のメーカーは、２００超の品目で世界シェアの60％以上を保有しており、１兆円以上の売上を占める品目も18存在している。ただしこのようなシェアの高い製品・品目群が、今後も車両やスマートフォン、スマート家電に採用され続けるのかという観点では、製品自身の付加価値が変わり続けるなかでは、どんな部品や材料も採用されない日がこないとは言い切れない。

今後、競争力を増していくためには、従来の機械・電気の制御に関連する技術から、ソフトウエアやインターネットを活用した情報作成・状況把握・稼働管理などの技術を強化していかなければならない。すなわち、顧客から選んでもらうためには、物理的に形のあるタンジブルなプロダクトから、コネクテッド・インタンジブルなプロダクト・サービスへと重点を移していく必要がある。しかし日本の製造業全般において、ソフトウェアやITをハードウェアと組み合わせて付加価値を高めて技術開発するという点では、後れを取っていると言わざるを得ない。

付加価値を生む機能のさらなるソフトウェア化と従来部品の不要化

製品の付加価値に貢献する技術は、機械や電気制御に関するタンジブルなプロダクトの要素よりも、ＡＩやＩｏＴに代表されるコネクテッド・インタンジブルなプロダクト・サービスの要素が大きく増加している。

例えば自動車では、ＡＤＡＳと呼ばれる運転支援の機能で急制動をかける処理は、カメラの映像とレーダーやＬｉＤＡＲという技術で物体認識し、その情報がインプットされてブレーキをかける。ＬｉＤＡＲは非常に注目された技術だが、最新の車種では、カメラからの複数映像だけで物体認識精度を高め、性能とコストダウンを図るものも出てきている。これはハードウェアとして必須になると予測されたＬｉＤＡＲの必要性が薄れ、映像認識を強化するＡＩやＧＰＵ、処理プログラムに投資が移行するソフトウェア化の典型例と言える。

ＥＶやＰＨＥＶの車両が止まるためには、回生ブレーキの利用によって、ディスクブレーキを利用しないケースが多くなることから、ブレーキパッドが消耗しにくくなるメリットがよく指摘される。部品交換を含めたライフサイクルコストの観点でも、付加価値が電動化により変わる可能性が示されている。

要件実現の選択肢が複数あるものを、どのように統合的に管理し構築するのか。部品やシステムを「動き」や「振る舞い」として定義し、機能の関連性を可視化することで、変更などへの影響度把握ができるMBSE（Model Based Systems Engineering）という技術を用いる必要がある。しかし多くの業界で、試行段階から実運用になかなか移行できない事例を頻繁に耳にする。今後は従来と同じ部品・機構が要件を実現するために、ソフトウェアを主体とした機器に代わる例は、さらに増加すると思われるため、ほしい機能を実現する手段を時代に合わせて管理する方法の確立が急がれている。

生産技術・製造ラインも大きな転換点に差し掛かる

自動車の製造ラインでは、EVの生産に切り替わることで大きな変化が生じると考えられている。組立の早期の段階で、フレームにバッテリーやモーターなどの動力源が組み付けられ、車両がラインを自走して次の工程に移動するコンセプトをトヨタ自動車が公開し、注目を集めている。

製造中の車両が前方のカメラなどから前の車両の動きを感知し、必要な場所まで自動運転で移動することで、従来の搬送用コンベアや自動搬送を行うAGV（Automatic Guided Vehicle）が不要になる。これにより従来の半分のコストと工期で、新車両の製造ラインを立ち上げられる生産技術の革新が実現できるという（図表3-2-1）。

図表3-2-1 想定される新世代の自動車組立ライン

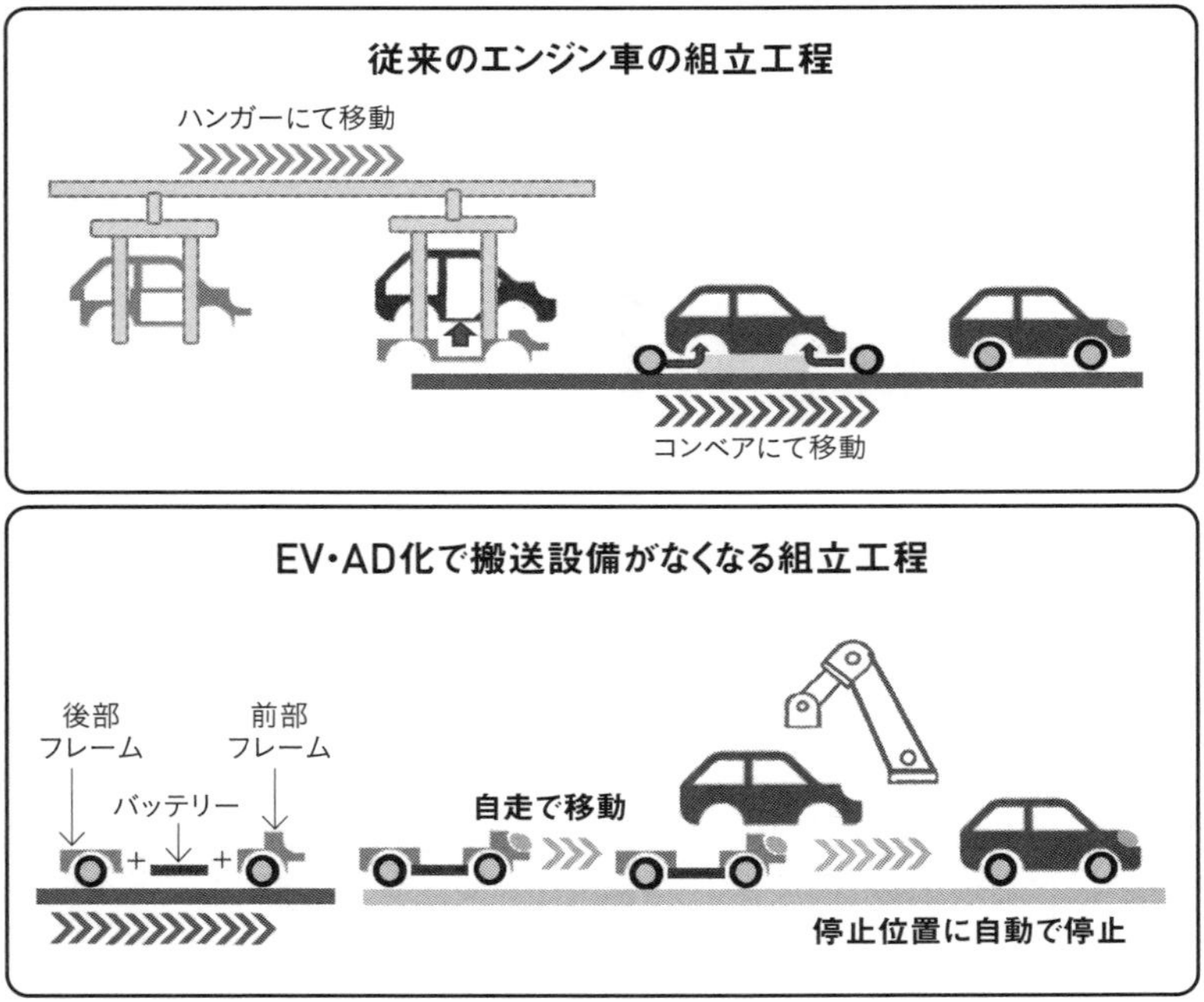

出所：筆者作成

　車両の前後フレームにおいては、テスラがギガキャスティングと呼ばれる大型の鋳造部品を前後に採用し、バッテリー自体を構造のメインフレームとしたことで大幅に溶接工程を減らし、車両の製造方法を大幅に短縮するような改革も行われている。

　このように、大きな変化がないと思われていた大型の工場設備でも、これまで必須と思われていた溶接用ロボットや搬送用クレーンなどが不必要になる可能性があり、大変革の時を迎えている。

環境の視点からも変わる製品と情報管理のあり方

従来は必要だった部品、構造、生産方式が、ソフトウェアや電気など技術要件の変化で不要になるとともに、消費者や顧客が求める製品の利用方法やスタイルが変化している点も見逃すことができない。

家電製品やPCのみならず衣料品にいたるまで、ゴミとして廃棄するのではなく、中古流通やリサイクルすることが普及している。そのため最初の顧客だけでなく、中古利用する顧客の要件も加味した製品企画が必須となっている。製造者は、販売した製品が最初の顧客から中古で購入した顧客に渡った履歴も管理し、IoTでつながる製品では電力の利用状況などからCO_2排出量などを把握することも、将来的には求められるようになるだろう。

そのため商品企画の段階から、設計・生産・販売・最終顧客管理／アフターサービス・廃棄までの一連のライフサイクルを情報管理する必要が生じる。しかし、自社だけでなく販売や製造のグループ会社を含めても、すべてを統合して情報管理することは、製品の複雑化、中古流通市場のグローバル化、製品の保証期間、利用期間の長期化という背景から難しいだろう。

今後は複数の企業が連携し、販売した製品を最終的に材料リサイクルするまで、サプライチェーンにおける製造情報・利用情報・廃棄情報などを管理する必要がある。業界や企業を横断した情報連携プラットフォームが複数立ち上がり、自社のエコシステムとして最適なサービスを利用するようになる世界が想起される。

法規制でトレーサビリティを明確に定めたものとしては、2023年8月に施行された欧州バッテリー規制がある。例えば、LMTバッテリー、産業用バッテリー（2kWhを超えるもの）、EV用のバッテリーについては、2027年2月18日から、電子上の記録「バッテリーパスポート」を介して、ラベル表示情報に加えて原材料構成、カーボンフットプリントなどの情報へのアクセスを確保する必要性や、QRコードからも情報が読み取れるようにすることを定めている。製品や材料のトレースに関する情報管理は、今後の世の中の潮流となっていくだろう。

プラットフォーム準拠の製品開発や設計の管理方法に変化が必要

今後の工業製品は、長くアップデートしながら環境負荷を低減していく消費やライフスタイルとなり、数カ月から2～3年の利用期間で破棄される工業製品は減少し、10～20年以上と長期間にわたって使われるものが主流になると予測される。これは車のフルモデルチェンジのサイクルや大型家電製品の変更サイクルなどが長期化していることにも表れている。

代表的な例として、自動車におけるシャシー部分のプラットフォームがよく挙げられる。近年の商品開発の基本的な考え方は、1つの機種から複数バリエーション化が行いやすく、継続的に進化できるアーキテクチャを採用することである。採用する部材も、調達が持続可能で、かつ環境負荷が低い材料でつくられることを前提にしなければならない。

従来よりも長いスパンで製品のプラットフォーム規格管理を行うことができ、かつ個別製品の

図表3-2-2 機能別のプラットフォームを前提にしたモデル開発のイメージ

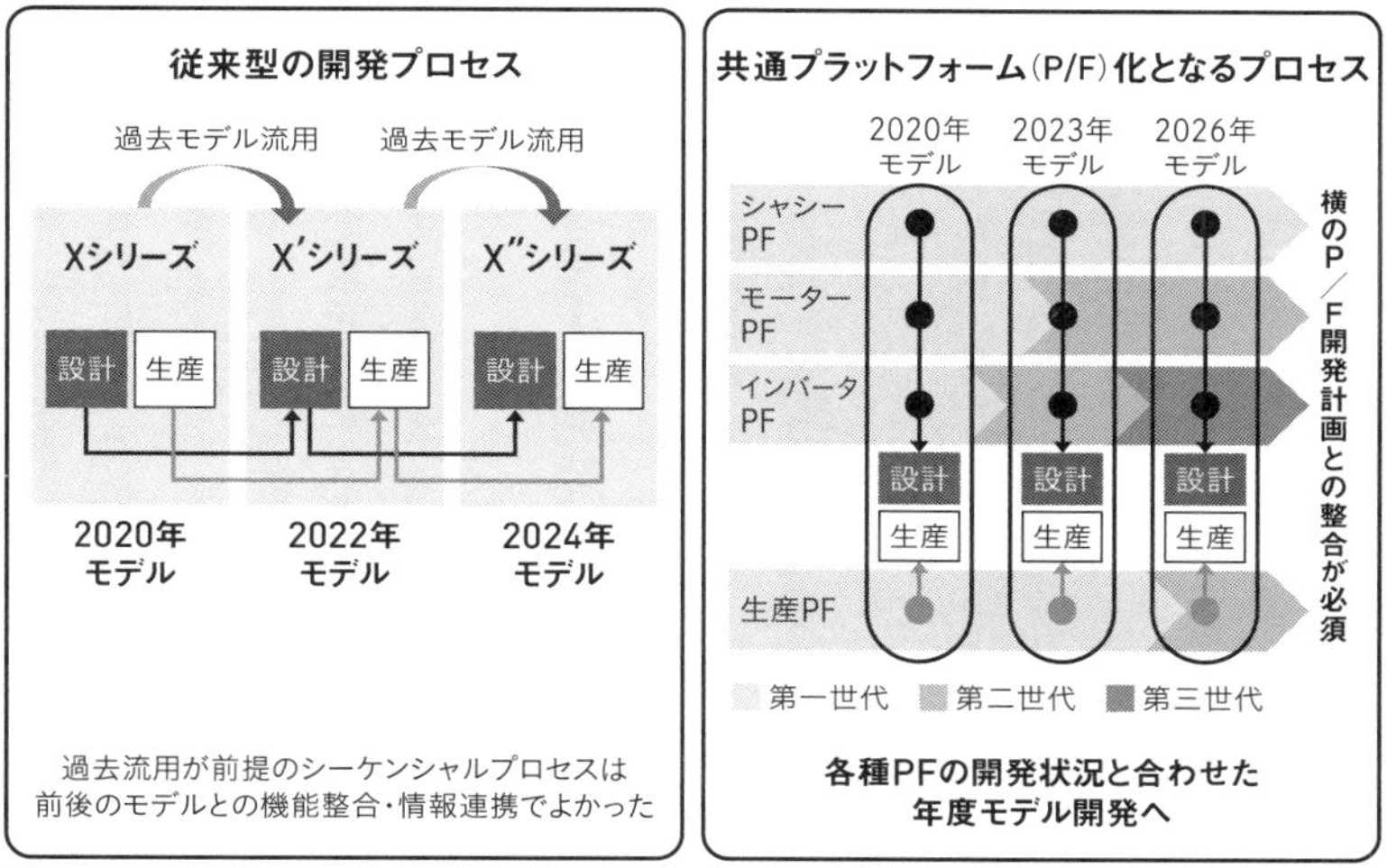

出所：筆者作成

販売時期などと整合を取った横串開発能力が、競争力と直結するようになってきている。図表3－2－2のように、年度ごとに過去モデルを流用しながら設計する開発プロセスを前提に、プラットフォームなどの横串機能を開発する要素については同じ方法でデザインレビューをするQCD管理方法では、当然ながら世代管理をうまく実現できない。

横串機能の共通プラットフォームの開発は、部位や機能で進化するタイミングが異なるため、世代をどの年度に出す機種モデルに合わせて考えるべきか、その選択が重要になる。競合製品の動向や技術開発の遅延によって選ぶ世代を変える必要も出てくるなど、横と縦の整合を取った開発プロセスに進化させる必要がある。

共通プラットフォームの長期にわたる技

術開発ロードマップ、推進する組織やメンバーの選出、内外製の見極めなど、プラットフォーム独自のレビュー視点を整備することが重要になる。実際の仕事としては、縦となる年度別開発モデルとの整合・調整がポイントとなる。年度別開発モデルの要求に合わせた設計／仕様変更が、どのプラットフォームの世代まで及ぶのか、どれくらい先の年度別開発モデルまで変更の影響が及ぶのか、範囲の可視化とともに、短いレビューサイクルで完成度を高めるようなアジャイル型の横串プロセス管理が必要な仕組みになっている。

プラットフォーム開発には「トレース管理手法」を取り入れる

業務システムなどをつかさどるソフトウェアの実装方法でも、長期間かつ広範囲に使われる横串プラットフォームを採用すると、同時並行で進んでいるシステム開発プロジェクトの開発や設計、テストにどの程度の影響があるのかを把握することが非常に難しくなってくる。その影響度を把握するために、V字モデルなどの開発標準を明確に定め、要件定義に沿うテスト項目設定を最初に行うなどの準拠する検証プロセスを再設定することや、各機能とのインタフェース部分の規格を明確に定めて、疎連携化した機能や情報配置をするなど、情報や機能連携がどのように行われているのか標準化するのは当然のことである。

しかし、これだけでは影響度を把握する作業が、個人のスキル、経験や勘に依存する形となり、結果的に想定外の影響が出て、品質問題や納期遅延などを各年度モデル開発に対して与えてしま

図表3-2-3 トレーサビリティツールのイメージ

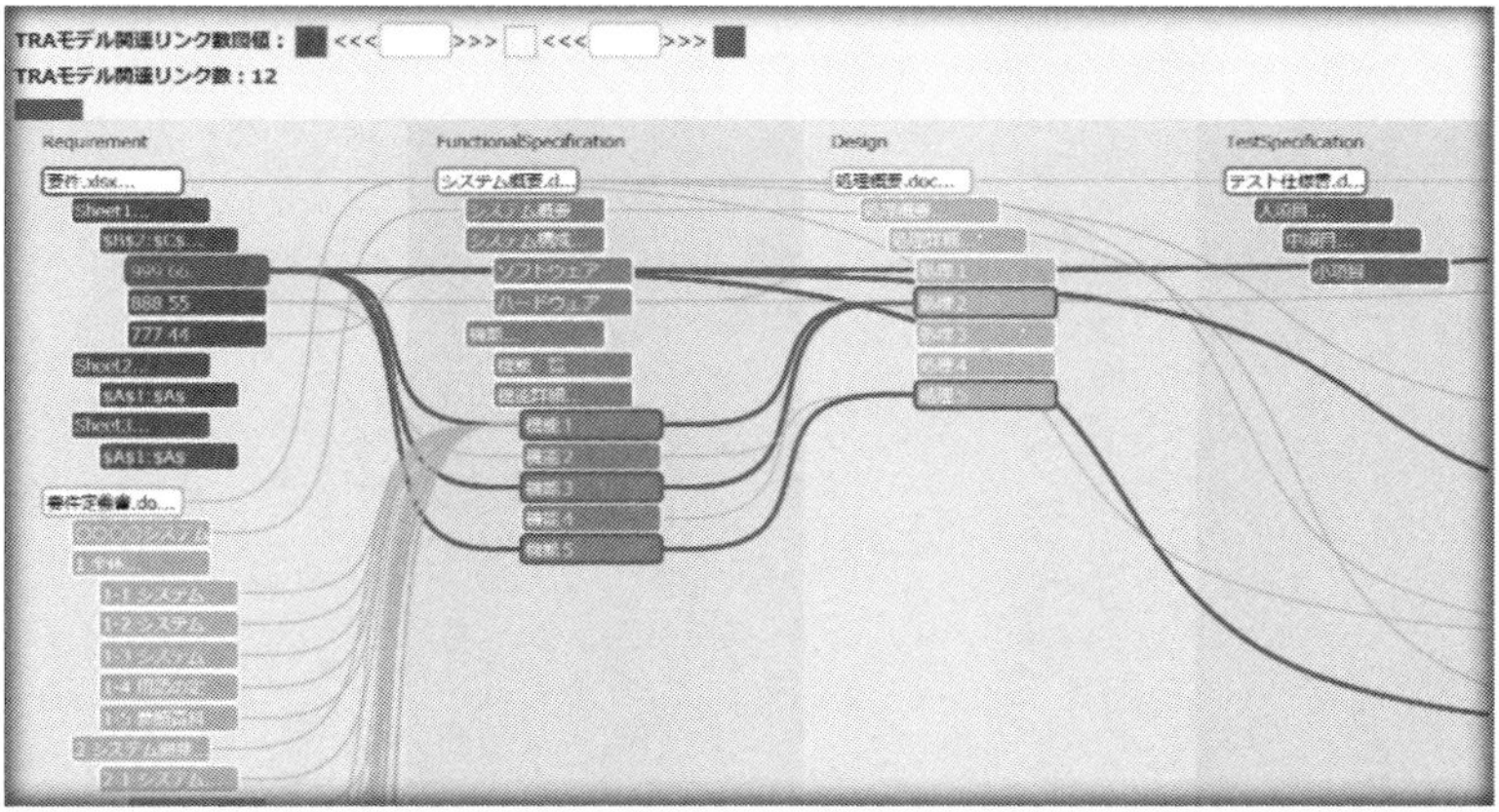

出所：ARC社「ZIPC TERAS」より

う結果となるケースを防ぐことはできない可能性が高い。

ソフトウェアや制御システムを開発するうえでの同様の問題を防ぐ対応策として、影響度調査を実施する方法自体を標準化し、影響レポート提出や通知範囲を推測するなど自動化した管理を行う取り組みがある。この影響度調査を実施するためには、設計開発作業に対するトレーサビリティツール導入が、解決の1つの方法となる。しかしツール以前に、業務で扱う情報／データとその情報生成を行う業務プロセスを再構築する必要のある製造業が多い。構造的な要求仕様と実現機能、実施している作業タスクの関連性やプロセスにおけるステータス管理の導入という新しい情報体系と管理が必要となるが、この取り組みが実施されている企業は少ない。

図表3－2－3はトレーサビリティツールの一例で、設計変更、機能追加が影響する範囲を早く

正確に把握することができる。この範囲特定や検証シナリオは、「どのような変更分類なのか」「目的はコスト削減か、設計ミス削減か」などの観点で、変更作業に対する詳細情報を管理できる。これにより、範囲の推測や対応策、遅延日数予測までを過去データに基づきツールが推測するような取り組みも、ソフトウェアの世界では構築されている。

あらかじめ決まった評価項目でプロジェクト品質を見る旧来型のゲート方式によるデザインレビューは、形骸化し問題のすり抜けを生む可能性が高い。変更の検討を実施する段階から、設計ミスなどの過去事象の影響度や範囲などを参考に、設計変更の影響範囲を可視化できるデザインレビュー/プロセスを採用する取り組みが必須となる。今後は、設計プロセス、生産技術が実施した工程設計でも、業務上で蓄積したログ、検討結果などのデータをつなげてトレースできる環境を構築することが、企業の競争力を上げるだけでなく、品質や納期の維持においても不可欠となる。

「無形知識のインフラ整備」が必須

今後のデジタル化の強化点は、既存でシステムやアプリケーションが導入されているCAD/PLM/ERP/SCM/CRMなどの基幹システムを中核にしたデジタル化と、そのデータの連携された活用になる。さらに、現状ではデータ化されていない設計者の作業ログ、設備メンテナンス記録、組立作業者の姿勢変化などの現場の実働データを自動取得し、業務プロセスのイノベーションや製品そのものの仕様変更に生かす発想が必要となる。

製造業におけるスマートファクトリーは、これまで製造現場のＩｏＴ化やＡＩ技術の導入が主で、自社が保有する稼働情報から生産を最適化するような取り組みが多かった。今後はシミュレーションできる環境を拡張し、車両プラットフォームの設計者がサイズ変更を考えた場合に、影響がある年度開発シリーズや外装プラットフォームの影響寸法などを把握するだけでなく、調達観点でのコスト増要因の試算、製造用治具への変更の必要可否などが素早く検討できる環境が求められる。即座にトレースできる環境と蓄積したデータから、範囲提示や変更の容易性、コスト増加の確率提示などの「変更に与える示唆」をベテランに代わって実施してくれるようなデジタル改革が、ＣｈａｔＧＰＴに代表される生成ＡＩの登場によって現実味を帯びており、我々のクライアントもそれに取り組み始めている。

生産現場や調達品に関するデータは、ＩｏＴ、画像データ解析、ＡＩなどの適用領域が増えることで、自動的に取得されるものは圧倒的に増えていくだろう。しかし開発や設計領域のプロセスにおける管理業務、ステータス取得などのデジタルデータ取得に、課題が多い企業は少なくない。ドキュメントベースの仕様管理から、製品に求められる要求、振る舞い、提供価値などを構造的に管理し、その機能実現をする要素設計をしているタスク番号と部品番号、制御用ソフトウエアのコード番号が連携するような体系の整備を行い、まずはトレースできる環境を１つずつ構築することから始めるべきである。

本当に必要な仕様変更や設計変更を定め、より高度なＱＣＤＦを実現して製品を生み出し続けるには、従業員が求める自社ノウハウである無形資産をデジタル化し、情報連携させて知識インフラとして活用できる自社の業務状況検索基盤というべき「無形知識のインフラ整備」が必須となってくる。

具体的な利用イメージは、自社の無形知識が実のプロジェクトと連携して、ＣｈａｔＧＰＴのように設計変更の影響を調べてほしいと質問をすると、「コスト増10％、納期遅延2カ月」というような予測値を返してくれる仕組みが考えられる。前述のシステムを実現するためには業務全体をデジタルデータでつなぎ、影響範囲をタスクやＢＯＭ、ソースコードでリンク先を検索することで、納期やコスト影響シミュレーションなどができる環境の構築から着手する必要がある。

競争力を保つためデジタル製造業に進化するには、無形知識と実業務トレースが連携し、従業員がアクセスできるシステム基盤の構築を目指さなければならない。この基盤が構築できることで、すでに顕在化しているリサイクル、資源循環への業務／システム化の対応もスムーズに行えると考えている。

過去のノウハウだけに頼らずデジタルデータで発想の転換を

デジタルデータをいかにつくり使うかが今後の技術的な焦点

データがあり、つながれば何でもできる時代だからこそ、デジタル・データドリブンで製品・製造工程、業務プロセスを変えられるという思考をすべてのステークホルダーが持つことによって、製品価値も生産性も向上させることができるようになってきている。

これまでは、自社のノウハウや過去データの蓄積がなければ業務で使えないと言われてきた原価管理、見積試算などの分野も、新しいテクノロジーやサービスが生まれている。自社でのシステム構築や更新が難しいと思われていた領域でも、新興系企業のSaaS（Software as a Service）などのアプリケーションを積極採用していくことで、価格のシミュレーション、生産拠点の選定が行えるようになってきている。

「うちの会社は独特だから……」と自社特有のシステムを構築する日本企業がいまでも多い。過去の創造的業務や自社のノウハウと思われていた業務知見、工程データが、新しいソフトウェアやサービスで、効率的な情報作成・シミュレーションが行えるようになっている。例えばaPriori（アプリオリ）社のデジタル製造シミュレーションソフトウェア。あるいは生産拠点の海外移転検討や新しい拠点での現地調達可否など、自社で実施した場合数カ月以上かかるような検討が非常に短期間で行えるソフトウェアとなっている、CADDi（キャディ）社の見積試算や調達代行・品質保証といったサービスも、自社で実施するより効率的であるため、導入する企業が増加している。

脅威はEMSではなくMaaS化によるエコシステム再編

ヨーロッパにおける完成車の受託生産を行うマグナ社の取り組みは、よく紹介されている。これは単純な製造アウトソースではなく、開発の領域や生産工法設計を含めた自社能力を生かした複合型の請負が見られるビジネスモデルである。ＥＭＳ（Electronics Manufacturing Service）＋ＥＳＰ（Engineering Service Provider）と呼ばれ、「製品そのものの技術」と「生産技術・量産技術」の付加価値を持ち合わせた受託生産を意味している。このビジネスが拡大しており、ソニーの試作車やアップルカーの受託を同社が請け負ったと報じられている。車両製造という、過去の常識では自社工場での生産が前提だった工業製品にまで、ファブレス型の製品製造が適用されるようになってきている。

明確な主要プレイヤーが誕生しているものではないが、従来のような垂直統合型で工場を保有する製造業にとって、脅威またはチャンスとなるビジネスモデルが検討されている。ＭａａＳ（Manufacturing as a Service）と呼ばれる、製造・品質管理・出荷という工場の業務管理を高度なプロセス・システムの提供を行うことにより、工場を保有する事業者に代わって運用するサービス提供のモデルである。

さらにこれを超える形で、材料調達、製造の実行、製品出荷までの全体を、システム・サービスとしてＳａａＳとリアルの工場ネットワークで提供しようとしているのが、ロックウェル・オートメーションやシュナイダーエレクトリックが実現を目指しているサービスだ。この2社が提案するMaaSは、パートナー企業と連携し、例えば設計と製造の連携による業務標準化や形式知化、QCDのリアルタイム把握や最適化までも支援する予定である。これらの企業は、ユーザーの展望や市場の動向に即し、自社の組織とサービスを迅速かつ柔軟に変容させ、ものづくり全般をサポートするサービス事業者への転換を実現しようとしている。

製造業が直面するデータトレースを扱う新しい業務とシステムへの対応

デジタライゼーションやDXがさらに推進していくなか、各国で実施されるカーボンニュートラルや排出量規制に準拠するために、業務プロセスやシステムの見直し、関連データをやり取りするため、地域・国・業界が主導で進めているデータスペースへの対応が必要になると想定される。

データスペースへ対応する情報管理やアプリケーションの有効活用が必要に

現在はB2Bの領域においても「データの主権」が叫ばれている。これはGAFAMに代表さ

図表3-2-4 データ主権を守るデータスペース誕生の背景

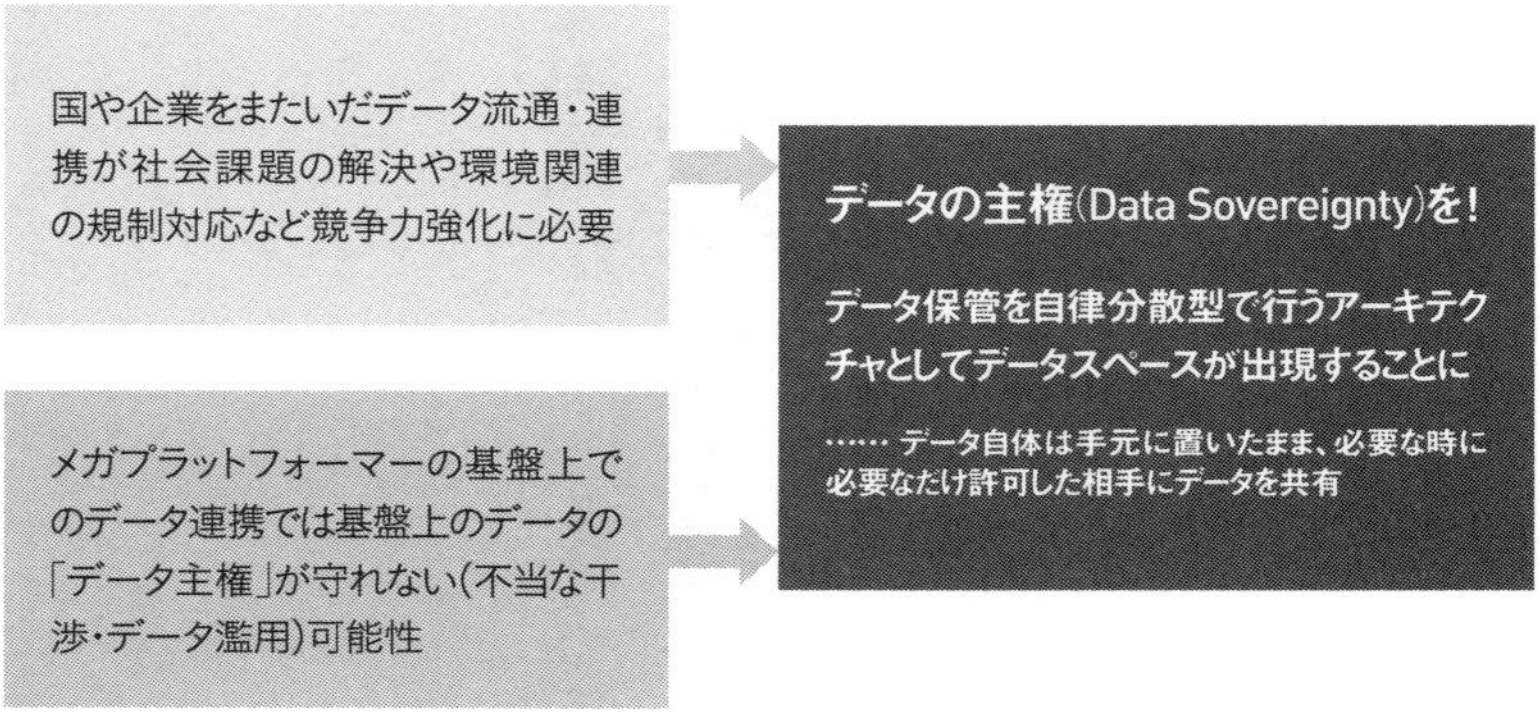
国や企業をまたいだデータ流通・連携が社会課題の解決や環境関連の規制対応など競争力強化に必要
メガプラットフォーマーの基盤上でのデータ連携では基盤上のデータの「データ主権」が守れない(不当な干渉・データ濫用)可能性
データの主権(Data Sovereignty)を!
データ保管を自律分散型で行うアーキテクチャとしてデータスペースが出現することに
…… データ自体は手元に置いたまま、必要な時に必要なだけ許可した相手にデータを共有

出所：株式会社クニエ作成

れるプラットフォーマーが、顧客データやサイト上のログデータなどを独占的に使ってビジネスを優位に展開できている点から、ＩｏＴデータをはじめとする産業用のデータもプラットフォーマーが独占することなく、データの作成者・保有者に権利を持たせ、必要な情報提供、閲覧や参照、秘匿化が行えるようにする必要があるというものである。

この思想を実現するため、ＥＵ圏ではデータ流通をさせる基盤として、ＧＡＩＡ－Ｘというデータスペース構想が立ち上がった。国境を越える情報流通をＥＤＣ（Eclipse Dataspace Components）と呼ばれるコネクタ技術を活用して、データ自体の送付・閲覧、廃棄などの権利をコントロールできる機能を持つ基盤が運用される予定である。

直近での活用が始まるのは、２０２３年８月に施行された欧州電池規制に対応するようなユースケースに基づき、バッテリーに関する必要情報をＣａｔｅｎａ－Ｘという自動車業界向けサービスを活用し

て、規制が求める情報投入や管理が行われる予定である。

日本ではデータスペースとして、「ウラノス・エコシステム」というプロジェクトでデータ流通させる仕組みが検討されている。データスペースを利用する企業の情報を活用してスコープ3と言われる取引先からのCO_2の情報を入手するなどの情報流通が、セキュアにできることが想定されている。

取り組みはまだ始まったばかりだが、Catena－Xなどの海外のデータスペースとの連携も求められており、日本にあるデータスペースに情報登録をすれば、海外の法規制に対応したデータを構成し、連携して情報の入手、出力ができるような機能が求められている。EV車に搭載されるバッテリーなどに関連するユースケースが、最初の適用事例になると想定されている。

今後、稼働情報や、品質保証に関連するデジタルデータは、国境を越えて行き交うようになる。そうした流通データを要求に合うようにつくるだけでなく、戦略的に提出・流通させることで、デジタル化を進める企業がエコシステム内で競争力が上がると言われている。

従来のサプライチェーンや所属する業界に属さない企業が、データスペースで流通されるCO_2排出量や資源回収に関するデータを見て、環境対応に熱心な企業と取引してみようと、データスペースの情報を見たことをきっかけとして、海外の新しい取引先からダイレクトメールが来る日がすぐにくると予測されている。

現在は自社が属さないエコシステムとつながるためのこの仕掛けには、社内システムから出せる環境関連データの精度保証や、提出データの多様化と柔軟性を高める必要性があるだけでなく、

図表3-2-5 データスペースのイメージ

出所：経済産業省HP（https://www.meti.go.jp/press/2023/04/20230429002/20230429002.html）より

どんな業務で生まれた電気使用のデータなのか、誰が担当して設計した製品なのかといったトレーサビリティの確保も重要なポイントとなる。前述の「デジタル製造の持つべき業務トレース基盤」への要件として、事前に盛り込んでおきたい内容と考えている。

コネクテッド・インタンジブルなプロダクト・サービスで付加価値をつけるビジネスモデルにシフト

価値ある社内のインタンジブル・アセットを再定義し、製品プラスアルファの付加価値で競争力を上げる

今後新興国の製造業が発展し、地産地消が進むなかで、日本の製造業の生む製品やサービスの価値が問われる時代になることは確実であり、地域／市場に合わせてQCDのバランスの取れた部品や製品を提供するだけでなく、「いいね／Cool」と思わせる顧客の利用価値体験ができる製品やサービスを創り出せるかが最大のポイントとなるだろう。

すべての業務／作業がデジタル化で関係性が明らかになり、定量的な可視化ができる世界では、過去の標準・明文化されていない暗黙のルールなど、硬直化した社内プロセスだけでなく、価値

観を変える設計や製造自体をデジタルオペレーションで考えることが可能になるはずだ。現在の付加価値は、製品・部品というタンジブルなプロダクトに対するものがほとんどだが、今後は製品以外の設計や製造、品質管理のノウハウといったものも、MaaSのようなコンセプトで製品とともに取引先に使ってもらうようなビジネスモデルが求められるようになるだろう。

こうしたコネクテッド・インタンジブルなプロダクト・サービスを付加価値として利用してもらうことが、自社が所属するエコシステムに変革を起こす、真のDXとなるはずである。実際に従来は取得できなかったデータや、デジタルテクノロジーを用いて、若手でも自社変革を行えるチャンスがある企業は、従業員満足度の向上、新人の定着率増加、入社する転職者数の増加という結果を生んでいる。

日本の製造業が持つ「いいものをつくりたいカルチャー」を進化させ今後もグローバルに活躍していく人材を育てるためにも、製品・部品・材料とともに、ノウハウなどをコネクテッド・インタンジブルなプロダクト・サービスとすることで付加価値を高め、より競争力ある産業へと変革を進める必要がある。

流通

生活者を理解したバリューチェーンの変革

流通・小売業各社は、最も近い存在として生活者への理解を深め、その環境変化に敏感に反応し、自らも変化し続けることで日常生活を支えてきた。社会経済の変化が加速していくなか、今後は次の取り組みが重要になるだろう。「生活者ニーズに沿ったサービス／購買体験への〝さらなる〟対応（多様な店舗フォーマットの展開）」と「社会的使命でもある店舗インフラの維持」の2つだ。この一見二律背反しそうな取り組みにこそ、デジタルの特性が発揮する効能は大きい。将来に向けバリューチェーン全般を変革に導くうえで、すべきことは何かを明らかにする。

多様化する顧客ニーズ対応と店舗網の維持拡大

生活者接点デジタル化の功罪

人口減少に伴う将来的な消費・購買額の減少が明確ななか、国内流通・小売業は今後いかにして事業を維持・拡大していくべきか。

流通・小売各社は、生活者へのデジタル浸透に合わせ、顧客接点のデジタル化を推進してきた。結果、従来以上の解像度をもって生活者を理解できるようになってきている。これまではマス→スモールマスレベルの生活者像把握だったものが、より個に近づき、その多様性や購買の裏側に存在する価値観といったことまで把握できるようになってきた。

ここに至るまで各社は、独自のインターネット事業（店舗受け取りやネットスーパーなどを含む）の拡大や、スマホアプリを活用したクーポン、プロモーション、キャッシュレス決済などの積極的な導入を通じ、顧客の行動を把握し、それに基づいてプロモーションを実践するといった生活者理解と収益拡大の好循環サイクルの実現に挑戦し、プロモーションの最適化を追求してきた。

一方で、生活者理解の解像度向上により、デジタル上のプロモーションを実践していくだけでは生活者の課題解決には届かないことも明らかになってきている。この「深めてしまった顧客理

図表3-3-1 「多様化する消費者ニーズへの対応」と「高効率な事業運営」

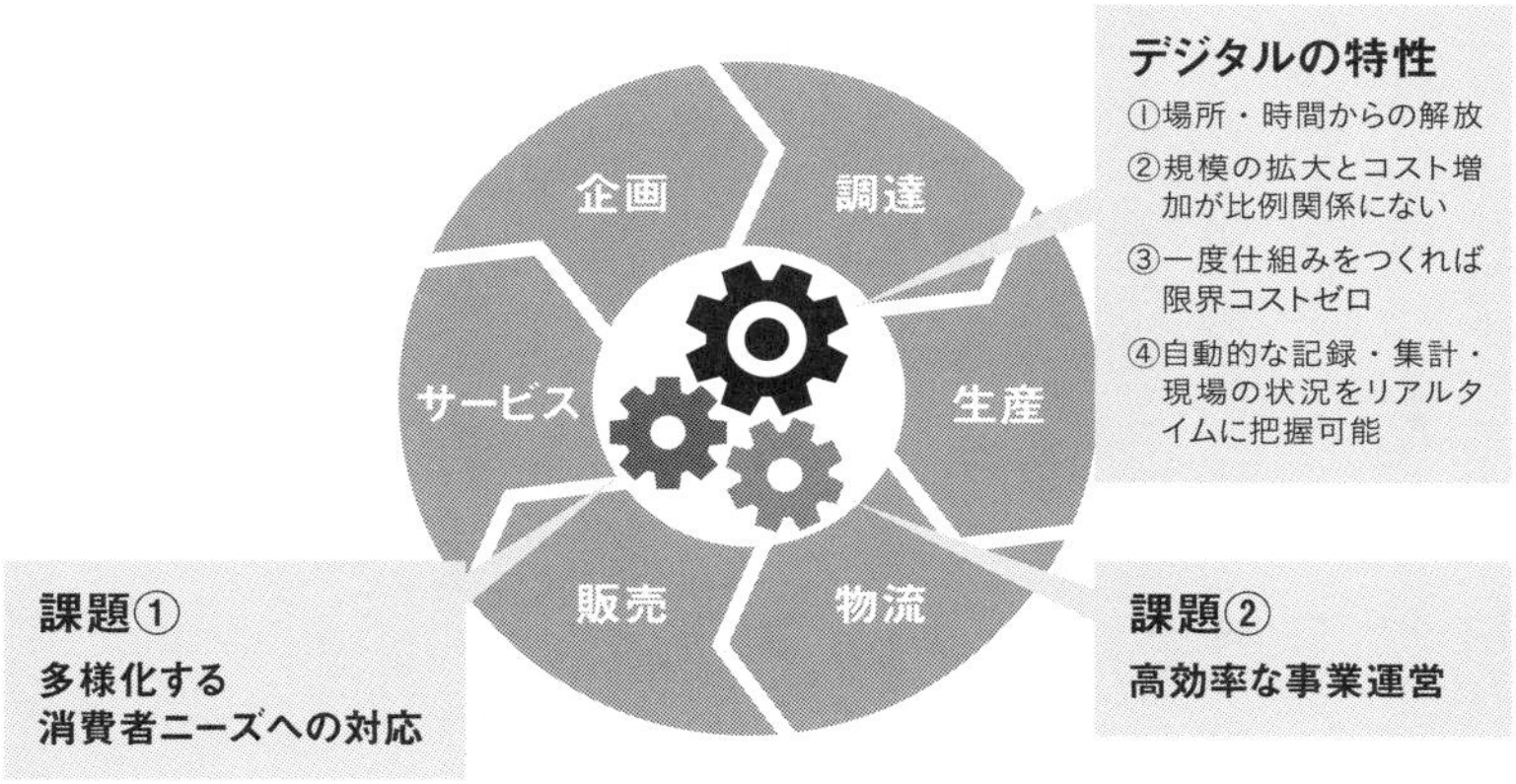

出所：筆者作成

解」を武器に、プロモーション領域にとどまらず、さらに一歩踏み込んだ施策を実践すべく、店舗開発から販売・サービス提供に至るまでのあらゆるバリューチェーンにおいて、一定の経済性を保ちつつ、変革を実践できるかが事業拡大に向けた次の大きな取り組みテーマとなる。

生活者インフラとしての店舗網、その持続可能な運営の実現

そもそも、流通・小売各社が展開するリアルな店舗網は、日々の生活を支える社会インフラである。これらの店舗網を維持・拡大していくことは、社会的使命でもある。働き手の減少や調達価格の高騰、環境規制の厳格化など運営要件が非常に厳しくなりつつあることも鑑みると、高解像度化（分散化・多様化）していく生活者ニーズに対してきめ細かに対応すべくバリュー

チェーン変革を進めることは店舗運営コストの圧迫にもつながりかねず、インフラ維持の難度をさらに高めてしまう。

この、「多様化する消費者ニーズへの対応」と「社会的使命であるインフラ維持」という二律背反しそうな課題に取り組んでいく高効率な事業運営に対してこそ、デジタルの特性（①場所・時間からの解放、②規模の拡大とコスト増加が比例関係にない、③一度仕組みをつくれば限界コストゼロ、④自動的な記録・集計・現場の状況をリアルタイムに把握可能）を最大限に生かした取り組みが生きてくるのである（図表3-3-1）。

持続可能な事業運営の実践に向けて

異なる店舗フォーマットの展開とその制約突破

流通・小売各社がこれまで取り組んできた統一フォーマットによる店舗展開は、店舗オペレーションの画一化や物流・配送コストの最適化などの観点において非常に有意義であり、その運営は洗練されてきた。一方で統一フォーマットではすでに店舗展開余地は少なくなりつつあると同時に、先述の通り、「顧客の求めるものが多様化していることがわかってしまっている」現状においては、十分にそのニーズを満たし、売上・利益を追求しづらくなってくることが予見できる。

小規模店をさらに超える極小店舗や、特定の商品ラインナップの限定店舗などといった、すでに取り組みずみのフォーマットに加え、今後はさらにその種類を拡大していくべきである。特に、必ずリアルな世界に存在する店舗であるがゆえに、これから拡大していくコネクテッド・インタンジブル経済との結節点ともなるという観点で検討していけば、今後開発・展開しうる店舗フォーマットの可能性は大きく広がっていく。

とはいえ複数のフォーマットを運営していくことは、コスト的にも運営能力的にも多くの課題を伴う。この課題を、いかにデジタルを駆使し乗り越えていくかが、高効率運営実践に向けた1つ目のポイントである。例えば以下の取り組みは、すでに広がりの予兆が見え始めており、今後一層拡大していくものと推察している。

①ＡＩを活用した、レジ対応・発注業務からの解放

極小型店舗のトップラインは限定的になりがちであるため、その展開先はいまのオペレーションモデルを前提とすると非常に限られてしまう。従来では採算の取れなかった場所・坪数の店舗に対して、スマホアプリを活用したスマートチェックイン、ＡＩや重量センサーとキャッシュレス決済を組み合わせたレジレス店舗の実現や、発注業務の大半をＡＩに依存し半自動化することにより、スタッフの効率配置（複数極小店舗に対する要員配置）が現実的になりつつある。

②コネクテッド・インタンジブル経済のさらなる取り込み

特に日常消費財を取り扱う流通・小売各社の店舗は、目の前に商品が存在し、その場でその商品を持ち帰れることが存在意義でもあった。一方でコロナ禍を経て、生活者にとっては、「見る・選ぶ・買う」のアンバンドル化は加速している。コロナ禍以前は家電製品などの耐久消費財がアンバンドル化の主な対象であったが、アパレル・生活雑貨を経て食料品にまでその傾向は広がってきている。米国大手小売業であるウォルマート社が展開し、利用者から多くの支持を得ているカーブサイドピックアップ（オンライン上で注文した商品を店舗の駐車場で受け取ることのできるサービス）はその一例である。

国内においては、コンビニエンスストアや一部スーパーマーケットなどが、ネット通販サービスやオークションサービスなどの商品発送・返品機能の出入り口となっている。アップルやアマゾンといったコネクテッド・インタンジブル経済の大手プレイヤーで利用するギフトカード（プリペイドカード）の販売・アクティベーション機能も担っている。こうしたことからすでにこれらの店舗は、コネクテッド・インタンジブル経済の出入り口として欠かせない存在となっている。これからはコネクテッド・インタンジブル経済の拡大に伴い、こうしたゲート機能・結節機能をより拡大させた店舗フォーマットの展開にも可能性があるのではないだろうか。

③自社サポーターの販売チャネル化

バニッシュ・スタンダード社が企画・展開するSTAFF START（スタッフスタート）

に代表されるように、自社の販売員がオンライン上で情報を発信し、消費者とコミュニケーションを取り、販売につなげる動きはアパレル業界を中心にここ数年で活発化している。これに加え、一般人である自社商品サポーターをも販売拠点化していく取り組みが今後加速し、売り手と買い手の境界線は曖昧になっていくだろう。企業が消費者に対して発信する情報量は継続して拡大傾向にあるが、消費者間の情報発信機会・量はそれ以上に拡大してきている。この情報を整流化するとともに、一定のビジネスモデルを構築することで、消費者間の経済活動を創出し、維持拡大していくことができる。

NTTデータが試行展開しているセレクト型コマースプラットフォームLectit（レクティット）は、多くのアパレルブランドやアパレル関連インフルエンサーがその思想に共感し、プラットフォームを形成しつつある。このプラットフォームでは、これまでインスタグラムなどのソーシャルネットワークでファッション・アパレル関連の情報発信を行い、多くのフォロワーを有していた個人（クリエイター）が、自身の薦める商品やコーディネートを自身の販売サイトを保有することなく、消費者に販売・提供することができる。消費者は自身と体形や嗜好の合うクリエイターを選択し、そのクリエイターのコーディネートなどを参考にしながら、そのまま商品の購入までできる。

こういった消費者間経済は、現時点はアパレルを中心に発展しつつあるが、今後は日用雑貨や食品などへと広がっていき、流通・小売各社の経営スタイルや開発商品に共感した個々人が個人店舗運営者となり、チャネル拡大に貢献していく世界になっていくのではないだろうか。

④基幹店とサテライト店の機能分割・一体となった商圏対応

とはいえ、上記のように異なる店舗フォーマットを多数展開していけば、店舗マネジメントを機能させることは非常に困難となることが容易に想像できる。これを解決するための1つの考え方として、店舗と商圏の関係性を、1対1から複数対1に再定義していく必要がある。

現状、1店舗で商圏として完結させているモデルから、従来型フォーマット店舗を中心に複数の新型フォーマット店舗を展開する、複数店・複数フォーマット商圏単位でのマネジメントへと移行していくのである。この際、商圏マネジャーの運営をサポートするためにも、各フォーマットにおけるKPIに要する数値取得は完全にデジタル化され、可視化されていなければならない。店舗の時間帯・商品別売上高などのこれまでも取得してきたデータに加え、従来とは異なる角度からの新たなデータの収集や活用が必要となる。

例えば、インフルエンサーを自社販売員化した際には、売上などの結果指標だけでなく、インフルエンサーのフォロワー数や情報発信頻度・発信コンテンツがフォロワーの特性と合致しているかなどをデータで追いかけ続ける必要がある。さらに、商圏内の商品在庫を横通しで確認し、店舗形態・店舗特性ごとの販売見込みに応じた最適在庫を維持できているか、できていなければ商圏内での在庫移動を行うことで販売ロスを減らせるかなどのシミュレーションを提供するなど、デジタルがサポートすべき要素は大きく広がっていく（図表3-3-2）。

図表3-3-2 商圏マネジメントと複数店舗フォーマット運営

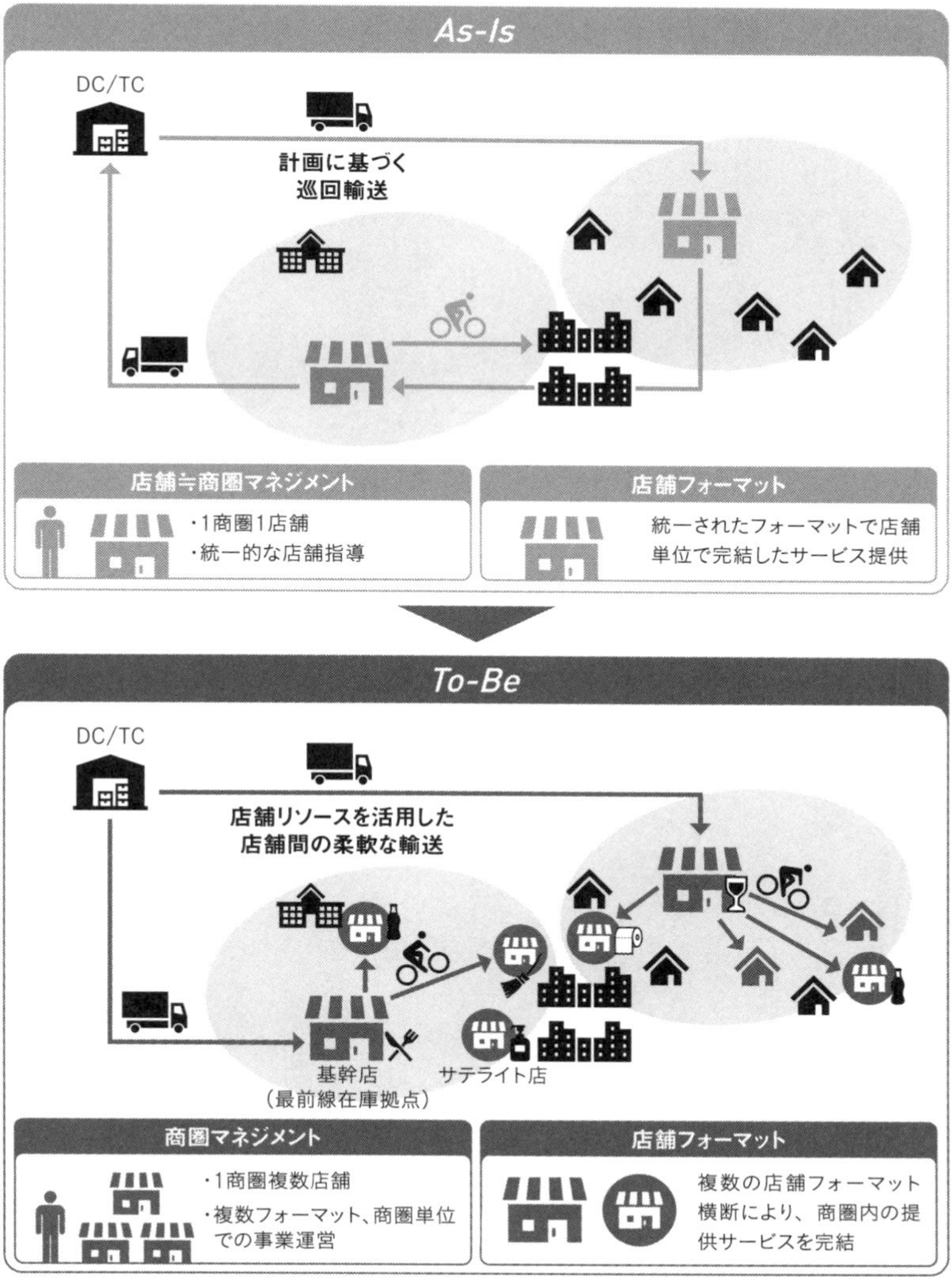

出所：筆者作成

図表3-3-3 トレンド予測のイメージ（SNSデータを活用したネクストBuzz検索）

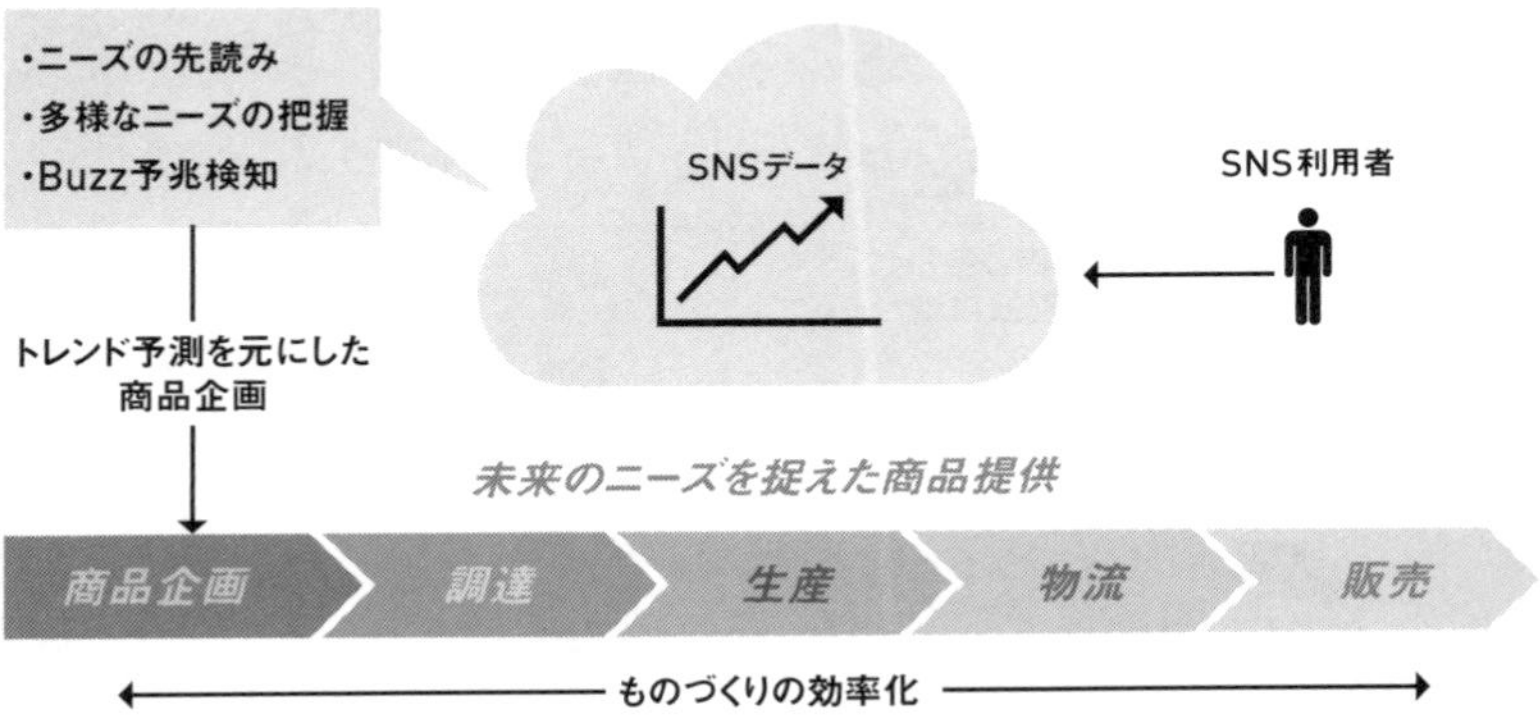

出所：筆者作成

コンテクストベースの顧客理解と商品開発

顧客との共創や、顧客の声を集めた商品企画・開発の実践、業務改善は、すでに多くの企業で取り組まれており、商品開発プロセスに定常的に組み込んでいる企業も多く見受けられる。しかし、これまで活用されてきた「声」は、過去のニーズであったり、一部の熱心なファンに限定されていたりする場合が多かった。多様な顧客ニーズに対応するためには、これから起こるニーズを幅広く先読みし、「多くの消費者がほしいと思った時にすでに商品化されている」状態を数多くつくり出す必要がある。これは、過去のニーズではなく未来のニーズ・トレンドを先読みすることによってのみ可能となる。

現在NTTデータでは、独自の自然言語処理技術や生成AIを活用し、「トレンドの背景・

理由を見つけ出す」ことと、「トレンドがどのくらい続くか」をソーシャルネットワークサービス上のデータから導き出す仕組みを運営している。インスタグラムやX（旧ツイッター）などで見かけた、「気になるな」と思っていたトレンドやサービスが、数日〜数週間後には全国の店舗で商品化され、展開されているということが可能になりつつある。

これにより、商品企画・開発の打率および打数向上による多様な顧客ニーズ対応はもちろん、ものづくりそのものの効率性も追求できる。販売ボリュームの未来予測精度を高め、商品生産量を適正ロット化し、資源ロスのミニマム化が可能となるだろう（図表3-3-3）。

顧客とのゼロ距離化①——物理的距離

コロナ禍を契機に、ギグワーカーを活用した配送サービスが一気に生活に浸透してきた。また大手ネット通販事業者が主導する配送無料サービスやサブスクリプション型のサービスにより、生活者にとって「家に届く」はすでに日常化・普遍化しつつある。これらのサービスは購入検討時のレコメンデーションを含めて非常に機能的につくられており、生活利便性を高めるのに不可欠な存在になりつつある。

リアル店舗網を維持・運営する流通・小売事業者も同様に、生活者の利便性を追求すべく、ネットスーパーサービスの配送時間帯の拡大や、ギグワーカーと連携したデリバリーサービスなどを展開しつつある。一方でこの流れを追求することは、リアル店舗の特性である「顔の見えるお

図表3-3-4 自社ブランド／ギグワーカーハイブリッド型ゼロ距離化イメージ

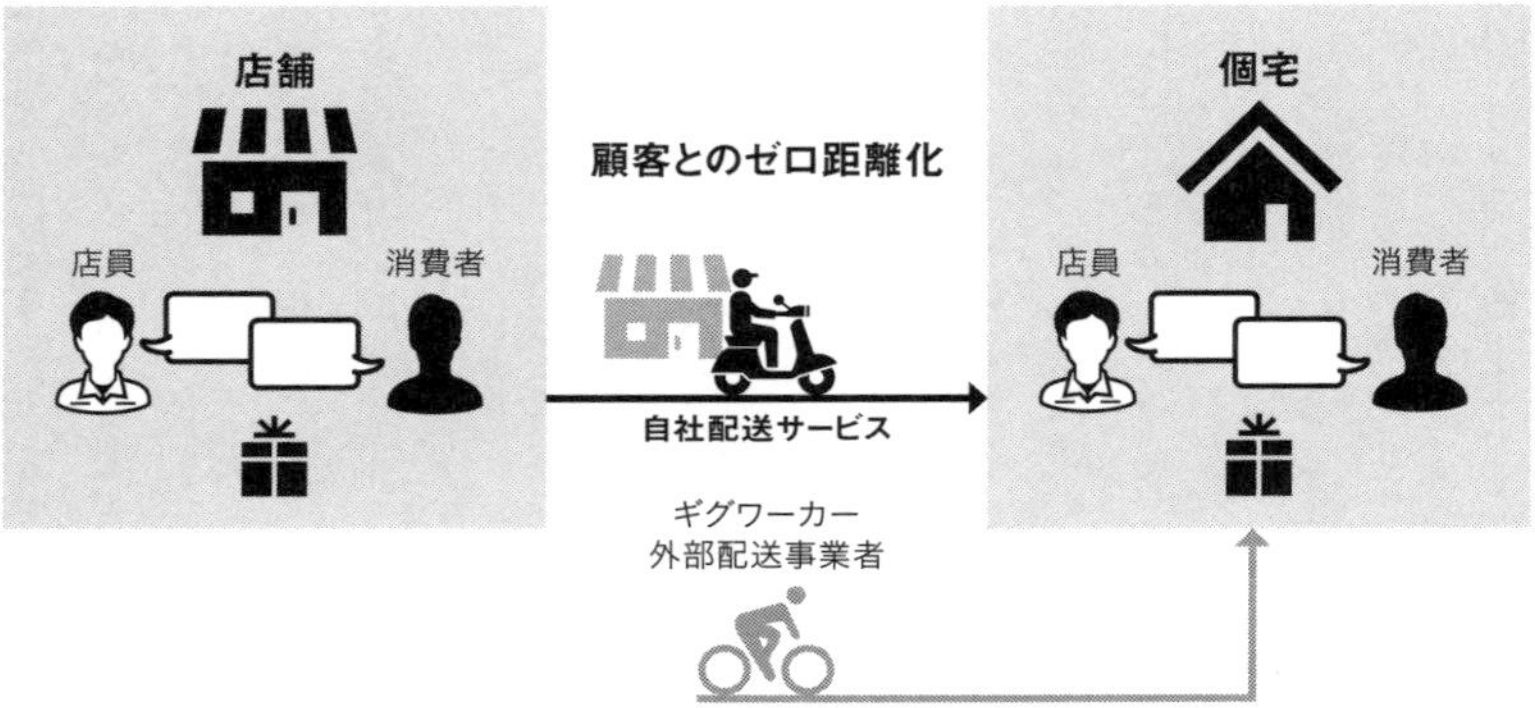

出所：筆者作成

客様対応」という価値を失った形でのサービス拡大となっていく危惧がある。いかに速く・約束した時間帯に商品を届けるのかといった領域では、一定の期待値を満たしていく必要があるものの、この方向性を強めていくべきなのであろうか？

域内配送網の再整備や、一部店舗のダークストア化検討なども伴うが、自社ブランド・自社従業員・自社サービスで各家庭へ商品を配送可能とする、もしくは店側時間指定による定時デリバリーなどにより、多少の迅速性は犠牲にしたとしても、従来の店舗が持つ対面コミュニケーションの良さをこの商圏ゼロメートル化（顧客とのゼロ距離化）においても担保し続けるべきではないだろうか。

実際にはどれだけ制約をかけたとしても、すべての注文を自社配送とすることは困難であるため、エリア特性や注文特性、顧客要望に応じてギグワーカーと自社配送との併用の最適化をつくり込んでいく必要がある（図表3-3-4）。

図表3-3-5 生成系AIのプロモコンテンツ適用への可能性

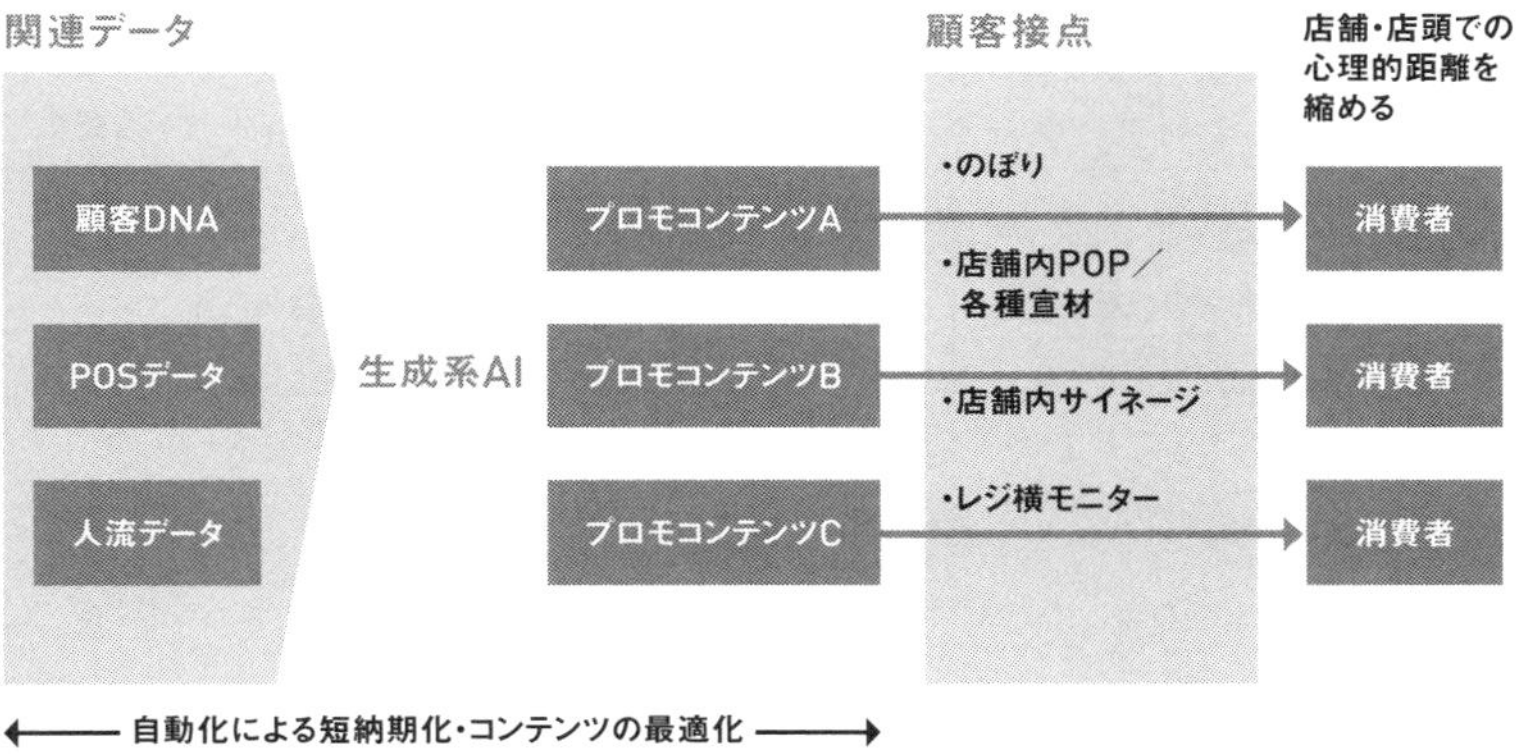

出所：筆者作成

顧客とのゼロ距離化②
——心理的距離

通常の店舗利用においても、顧客とのゼロ距離化は重要なテーマとなっていく。生活者にとってデジタル空間では自身に最適化されたプロモーションが届くことは、当たり前化している。一方で、店舗・店頭におけるプロモーションは、全社で統一された宣材がところ狭しと並べられている。この先、店舗購買の絶対数が減少していくとしても、店頭ののぼりや店舗内の各種宣材は認知を高めるための重要な存在であり続けるだろう。デジタル空間と同レベルのワン・トゥ・ワンとまではいかないまでも、その店舗の取扱い商品や立地特性・主要顧客像に応じたコンテンツが、リアル世界である店舗・店頭でも展開されるべきである。これまでは、店舗ごとに販促物や宣材を製作することは、労力的にも

図表3-3-6 他人事ではないサプライチェーン変革へのリーダーシップ発揮

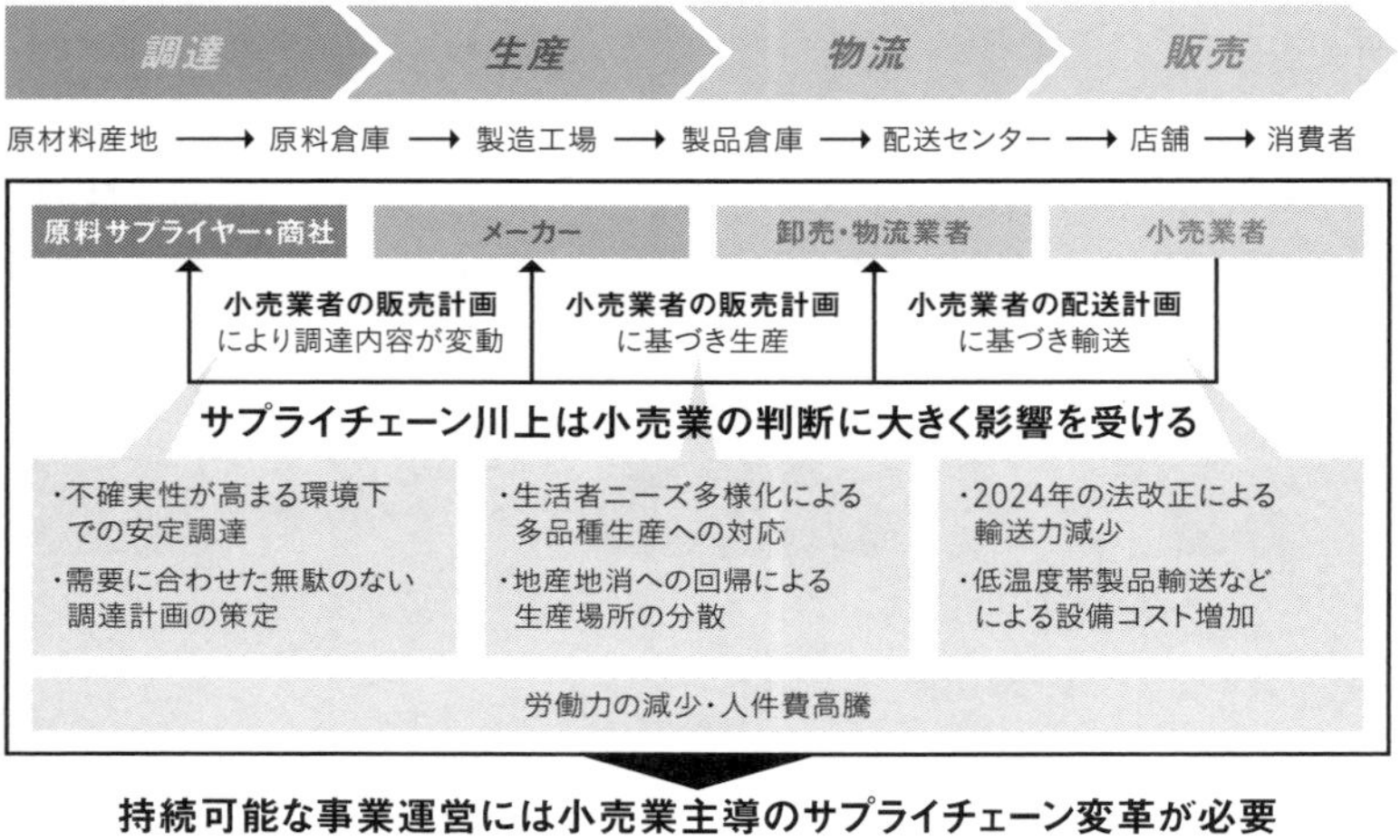

出所：筆者作成

経済的にも不可能であったが、生成ＡＩの活用によりこの壁を突破できるようになってきている（図表3-3-5）。

直接的なビジネス責任領域を超えた変革アプローチ

バリューチェーン全般を変革に導くうえで欠かせないのが、調達・生産・物流プロセスに対するアプローチである。本領域に対しては、商品調達先や製造委託先と連携して効率化検討・運用が取り組まれているが、より「自分ごと化」したうえで取り組むことによって、もう一段の高効率運営に挑戦できるのではないだろうか。

生活者理解を高めることにより、必要な商品・タイミング・量について、流通・小売各社はより正確に予測・把握可能となる。このエビデンスをもって調達・生産・物流の各プロセスにおいていま以上にリスクテイクすることができないだろうか。

これにより、原材料調達〜製造〜販売〜廃棄までを含めた一気通貫でのロス管理やCO_2排出量の可視化も可能となる。「流通・小売」の事業的責任範囲を超える取り組みとはなるものの、社会共生・サステナビリティ観点における意義は大きいのではなかろうか（図表3-3-6）。

バリューチェーン変革実現に向けたデジタルマネジメント

データマジメント、データ活用能力の確保

先述の通り、流通・小売各社は顧客接点のデジタル化・デジタルマーケティングの実践に向けて、すでにファーストパーティーデータの管理・活用を進化させ続けている。バリューチェーン変革には、これに加え、セカンドパーティーデータ（アライアンス先のファーストパーティーデータ）やサードパーティーデータ（ソーシャルネットワークサービス上のデータや、第三者から取得可能な人流データなど）の活用が重要となる。

図表3-3-7 流通・小売におけるバリューチェーン変革

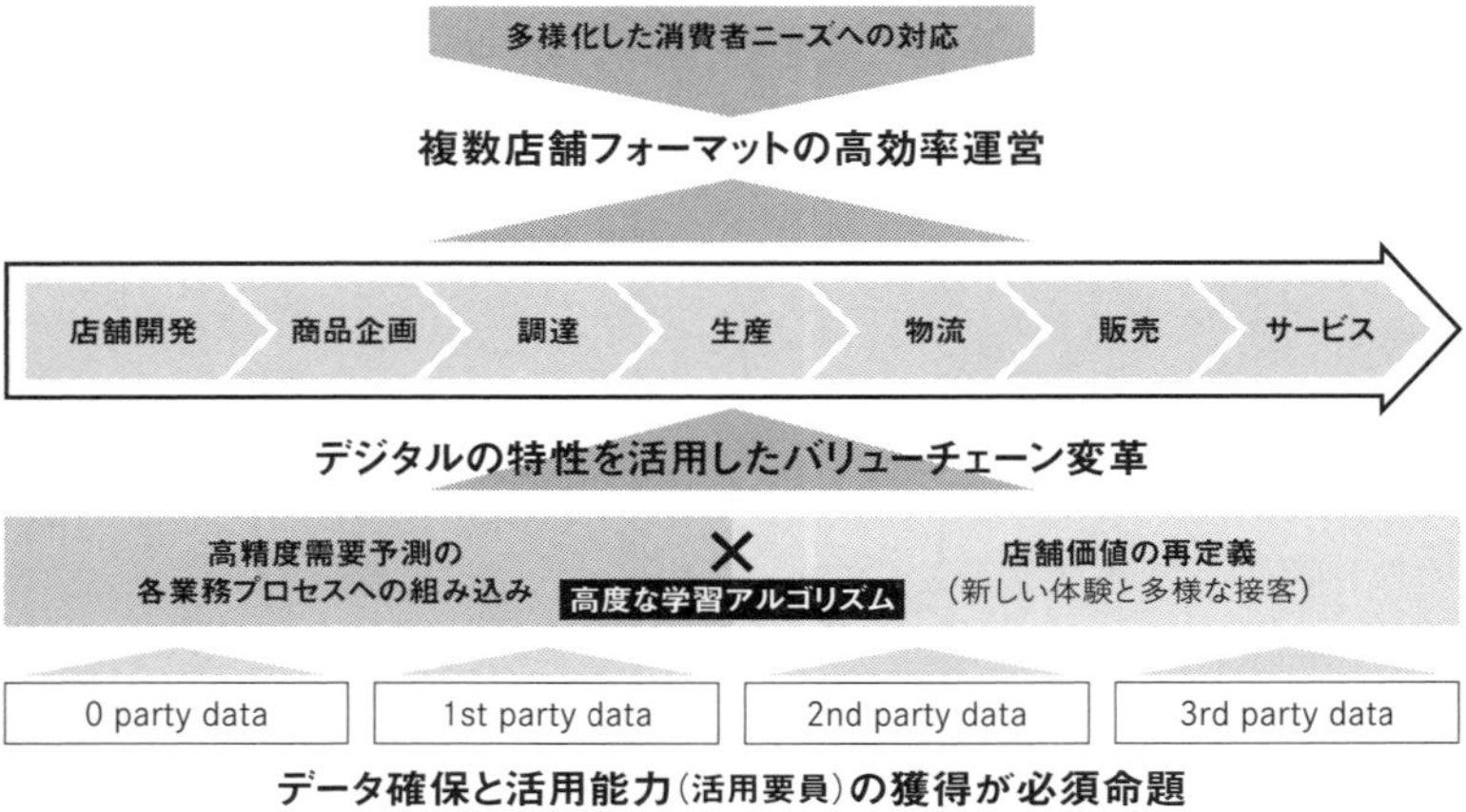

出所：筆者作成

出店判断や発注業務など、従業員のスキルによって成果に大きなブレが発生してきた業務精度を高めるためにも、ファーストパーティーデータの活動だけでは見えなかった、予見できなかった消費者のニーズや動きを先読みするためにも、これらのデータ確保と活用能力（活用要員）の獲得は必須命題である。これからの流通・小売にとって、データ種別・データ量、そしてこれらのデータを生かすためのＡＩや高度なアルゴリズム活用力が高効率運営の要となる（図表３-３-７）。

ベンダーマネジメントから パートナーマネジメントへ

これらの変革の取り組みを成果へとつなげるためには、信頼でき、かつ中期的・継続的に連携できるデジタルパートナーとの連携が重要となる。店舗フォーマットの多様化に向けた業務効率化にしろ、顧客とのゼロ距離化にしろ、単に技術を導入したところですぐに成果がついてくるわけではない。その技術自体も日進月歩であり、半年や1年単位で追うべきテーマが変遷していくことも多い。

このように、従来のシステム構築とは異なる正解のない取り組みとなるので、あらかじめ仕様を決めて委託するといった受発注型のベンダー関係では、成果創出に限界がある。誤解を恐れずに言えば、発注者側にデジタルを活用する能力がないと、いくらベンダーが良くてもデジタル化を成功することはできない。これを打破するためには、主要なデジタル要素については内製化し、社内業務に対して徹底的にトライ&エラーを繰り返し、成果創出を目指す体質整備と人材獲得に取り組むべきである。

とはいえ、大きく内製化に舵を切るとしてもデジタル活用のノウハウやプロセスが十分に整っているわけではない。そのための有識者を雇い入れるにしても、いまの人材市場は過度な売り手市場となっており、獲得も容易には進められないのが現実である。そのため、デジタルの効能を最大化する第一歩として、まずは自社業務のどこに焦点を当てて変革を進めていくのか、もしくは、どういった技術テーマに着目して活用を進めていくのかまで定め、以降は変革・技術テーマごとにパートナー企業を募り、一体となって継続的に業務への定着化を実践していくことが1つの解ではないだろうか。

経営層のコミットメントと業務・デジタル一体となったプロジェクト運営

情報システム・デジタル部門と業務運営部門がこれまで以上に緊密な連携を取ることも、重要な要素である。日々の着実な業務遂行と業務効率化を実践し続ける現場と、デジタルによる業務革新を目指すデジタル部門との間には、大きな溝が生まれがちである。これを生じさせないためにも、優先変革テーマに対して経営がコミットし、経営・業務・デジタル一体となったプロジェクト体制を仕立て、企業一体となって取り組むべきである。

このプロジェクト推進を成功させるには、デジタル部門は活用する技術テーマに対するプロフェッショナルとしての役割を全うしなければならない。自社要員が技術活用に十分に取り組めることが最適解ではあるが、それができなくとも、どういった技術についてどの企業と連携すればうまく取り扱うことができるのか、少なくとも技術そのものとパートナー企業の実力に対する目利き力を鍛えなければならない。また、たとえ正解でなかったとしても、技術起点での業務改革仮説を複数提示できなければならない。一方、業務運営部門は、その技術の可能性を自部門のビジネス・業務プロセスに落とし込んでいく際に、業務改善の視点に加え、業務革新や新たな価値創造に向けた事業創発にも、積極的に取り組む姿勢が必要である。

保険

求められる「真の顧客課題」解決のためのアプローチ

顧客の真の課題の解決に向け、保険会社が従来の枠組みにとらわれない新たな業務領域への拡大を進めている。一方、保険会社以外の周辺領域事業者やテクノロジー企業が、自社の持つ技術やケイパビリティを生かして、保険や保険周辺領域に参入する例も増えてきた。テクノロジーの進化により、顧客との接点は多様化し、様々なデバイスからパーソナル・データを取得し、分析することも可能となっている。このように保険を取り巻く環境が大きく変化しているなか、デジタルを活用した治療サービスとの連携や健康増進サービスの提供などの新たな保険ビジネスの姿を描く。

注目すべきはヒューマンエクスペリエンス

顧客の「真の課題」解決に資する保険会社のサービス開発アプローチとは

高齢化社会の到来、医療費の圧迫は保険業界だけでなく日本全体が憂える社会課題である。この課題は保険業界の本業に極めて近いテーマであり、保険会社各社の経営アジェンダになっている。

保険会社は予防、回復といった保険前後の提供価値について議論しており、実際に多くの健康増進関連のサービスが立ち上げられている。しかし、保険業法に定められているように、保険本業以外のビジネスの制限（保険業法第97～100条）や、いわゆる「特別な利益の供与」（第300条）に抵触しないよう、検討に検討を重ね、新規事業は開発されている。

そうなると結果的に新たなヘルスケア関連サービスを企画する場合の議論の起点は「どのようなサービスなら提供可能か」という企業目線での視点に陥りがちになる。そこで決まった企画案は、計画がある程度進んだ段階で「このサービスは本当に顧客にとって必要とされるのか」という疑問を関係者が内々に秘めつつローンチ当日を迎え、思ったほどの反響がないと関係者が肩を落とすプロジェクトも少なくない。

多くの健康な生活者は、自身の健康状態ましてや保険に関心がないという人は多いと考えられ

図表3-4-1 ヒューマンエクスペリエンスの考え方

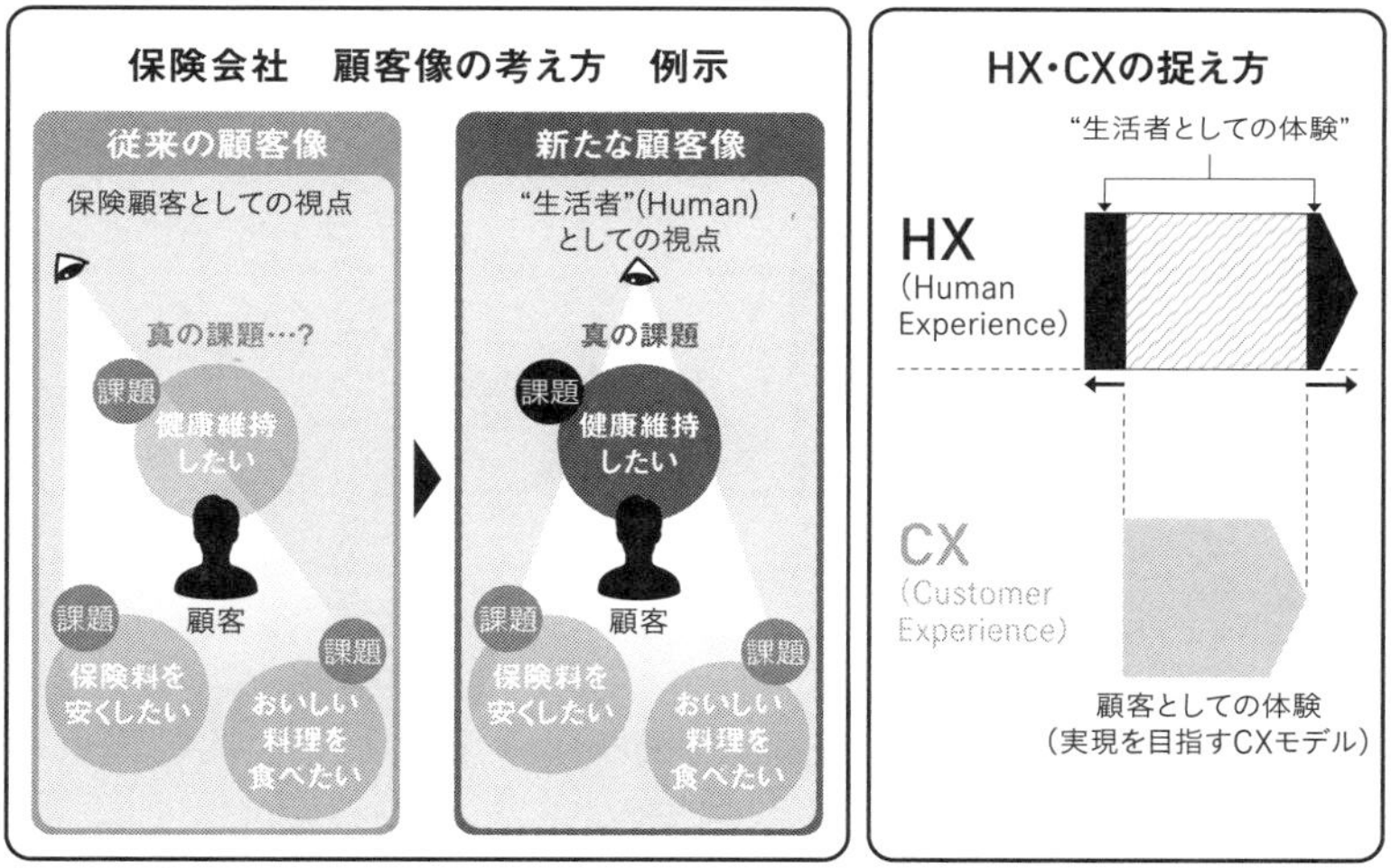

出所：NTTデータ経営研究所作成

る。保険会社では、「結婚したので万一の際の保障（補償）がほしい」と考えている顧客をペルソナに設定し、その層に向けたサービスを企画することがあるが、その生活者が「結婚したので保障（補償）がほしい」と思うに至った背景が存在する。例えばそれは、遺された家族に幸せになってもらいたい、かもしれない。その視点を起点に保険周辺テーマのサービスを検討し始めると、病気予防のヘルスケアサービスではなく、支払われた保険金を有効に活用するためのファイナンシャルプランニングを生前に家族で共有できるプラットフォームサービスを立ち上げよう、となるかもしれない。

　私たちは、保険に限らず、自社の商品を購入しようとする顧客にはそのランドスケープ（背景）が存在することに注目する必要がある、と提唱している。よく言われるような「レビットのドリルの穴理論（「ドリルを買いにきた人がほしいのはドリルではなく『穴』である」の一節で有名）」をイメージしてもらえればわかりやすい。

このランドスケープに注目したサービス開発こそが、顧客の真の課題を解決することにつながり、その実現のためには、「自社のプロダクト・サービスを購入する顧客としてのカスタマーエクスペリエンス（CX）」ではなく、「顧客を生活者・ヒトとして捉えるヒューマンエクスペリエンス（HX）」に注目することがキーとなる、といった考え方だ。

このアプローチに近しいサービス開発をしていると思われる保険会社が、いまや保険業界の関係者のなかでは誰もが知る「平安保険（Ping An Insurance）」だ。

中国の最先端保険会社平安グループのサービス開発アプローチ

中国でも日本と同様に少子高齢化の社会課題が取り沙汰されている。日本貿易振興機構（ジェトロ）の地域・分析レポート（2021年3月30日）によれば、中国では要介護者4000万人に対し、ヘルパーは30万人にとどまるという見解が示されている。また、介護職への従事に必要な資格などもない。中国国内の高齢化率の高まりに合わせて、中国国民自身やその両親が介護状態になった時の介護サービスの品質への危機感は高いだろう。

そのようななか、中国で顧客体験に重きを置き、保険会社から金融コングロマリットグループ、そしてテクノロジー企業へと変貌を遂げた中国の平安（Ping An）グループは、それまでの注力領域の1つという位置付けであった高齢者向け医療サービスを、全社方針の最上位概念である“One Vision”に格上げした。

社会課題である高齢者医療を戦略の最上位に位置付けること自体、特に驚く話ではないが、同社の高齢者向け医療サービスへの本気度は国内外の保険会社を圧倒している。その最たる例が、平安臻頤年《ジェンイーネン》（Ping An Zhen Yi Nian）だ。

この臻頤年は、同社の最上位層顧客（超富裕層）向けに、医療・介護環境が完備された最高級の高齢者向け居宅である。同社は公表していないようだが、各所の情報を整理するとその利用料は月額2万～5万元（1元≒20円）、さらに保証金などの初期費用が必要とされている。この施設は大都市部の一等地に、あらゆる健康状態に対応する介護医療設備を有し、国内の最高クラスの病院・医師の診察や、国内外の医療機関とのオンライン診療を受けることもできる。また演劇・映画鑑賞や、一流レストランのケータリング、文化活動やコミュニティサークル、常駐コンシェルジュなどまさに超富裕層に至れり尽くせりのサービスを提供している。

これは介護施設が開発したサービスではなく、あくまで保険会社が、自社の顧客のために有償ではあるものの提供しているサービスである。なぜ、保険会社が多額の投資をしてまでこのようなサービスを立ち上げることができたのか。

ヒントは、平安グループ共同CEOのジェシカ・タン氏の臻頤年のリリースのコメント、「世界をリードするサービスプロバイダーとして、中国の高齢者に幸福、安全、尊厳に満ちた質の高

図表3-4-2 保有アセットと新たなブランディングを掛け合わせた高効率な新規事業立ち上げ

分類		アセット内容、アセット名	説明
既有の医療関連アセット	人的	4万人の提携医師、20万の提携薬局	他のヘルスケア系アプリにも共用される人的リソース
	アプリ	Ping An Good Doctor（平安好医生）	登録ユーザー数4.4億人のオンライン診療プラットフォーム
		Ping An Concierge（平安管家）	オンラインでの在宅介護支援プラットフォーム
	企業	Ping An Technology（平安科技）	Ping An Good Doctor等を開発するPing Anグループのテクノロジー部門
既有の不動産関連アセット	アプリ	Ping An Good House（平安好房）	家探しアプリ。自動車ローン機能も含む
	企業	Ping An Real Estate（平安不動産）	Ping Anグループの不動産子会社。平安臻颐年の建築を担当

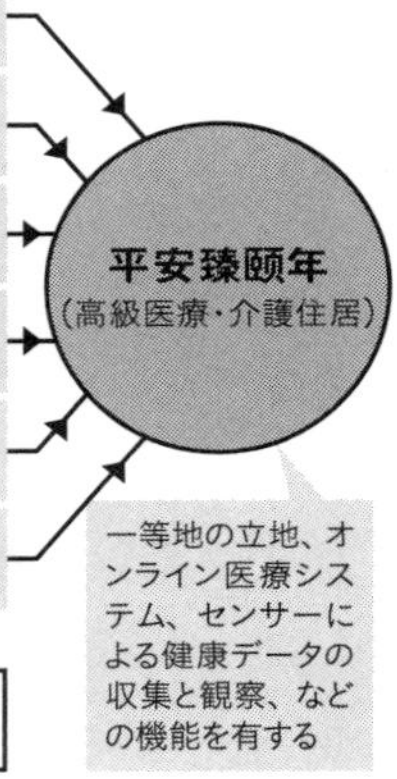

＋

（高級医療・介護住居）
一等地の立地、オンライン医療システム、センサーによる健康データの収集と観察、などの機能を有する

Elderly Care（高齢者ヘルスケア）のリーディングカンパニーというブランディング

出所：NTTデータ経営研究所作成

い体験を提供していきます」のなかにある。まず、保険会社でありながら自らを医療介護のサービスプロバイダーと自称している。そして、プロバイダーとして、高齢者の幸福と安全、尊厳を提供する、としている。

　ここから読み取れることは、平安は高齢者が求めているのは彼ら自身の幸福である、と解釈しているということだ。保険会社であれば、契約者、被保険者の万一の際の保障にフォーカスするのは当然だが、彼らが開発したサービスは「保険を検討している人」向けのものではなく、そもそも高齢者自身の真の課題、すなわち「いかに幸せな老後を送るか」に悩む人向けであり、そのアンサーが「高齢者の幸福に満ちた体験の提供」なのだと解釈できる。

　このようなサービスを全くのゼロから無尽蔵に投資して立ち上げているかと言えば、

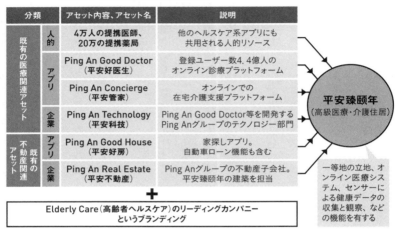

そうではないことにも言及しておきたい。平安は図表3－4－2に例示したようにすでにオンライン医療や不動産のアセットを持ち合わせている。この平安臻頤年はこれらを上手に組み合わせたうえで（一部、既存のアセットをバージョンアップさせて）、富裕高齢者×ヘルスケアのサービスプロバイダーとしてのブランディングを上乗せしたことで生まれたサービスではないかと推測する。

決して成否がわからない新規事業に、ギャンブルのような投資を行ったのではなく、既有アセットを組み合わせればサービス開発費を抑えられるとともに、立ち上げずみのサービスでかかったコストも理論上は分散できる。

ここに国内の生命／損害保険会社が保険周辺領域の新規ビジネスを立ち上げる際のヒントがある。つまり、保険会社が持つ既存のアセットやリソース、例えば営業職員、営業拠点網、代理店ネットワーク、不動産、テクノロジー、出資・提携しているベンチャー企業、健康や災害に関するデータ、それを操るデータサイエンティスト、経営に近しい部署で働くストラテジストなど、手元にある貴重で多種多様な資産を組み合わせてコストを事業間で融通できれば、顧客の真の課題を解決するといういままでより目線も実現難易度も高いチャレンジに、フィジビリティをもたらすことができるだろう。

非保険会社によるテクノロジードリブンでの保険領域への参入

平安は保険業界の関係者であれば先進的な取り組みをする保険会社として既知の存在であり、保険周辺領域に侵食して新たなタッチポイント、新たな顧客体験を追求している先進的な企業であることは先にご紹介した事例からも明らかだ。

同社はグループ会社にテクノロジー子会社を有しており、目を見張るような顧客体験、顧客向けデジタルサービスだけでなく、社内のオペレーションのデジタル化にも注力している。2023年の同社の投資家向け説明会資料「Ping An Group Investor Day」によれば、テキストＡＩで95％以上のケースを解消し、音声ＡＩでも同様に86％以上を解消するといった業務効率化を達成しており、2017年にはすでに「Ping An Shield」というデータドリブンでの内部統制プラットフォームの社内運用を始めていた。保険会社が本業ビジネスで成長し、それを高度化させていく過程で、先に述べた介護のような周辺領域や、金融・医療、そして損害保険と親和性の高い自動車領域で新たなサービスを広げている。その領域を本業としている事業会社にとって、ひと昔前までは競合と認識していなかった保険会社による浸食は脅威に違いない。

後ほど国内の事例も紹介するが、平安のような保険版両利きの経営とも言える保険本業の「深化」と、周辺領域すなわち予防と回復の領域での新規事業の「探索」が保険業界のこの数年でのトレンドと言える（図表３－４－３）。

一方、平安のケースとは逆に、保険周辺領域でのサービスを展開する企業が、自社の持つデジ

図表3-4-3 保険版　テクノロジーを活用した「深化と探索」

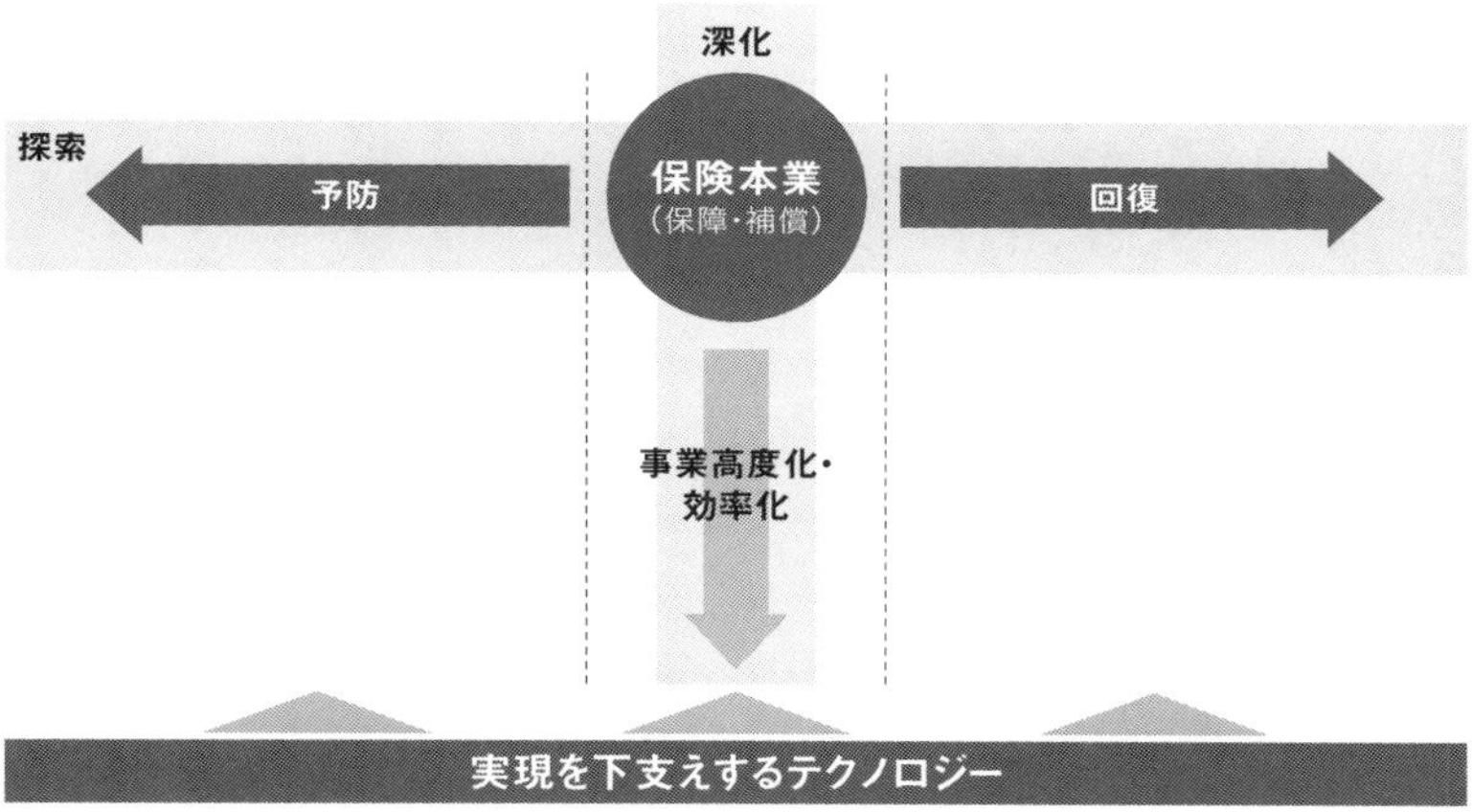

出所：NTTデータ経営研究所作成

タルテクノロジー、ケイパビリティを生かして保険業の本丸に挑戦し、侵食してきている例も存在する。その1社が米国のアルファベットだ。

アルファベットは、世界でも圧倒的な検索サービスのシェアを誇るグーグルの親会社であり、GAFAMの一角を成す世界的なテクノロジー企業である。その事業ドメインをSNS、クラウドなどのオンラインの世界から、スマートホーム、都市開発、自動運転、そしてこれから紹介する医療領域といったより生活者に近い領域にまで広げている。

そのアルファベットが近年、保険領域ににじわりと進出してきている。アルファベットのグループ企業、ベリリーはアルファベットの医療系領域を担う子会社であり、グーグルとは兄弟会社に当たる。

ベリリーは、グーグルで先進的なテクノロジーの研究をするグーグルX（当時）のムーンシヨットプロジェクトから生まれたヘルスケア×テクノロジーの企業である（自動運転で有名なウェイモも旧グーグルXのプロジェクトから生まれた企業）。

ベリリーは医療データの解析と、関連するソフトウェア、ハードウェアの開発を行っており、同社の取り組みのなかには、人間の健康状態を可視化するためのバイオマーカーを検知するスマートコンタクトレンズの開発や、糖尿病患者向けの医療プログラム開発、バイタルデータを収集するガジェットのスタディウオッチの開発と臨床研究などがある。

このベリリーは2つのアプローチで保険業界への進出を実現させている。1つは自らのテクノロジーやデータを強みにした保険会社を立ち上げることによる進出、もう1つは保険会社に対して自社のケイパビリティを提供するサプライヤーとしての進出である。

保険業界でGAFAMが注目するもの

アルファベットによる保険会社の立ち上げ

1つ目のアプローチである、ベリリーが自ら保険会社を立ち上げたケース、Coefficient Insurance Companyについて紹介したい。同社は現在Granularという社名になっており、世界的再保険会社スイス・リーの出資も受け設立された。ベリリーはヘルスケアに関するテクノロジーやデータ、スイス・リーは保険会社として有するリスク算定のノウハウを提供した。

同社が保険販売をするマーケットは通常のB2C向けではなく、雇用主向けのマーケットである。米国では、雇用主が従業員の福利厚生として、自家保険を提供しているケースがあり、Granularが提供するのは、この自家保険で補償される額が一定額を超えた場合に補償する言わば従業員にとっての2階建て保険の2階部分に当たる保険商品で、「Medical stop loss保険と呼ばれる。

Granularは自社の強みとして、同社ウェブサイトのなかで幾度もデータ分析のケイパビリティを強調している。要約すると、集団でのリスク分析ではなく、細かくセグメントすることによってリスク分析の精度を高める「高精度なリスクソリューション」により、契約者（雇用主）の財務的な将来予測性のボラティリティを抑制するというものだ。

保険会社として保険商品のスペックや申込み手続きなどユーザーにとっての使い心地の快適さではなく、データ分析や独自のデータモデルによるリスク予測を前面に押し出しているあたり、世界を代表するテクノロジー企業を出自としている保険会社らしい。

ベリリーと共同出資しているスイス・リーもまた、保険業界では知られたテクノロジーに強みを持つ企業だ。再保険だけでなくB2C向けのデジタルバンドル型保険（保険以外のプロダクト・サービスの購入と同時に保険加入ができるオンラインの保険）を展開するiptiQを立ち上げたり、外部の企業向けにデジタルソリューションを提供する先進的な保険会社でもある。ベリリー（グーグル／アルファベット）が同じくテクノロジーを強みとする企業としてスイス・リーをビジネスパートナーに選んだという点も興味深い。

保険会社へのテクノロジーサプライヤーとしてのアルファベット

2つ目のアプローチ、保険会社に対して自社のケイパビリティを提供するサプライヤーとしての進出についても、1つ目で紹介したベリリーが登場する。

ベリリーは先に述べたように糖尿病に関するデータを専用デバイスから収集して解析するサービスを開発・展開している。それが「ベリリー オンデュオ」という糖尿病患者向けの体質改善プログラム（アプリ）だ。このアプリは糖尿病1型、2型の患者向けに血糖値計測のキットを提供し、その病状に合わせパーソナライズされた病状改善プログラムを提供し、各種バイタルデータを可視化するサービスである。

このサービスを通じてベリリーには糖尿病患者のデータが蓄積され、関連数値が改善するアクティビティの開発ノウハウもある。アクティビティによってどれだけリスクが軽減されるかもナレッジとして蓄積されていよう。ここに目を付けたのが、カナダ大手保険会社マニュライフのグループ保険会社、ジョン・ハンコックだ。

ジョン・ハンコックは行動変容型保険サービス（健康増進につながる活動をすることによってリワードが提供される保険）の「Vitality」を世界中の保険会社に提供している南アフリカのディスカバリーと提携し、北米でVitalityを販売している（日本では住友生命がディスカバリーと提携している)。

ジョン・ハンコックが北米で展開しているVitalityは、犬の散歩、医者に行く、健康食品を購入するなど、毎日の健康的な活動に対して会員にリワードを与えるという、グローバルで展開されているVitalityプログラムと大差ない。獲得したリワードで各種サービスや保険料割引などの特典がある点も同様だ。しかし、ジョン・ハンコックは通常のVitalityと異なるラインナップを持っている。それが「John Hancock Aspire with Vitality」という商品である。これは一般的に生命保険や医療保険に加入する際に大きな制約を受ける糖尿病患者を対象とした保険商品であり、病状改善のプログラムを実行することで25%の保険料割引を受けられるものである。

このプログラムに先に紹介したベリリーのオンデュオが組み込まれている。ジョン・ハンコックはベリリーと組み、競合保険会社が保険の引受を躊躇する糖尿病患者向けのマーケットを切り開いている。まさにテクノロジーによる業界慣習をディスラプト(破壊)したと言える取り組みだ。このプログラムは、保険に申し込んだあとにバーチャルケアプログラムが提供される。具体的には、無料の血糖値測定キットと検査用品が送付され、医師・専門家とのオンライン相談を経てパーソナライズされたプログラムが組まれるというものだ。

ベリリーにある糖尿病患者の医療データ、改善プログラムによる改善実績データによって実現可能なこのAspire with Vitalityのように、ベリリー(グーグル/アルファベット)が自らのテクノロジーのケイパビリティをレバレッジさせて保険業界に新しい風を吹き込むようなケースが出現している。

図表3-4-4 保険周辺領域のプレイヤーによる保険本業への進出・侵食

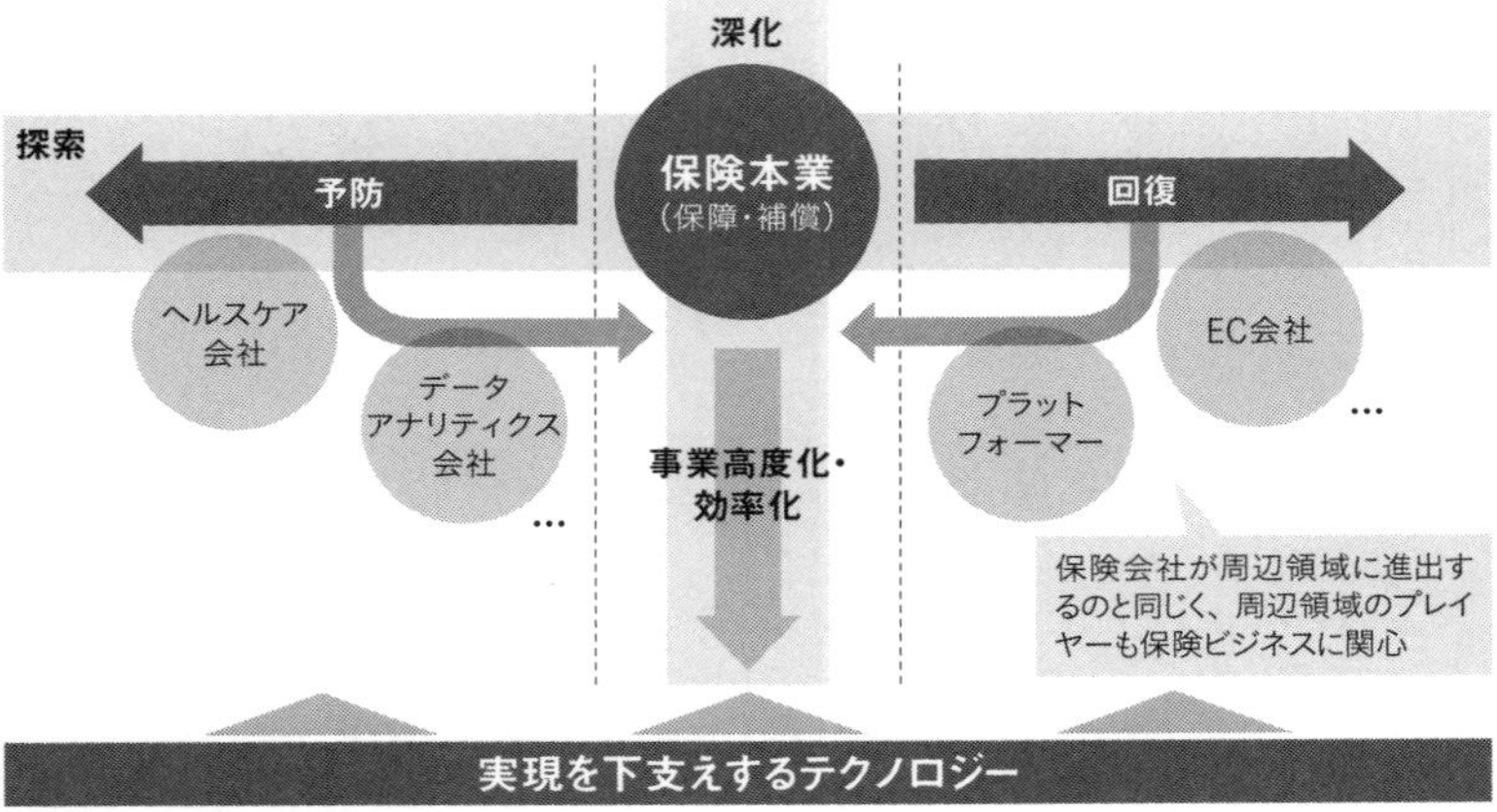

出所：NTTデータ経営研究所作成

ここまで2つの事例をもとに世界的なテクノロジー企業であるアルファベットが保険ビジネスに進出・侵食してきているというケースをご紹介した。

いずれのケースもグーグルが単独で保険業界に殴り込みに来ているわけではない。グーグルが（ベリリーが／アルファベットが）自分たちのテクノロジーを生かせる領域として、そして収益が見込める領域として、保険業界にターゲットを絞り、自分たちにない保険会社運営のケイパビリティを補ってくれるパートナー企業を選定するにあたっては、恐らく共通言語としてのテクノロジーを語れる保険会社を選定している。これはグーグルと保険会社の双方に提供価値がある形でのアライアンスを実現させたビジネスモデルであると言える（図表3－4－4）。

GAFAMによる保険業界への進出・侵食

グーグルのようなテクノロジー企業、プラットフォーマーが保険会社に進出している例は他にもある。ＥＣ最大手のアマゾンだ。

アマゾンは英国でAmazon Insurance Storeというサービスを立ち上げた。アマゾンは広告という形で保険会社との取引は以前から行っていたが、自社の商品カテゴリとして保険を取り扱うようになり、ユーザーは保険加入に際しても、ミネラルウォーターや家電を買い物するのと同じ体験のなかで購入（加入）手続きが可能になった。

このサービス自体は２０２４年1月に終了することがアナウンスされたものの、アマゾンが持つ巨大な顧客基盤に注目する保険会社は以前からあり、協業の提案をした会社もあっただろう。しかし、いざ自ら動き出すと、自身と組む保険会社を選定し、組むための条件、つまり市場のルールメイクも行うようになった。グーグルやアマゾンのような、保険会社では得られない顧客情報（氏名住所などの基本情報だけでなく、嗜好や好きなミネラルウォーターのブランドといった情報まで）を持つプラットフォーマーが保険業界に進出してくると、保険会社は彼らのつくるルールのうえでプレーしなければならなくなる。

ここで指摘したいことは、保険会社がＧＡＦＡＭのようになるべき、という勧奨ではない。自社の顧客基盤をさらに広げるために、多くの顧客接点を持つプラットフォーマーの力をうまく活用するためにも、彼らから一目置かれ、選ばれるようなテクノロジーのケイパビリティを持つ保険会社になっておくべき、ということである。プラットフォーマーが何に関心を持ち、何を成そうとしているか先回りして手を打つことが、デジタル時代の保険会社としての勝ち筋になるのではないか。

日本国内の取り組みと活用され始めた新たな技術

三井住友海上のリスクソリューションプラットフォーム

日本の保険会社も保険周辺領域へ取り組みを拡大している。損害保険会社グループ、MS&ADホールディングスの取り組みを紹介したい。

MS&ADホールディングスは、2022年からの中期経営計画のなかで、自らを「リスクソリューションプラットフォーマー」と位置付け、保険会社としての使命である経済的な損失の補塡に加え、補償・保障前後における商品・サービスを提供すると謳っている。同社の配下にある三井住友海上火災保険（以後、三井住友海上）は同社ホームページに「補償前後のソリューション」として、様々なリスクに対する予防・回復を目的とした保険周辺領域の商品・サービスをラインナップしている。

1つずつ内容を見てみると、多くの商品・サービスは三井住友海上が開発したものではなく、同社が構築したエコシステムに参画する企業との提携によってラインナップされているようである。例えば、住宅IoTプラットフォーム「MS Life Connect」は、スマートホームソリューションを提供する米国のアラーム社と提携し、日本で初めてB2C向けに提供されるプロダクションを導入したサービスだ。すでに米国では大手保険会社ステートファームが導入するなど実績のあるプロダクトであるが、国内展開にあたり商品名に三井住友海上を示す「MS」を冠しているなど、サプライヤーへの交渉力の強さを垣間見ることができる。

サービスそのものの詳細は同社ホームページに記載の通りだが、IoT機器、カメラ、スマートフォンをつないで遠隔で見守りできるようにするのは、まさに保険活用の前段階をカバーするサービスと言える。この他にも三井住友海上のリスクソリューションプラットフォームには損害保険会社の重要な顧客である法人向けのサービスもラインナップがなされている。

このように、日本の保険会社も保険周辺領域でのビジネスチャンスを「探索」し、顧客への提供価値の幅を広げようとする動きを見せており、今後人口減少により国内マーケットの縮小が必定と言える状況のなかで、保険会社もテクノロジーのケイパビリティを高めてビジネスオポチュニティを広げていく流れは強まっていくだろう。一方で、このリスクソリューションプラットフォームに商品・サービスを提供しているような事業者にとっては全国に営業網を有し、知名度も高い保険会社と組むことで自社の顧客接点が広がり、世の中に認知させるきっかけにもなる。

それではいま、保険業界が探索するに足るテクノロジーとしてどのようなものがあるのか、それが保険業界にどのような影響を与えうるのか。「今後の保険業界にとって期待されるテクノロジー」として、デジタル治療サービスとスリープテックを紹介したい。

①デジタル治療サービス(DTx)

モバイルアプリケーションなどを通じて治療を行うデジタル治療サービス(DTx：Digital Therapeutics)という用語は、まだ消費者に浸透してはいないが、健康医療分野のDXとして期待されている領域である。

DTxとは科学技術予測・政策基盤調査研究センターによれば、「ソフトウェア・アプリケーション(アプリ)から構成され、個人のスマートフォンなどにダウンロードして利用し、主に個人の生活習慣や行動に変化を生じさせることにより、治療効果をもたらすもの」と説明されている。言わば、デジタル上で保険適用できるれっきとした医療行為である。欧米がこの分野で先行しており、日本でもすでに複数のDTxが認可されている。

例として、日本で初めてDTxとして保険適用となった「ニコチン依存症治療アプリ」や「高血圧治療補助アプリ」がある(いずれもCureAppの製品)。現在も複数の臨床試験が行われている。

デジタル時代の医療行為としての期待が高い一方、DTxは一般の医療用医薬品とは処方までの流れが異なるというオペレーション上の課題がある。NTTデータでは、「医療機関とDTx事業者は原則1対1で個別に契約し、処方登録、請求などを」行うが、「事業者ごとに契約プロセスや決済仕様が異なる場合、その事務手続きが医療機関の負担となる可能性」があると指摘している。

このプロセスが円滑に取引されるようなプラットフォームを塩野義製薬とNTTデータグループ各社とで構築する計画が2024年1月に公表された。これからデジタル×医療のインフラが実務レベルで整備され、一般に広く認知・普及していけば、医療と密接な関係にある保険会社にとっても保険ビジネスへの取り込みや連携を検討する「探索」のための素地が整うものと期待できる。

②スリープテック

保険業界の生命保険、医療保険の領域では、人の健康維持、病気予防、病後の回復といったテーマでの「探索」も活発だ。第一生命の健康増進アプリ「健康第一」、住友生命の健康増進型保険「Vitality」、太陽生命の少子化や健康寿命の延伸といった社会的課題の解決に資する調査・研究を行う「太陽生命少子高齢社会研究所」の設立、アフラックの「キャンサーエコシステム」など、病気予防、病後の回復に資する数多くの取り組みが見られる。

こうした健康維持や予防・回復には、睡眠が何より重要な要素だ。睡眠領域のテクノロジーも

図表3-4-5 日本人の睡眠時間

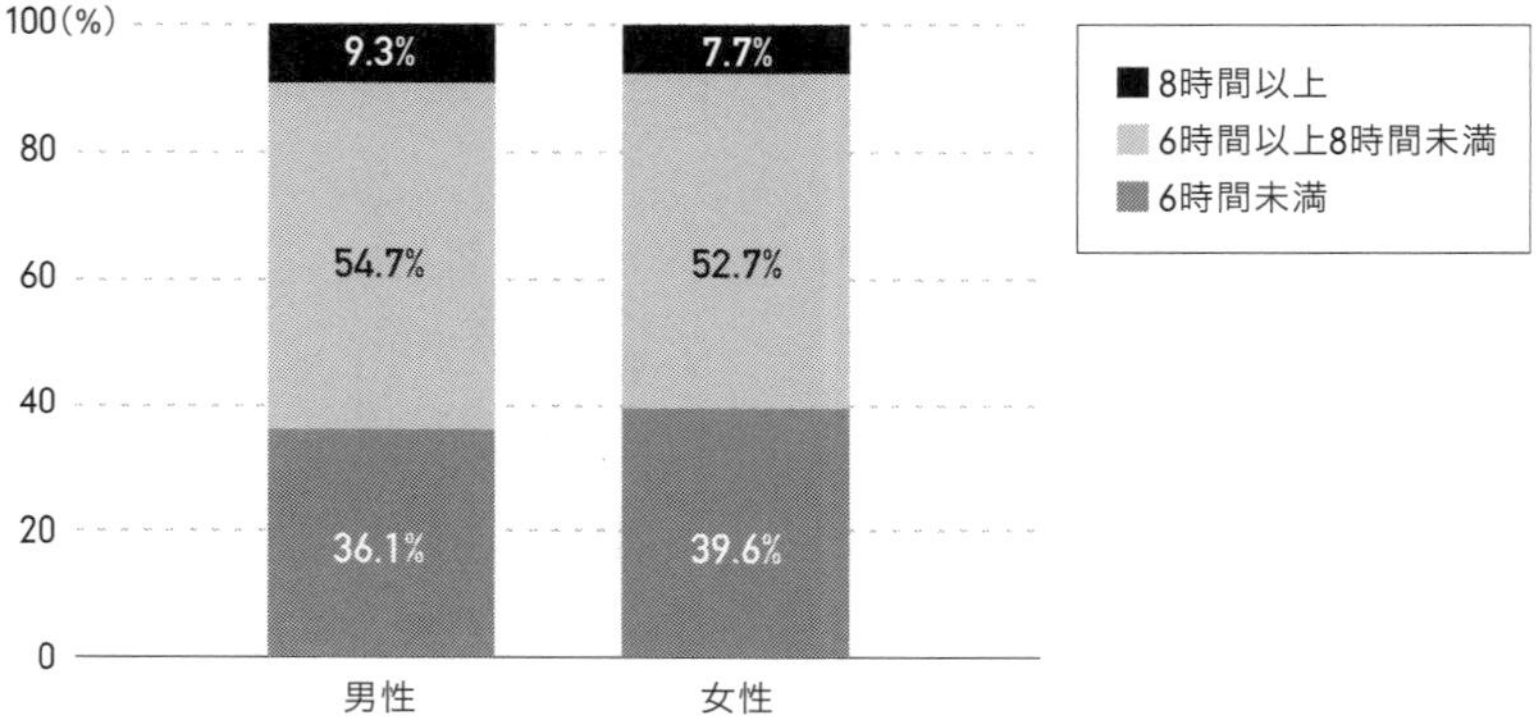

出所：厚生労働省「e健康づくりネット」のデータをもとにNTTデータ経営研究所作成

進化しており、この活用はヘルスケアに大きな革命を起こす可能性を秘めており、それが睡眠領域のテクノロジー、スリープテック（Sleeptech）だ。スリープテックとは、スリープとテクノロジーを掛け合わせた造語である。

日本人は世界各国の人々と比べて睡眠時間が特に短く、その睡眠時間はＯＥＣＤ（経済協力開発機構）の調査でも同機構加盟国33カ国中最下位の7時間22分であり、平均値8時間28分と大きな乖離があるとの報告があった。ビジネスパーソンがこのデータを見ると、自分は7時間も寝られていないという向きもあるのではないだろうか。実際、国の調査では約4割の人が睡眠時間6時間未満というデータもある（図表3－4－5）。

このような我が国の状況もあり、睡眠に関する国民の関心は高まりを見せており、ヘルスケア企業、寝具メーカー、ＩＴ企業などがそれぞれスリープテックへの取り組みを発表している。

スリープテックの1つに、ベッドやマットに取り付けた睡眠センサーを活用して睡眠状態の可視化、その改善サポートなどを提供する、といったサービスがある。このようなスリープテックの領域で、さらにテクノロジーの価値を高めるため企業や医療機関などが蓄積した健康診断などのデータ連携をしようとする動きがある。

定期的に収集される健診データと睡眠データを掛け合わせることで、個人の健康状態についてより高度な可視化を実現、生活習慣や睡眠に関して精度の高いアドバイスを提供する。推奨された行動を試した結果、睡眠の質向上、健康増進の効果を実感できれば、健康的なライフスタイルの継続も期待できる。

また、入院患者のバイタルデータを取得して分析するなどして体調の変化を見守り、入院まではしていなくても高齢の家族を見守り緊急時には医療機関への即時連携をしつつ保険会社にも通知が届き、リアルタイムで入院給付金・見舞金が支払われるなど保険サービスに絡めたサービスに昇華させられる可能性も秘めている。

一方、睡眠という極めてパーソナルな時間のデータを個人として取得されることに違和感を覚える人もいるだろう。スリープテックに関するサービスを検討するうえでは確実なデータセキュリティの担保というテクノロジー面と、ユーザーの理解を得るための丁寧なアプローチやルール設計が必要なのは言うまでもない。保険会社がスリープテックを保険サービス向上に活用するには、十分かつ慎重な検討が求められるが、それを乗り越えた時の対価は大きい。

現代のトレンドを先取りしていた保険業界

これまで見てきたように、保険業界では保険会社による業務領域の拡大と保険会社以外の周辺領域事業者やテクノロジー企業による保険・保険周辺領域への参画といったまさに業際を超えた異種格闘技の戦場と化している。

社会全体で見てみると、世の中のあらゆるサービスがデジタルでつながり、または取り込み（取り込まれ）、多種多様なデータが分析されることによって個人としての体験がアップデートされ続けている。生活者起点のパーソナライズされたコネクテッド・インタンジブルなプロダクト・サービスが開発・提供されている。

保険業界の関係者と話をすると、保険業界のデジタル化は他の業界と比べて出遅れていると嘆く声も少なくない。本当にそうだろうか。確かに、事務オペレーションはいまだ紙ベースのものが残っており、アナログな業務から脱しきれていない領域もある。しかし、そもそも保険という商品は、大数の法則、すなわち膨大なリスクを計算して顧客から受領すべき保険料のプライシングを行い（＝ビッグデータアナリティクス）、毎月毎年と定期的に保険料を受領して常時リスクに備えるサービスを提供するビジネスモデル（＝サブスクリプションモデル）を何十年、何百年も前から始めていた。決してデジタルと遠くないビジネスを無意識的に続けてきたこの業界が、DXに本腰で取り組み始めた昨今の結実として、社会をデジタルで豊かにしてくれるビジネスリーダーだと生活者に認知されるようになるのは、そう遠い未来ではないと期待している。

バンキング
異業種連携を促進させるハブとしての役割

規制緩和とデジタル・テクノロジーの急速な進展で、銀行を取り巻く環境は大きく変化している。様々な新規参入者が現れており、これまで銀行が担っていた業務の多くが、新たな担い手に取って代わられるかもしれない。こうしたなかで、今後どのような銀行が社会に求められ、生き残っていくのだろうか。培ってきた「信頼」という無形資産をもとに、トラストアンカーとなり、クロスインダストリを促進するハブを担う、これからの銀行の新たな姿を描く。

テクノロジーの進展を踏まえたアプローチは必要不可欠に

銀行の役割の転換——競争と共創の時代へ

これまで銀行のビジネスモデルの柱を担ってきたのは、預金と貸出および決済機能である。日本の戦後復興と高度成長期において、銀行は資金配分を行い、社会を牽引する役割を果たすと同時に、その資金の移動にかかる手数料や預貸の金利差による利益を収益源として成長してきた。しかしながら、バブル崩壊後、日本の経済成長は低迷。民間企業部門の資金需要は減少し、企業数自体も減少した。また、預金金利が大きく低下したことで、資金の出し手である預金者の意欲も低下。現在、金融政策の見直しにより利上げの動向はあるものの、これまでの柱であった事業だけで銀行が成長し続けられる時代は終焉を迎えていると言って間違いないだろう。

銀行を取り巻く環境の変化は他にもある。2000年前後に推し進められた金融制度改革によって、銀行業界に関する法規制が自由化という流れに転換したことだ。これにより2000年代には、金融サービスへの異業種企業からの新規参加者が増加した。具体的には、インターネットの普及を背景に、イーバンク銀行（現・楽天銀行）や住信SBIネット銀行といったインターネット専業銀行が登場。アイワイバンク銀行（現・セブン銀行）やイオン銀行といった流通系企業が運営する銀行も設立された。

２０００年以前から事業を営んできた銀行にとって、新規参入組はそれほど大きな脅威ではないと当初思われていた。なぜなら銀行ビジネスにおいては「信頼」が非常に重要だからだ。１９５０年代よりメインバンク制度が確立し、企業と銀行とは戦後の資金不足のなかでの融資を通して、長期的なリレーションが築かれてきた。参議院調査室「経済のプリズム」（第１５１号、２０１６年７月）によると、銀行は企業の実態・情報把握などで優位に立つとともに、役員を送り込んだり、当該企業の株式を保有するなどして大きな影響力を行使してきたとされる。この過程で築かれてきた伝統的な銀行に対する信頼性はいまもなお健在であり、これが良くも悪くも新規参入組の影響力を左右していると言える。

世界的に見ると、テクノロジーの進展以前に金融システムが発展しているかいないかでフィンテックの広まり方は異なる。例えば中国では、アリペイとウィーチャットペイが、現金が主流だった国を数年で電子決済の先進国に塗り替えた。ケニアでは、携帯電話を使っての送金・決済システムＭ－ＰＥＳＡ（エムペサ）が急速に広がった。しかしこれと同じものが日本でも爆発的に広まる可能性があったのかというと、時間軸を差し引いても疑問符がつく。国内の即時決済システムを世界でいち早く導入した英国よりも、その後導入したインドの同様のサービスのほうが、はるかに速いスピードで成長し普及してきた例もある。このように新しい金融サービスが普及するスピードは、各国がそれまで築いてきた金融システムへの信頼が高いほど遅くなる傾向がある。

日本では、１９６０年代の勘定系システムから脈々と金融インフラを構築している。大小の不

図表3-5-1 新たな形態の銀行の預金量シェア

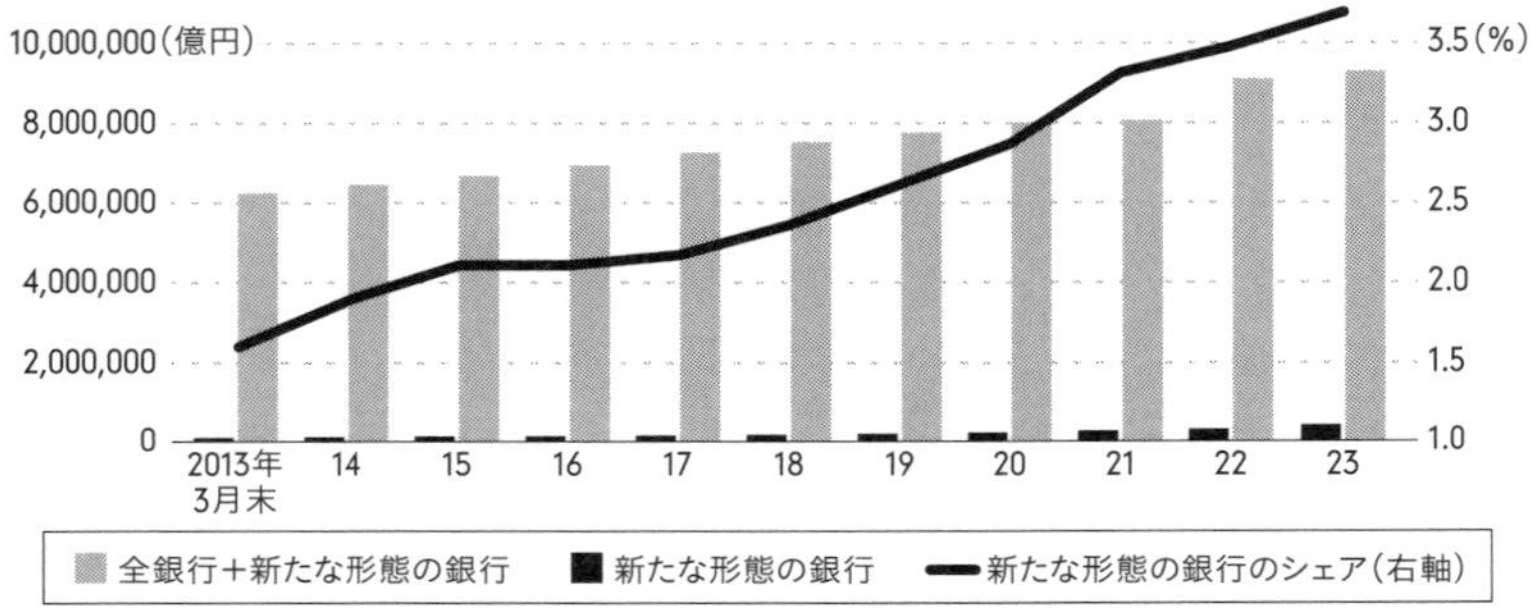

※預金量の総和は一般社団法人全国銀行協会が『全国銀行預金・貸出金等速報』にて定める全国銀行（都市銀行5行[みずほ・三菱UFJ・三井住友・りそな・埼玉りそな]、地方銀行62行、地方銀行Ⅱ[第二地方銀行協会加盟の地方銀行]37行、信託銀行4行[三菱UFJ信託・みずほ信託・三井住友信託・野村信託]、新生銀行、あおぞら銀行の110行）に、開業から10年以上が経過する新たな形態の銀行８行（PayPay銀行、セブン銀行、ソニー銀行、楽天銀行、住信SBIネット銀行、auじぶん銀行、イオン銀行、大和ネクスト銀行）を加えたもの

出所：一般社団法人全国銀行協会の「全国銀行預金・貸出金等速報」および各社決算資料を参考にNTTデータ作成

満やトラブルはあれど、金融システムは安定しているという前提で皆が生活しているという意味で、大きなペインポイントがないと言える。ここで言うペインポイントは、例えば紙幣が信用できない（偽札など）、事務処理の信頼性が低い（金額が間違えられるなど）、誰しもが銀行口座を持てない（世界にはアンバンクトが相当数いるが、日本には少ない）といったものだ。皆が金融システムを信頼しているからこそ、新たな金融サービスが爆発的に広まることもなかったと言うことができる。

一方その安定に安住して、ＵＸ（顧客体験価値）のようなフロント部分の改善に目が配れていなかった銀行が多いことも事実である。新規参入組は利便性を武器に少しずつ利用者の心をつかみ、預金量シェアを着実に伸ばしてきている。数字だけを見れば逆転するにはまだ程遠い差があるが、市場におけるプレイヤーに変化が起きていることには注視しておきたい。

新規参入者の出現を促した自由化や規制緩和の流れは、伝統的な銀行にとって必ずしも不利益ばかりではない。銀行側が異業種へ参入しやすくなったからだ。銀行が異業種と連携するオープンバンキングの推進は英国から始まり、その後自ら新規に銀行免許を取得し銀行サービスを提供するチャレンジャーバンクが誕生するなど、世界的な潮流となった。日本でもこれに後押しされる形で2018年6月に改正銀行法が施行され、金融機関にはオープンAPI態勢を整備することが努力義務として課された。これにより、いわゆる銀行APIが登場した。銀行以外の事業者が、振込や残高照会など銀行の提供する機能やサービスを自社サービスと容易に連携できるようになったのだが、銀行にとっては、異業種の事業者と共創し、新たなサービスを利用者に提供しやすい環境が整ったと言える。

様々な業種の企業がオンラインで提供するサービスに、パーツ化した金融サービスを組み込むことができるエンベデッドファイナンス（組み込み型金融）はその代表例である。例えば日本ではヤマダホールディングスがグループシナジーの創出を目的に住信SBIネット銀行と連携し、ヤマダグループの住宅購入者限定の「ヤマダNEOBANK住宅ローン」を提供している。住宅ローン返済期間中に生じる家電や家具、住宅リフォームなどのニーズをヤマダホールディングス内に取り込むことで、顧客接点強化によるヤマダ経済圏構想の拡大や、「暮らしまるごと」戦略の発展を狙っている。

テクノロジーと金融のこれまでとこれから

これら経済や法律とは異なる分野においても、銀行ビジネスに影響を与える社会背景の大きな変化がある。新たなテクノロジーの登場だ。この影響を踏まえて、すでに動き出している金融グループもある。例えば2017年10月25日付のブルームバーグ記事「ゴールドマン、30歳以下が全社員の半数超える」によれば、2017年当時ゴールドマン・サックス・グループのCOOだったハービー・シュワルツ氏は、従業員の4分の1以上がエンジニアであり、その数は「増え続ける可能性が高い」と語っている。社内でITエンジニアを育成し、新たなテクノロジーにも積極的に取り組んでいるのだ。政府系金融機関のシンガポール開発銀行から民営化したDBS銀行は、ライバルを銀行ではなく金融分野に参入している大手テクノロジー企業であると捉え、2015年より内製化を推進しており、リテールにおけるデジタル顧客比率は2022年に60%、収益シェアは82%に達している。

金融はその時代に開発されたテクノロジーを確実に本業の改善に生かし、常にITの進歩とともに成長してきている。テクノロジーの進展を受け入れる土壌が整っている業界と言えるだろう。物理的なモノを扱うのではなく、在庫や配送などといった概念がない、まさにコネクテッド・インタンジブルなプロダクト・サービスを扱う業界なので、様々なやり取りをデジタルで完結させやすいという利点もある。デジタル化と相性が良く、テクノロジーによって売るものや売り方、プレイヤーなど、業界内の景色を大きく変える可能性を持つこともプラス面として挙げられる。

テクノロジーの進展により銀行業務の担い手が変わる?

一方で、これまで銀行が寄与していた多くの業務の担い手を、テクノロジーが変えてしまう可能性も見逃すことができない。影響の1つ目として、情報の非対称性の消失がある。従来の銀行は、取引の主体間で持っている情報の量・質が異なることを前提とし、この非対称性を補う形で間接金融を行ってきた。一言で言えば、預金者が持っていない決済情報などの情報をもとに融資先の目利きを行うビジネスである。今後、情報の可視化・精緻化がテクノロジーによって進展し、貸し手と借り手で資金貸借に必要な情報の質と量が異なる情報の非対称性が減少すると、わざわざ銀行を介して資金調達する必要性は弱まっていくと考えられる。金融仲介機能は情報の精緻化だけではなく信用管理にも大きな意義があり、いますぐ直接金融だけになる世界は想像しがたいものの、こうした世界観においては、銀行には資金仲介とは別の役割も求められるようになるだろう。

これと同じことを、送金についても言うことができる。遠いところにいる第三者に直接お金を渡すことの労力・コスト（そしてセキュリティ面も見逃せない）が過分に大きいからこそ、送金は第三者である金融機関にアウトソースされてきたと言える。しかしこのデメリットがテクノロジーの進展で解消してしまえば、銀行が間に入って送金手数料を稼ぐビジネスモデルは成り立たなくなる。

図表3-5-2 テクノロジーの進展による情報の非対称性の消失と銀行への影響

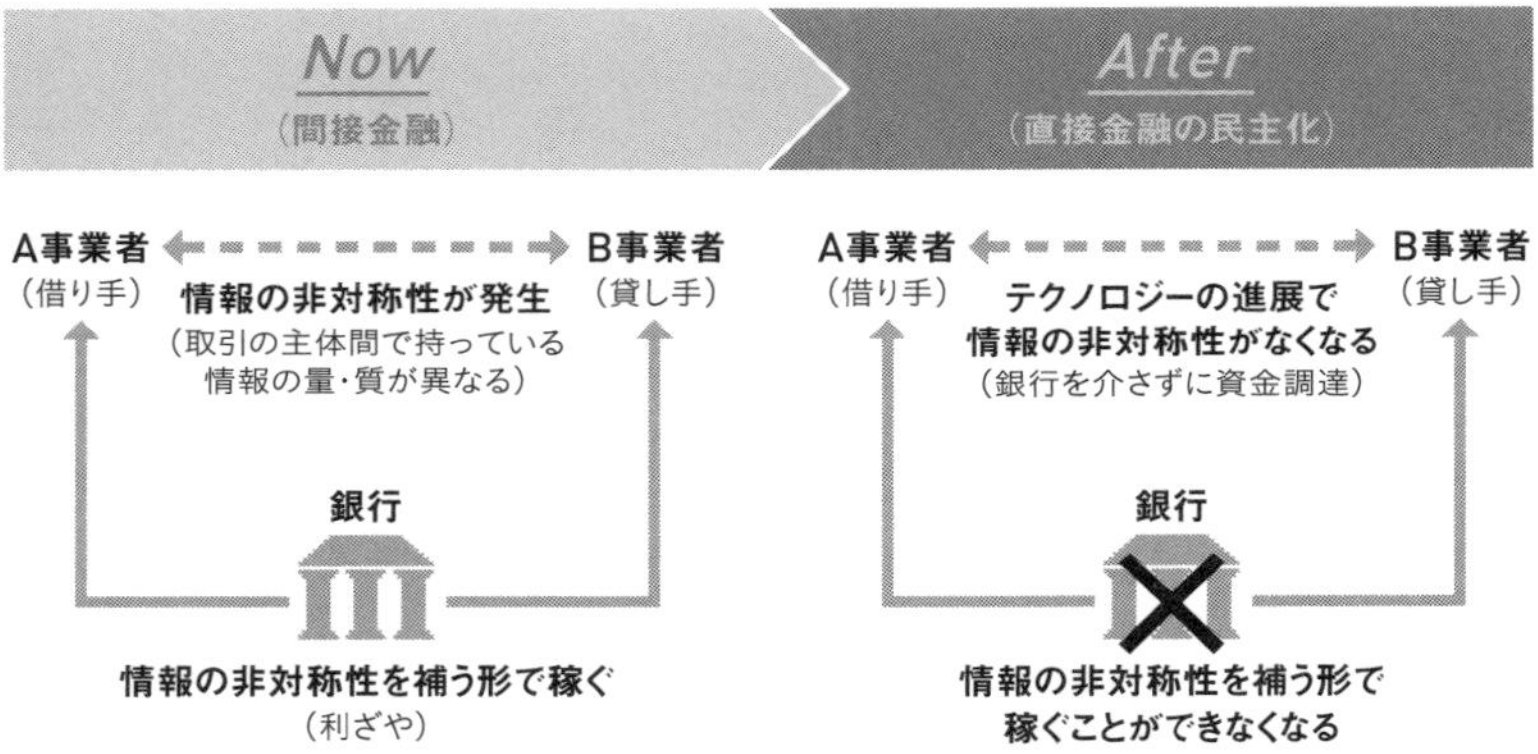

出所：筆者作成

図表3-5-3 テクノロジーの進展による送金のアウトソース化の必要性の消失と銀行への影響

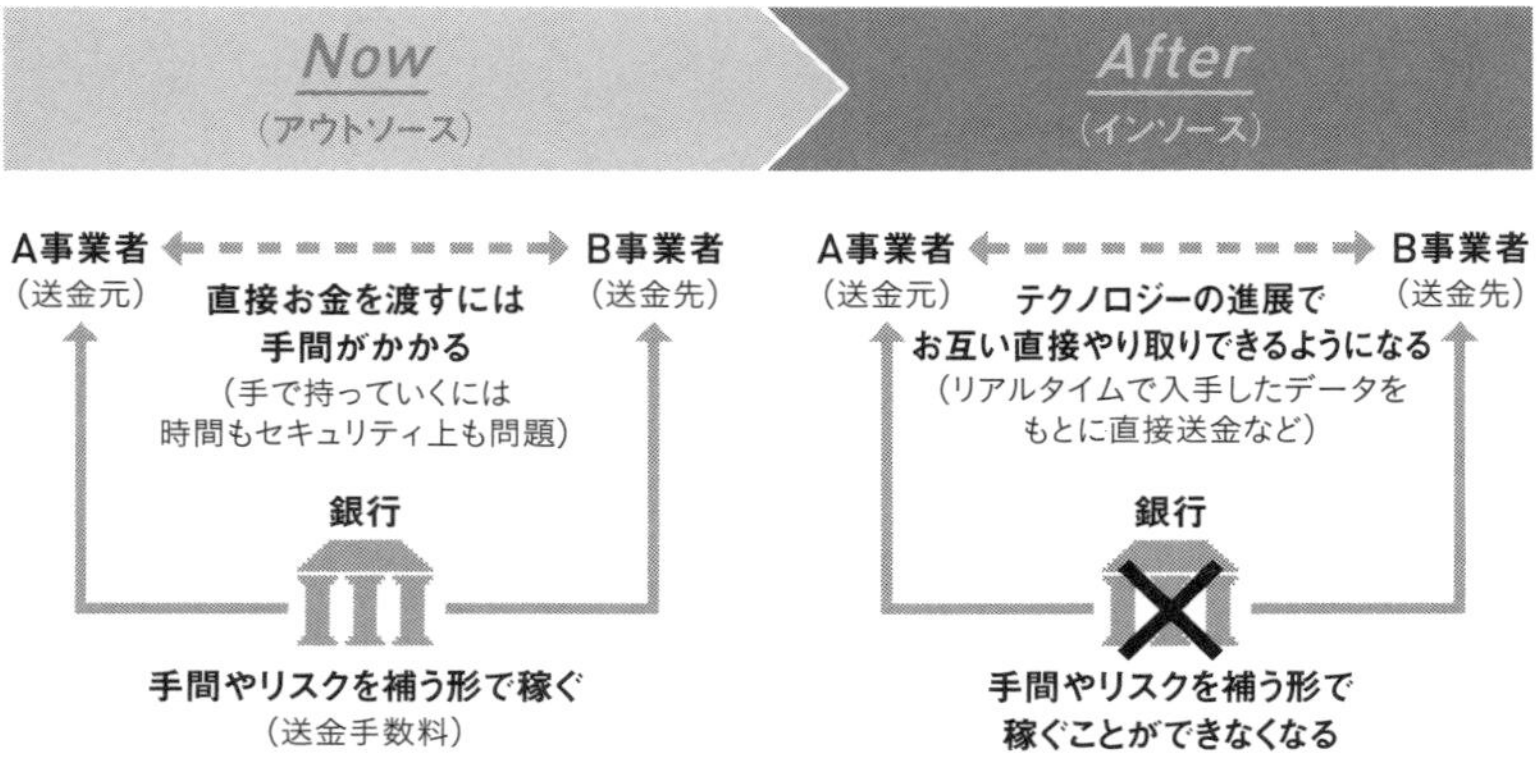

出所：筆者作成

未来社会で必要とされる銀行の姿

銀行はデジタル世界においてもトラストアンカーに

こうしたなかで今後どのような銀行が社会に求められ、生き残っていくのかを考察してみると、2つの視点が浮かび上がる。

まず1つ言えることとは、銀行がデジタル世界のトラストアンカーとしての役割を担える可能性があることだ。デジタルで何でもつながる時代は便利である一方、常にセキュリティの問題がつきまとう。そもそも銀行に現金を預ける利用者には、火災や盗難などのリスクからお金を守りたいというニーズがあり、デジタル化が進んでも、資産を安全に保管、管理してほしいという気持ちは変わらない。さらに、デジタル化したお金には金銭的な価値だけでなく、取引履歴など情報という価値も加わっているため、従来以上に利用者と銀行との信頼関係が重要である。テクノロジー面でのコンプライアンス対応強化や、柔軟性と堅牢性を両立したシステムの構築などは、いますぐにでも銀行が取り組むべき課題と言える。

例えば、ブロックチェーン技術を用いることで実現される次世代の分散型インターネットの概念であるWeb3（ウェブスリー）は、利用者が自身の個人情報を巨大テック企業に渡さないまま、検索やソーシャルネットワーキング、データ保存、金融などの各種サービスを利用できるとされる。巨大テック企業による個人情報流出事故やセキュリティへの懸念などの課題に加え、テクノロジーが悪用される可能性を含め、取引相手やセキュリティに関する懸念が少しでもある場合、取引の安全性や安定性を確保したいというニーズは必ず発生する。その点、銀行はすでに社会からの大きな信頼を得ており、民間事業者のなかでは別格の存在と言えるだろう。信頼と安定を培ってきた銀行がトラストアンカーとなることで、テクノロジーで生み出される未来の世界においても、新たな価値を提供できる可能性がある。

クロスインダストリを促進する新時代の銀行へ

もう1つ、未来の世界でも生かせる銀行の強みは、幅広い事業者とお金を通して関わっていることだ。このつながりを生かして、いろいろな業界をつなぐハブとなり、業界間で発生する課題を解決する新規ビジネス創造につなげていける可能性がある。ポイントは、これまでの融資や決済のようなお金のつながりだけではなく、テクノロジーを駆使してビジネスにおけるつながりをつくっていくことだ。金流・商流一体のデジタル化を実現し、様々な事業とのコラボレーションを加速させていくといった取り組みが考えられる。

例えば、長年課題となっていた非効率的な貿易業務を抜本的に解決するために構築された貿易情報連携プラットフォーム「ＴｒａｄｅＷａｌｔｚ®」。あらゆるモノの流れに付随する貿易業務には、取引の過程で多数の手続きが発生し、手作業での書類作成や整合性の確認作業に、多大

図表3-5-4 情報を電子化し、ブロックチェーン共有・活用する

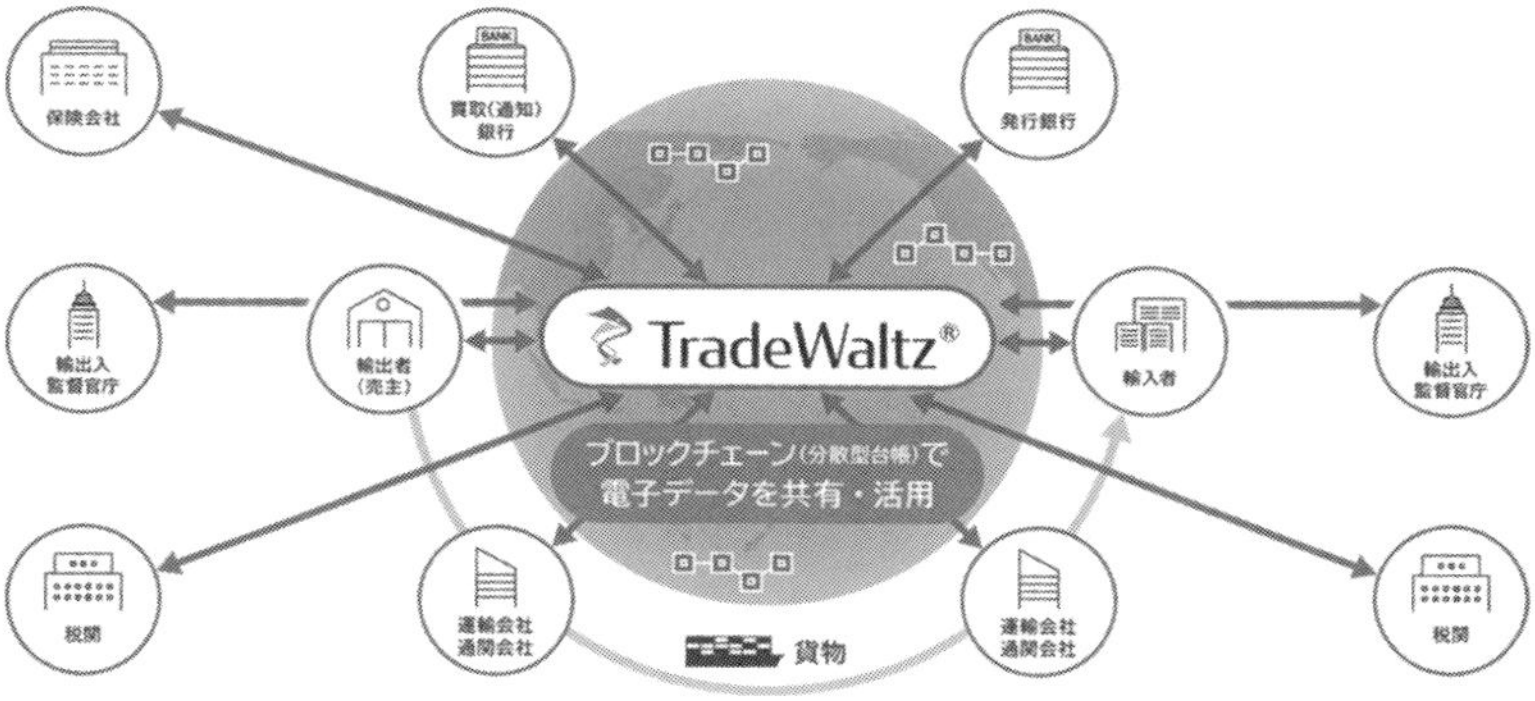

出所：筆者作成

なコストがかかっている。複数の関係者が取引に介在しており、より正確かつ安全に情報を受け渡す仕組みをつくることは、貿易に関わる商社・銀行・保険・船会社といった各業界の垣根を超えた共通課題となっている。

このプラットフォームでは、貿易取引企業間の情報を電子データで一元的に管理し、一気通貫の情報共有ができる。情報の改竄が難しいブロックチェーン技術を活用することによって、高いセキュリティ性を確保しつつ、貿易取引を完全電子化する。この取り組み自体は貿易に関わる業務効率化から始まったものではあるが、これを活用することで、銀行としては安全な貿易金融と貿易決済の電子化が可能になり、顧客の輸出入業務の拡大につなげることができると考えられる。このようなデジタルを活用していろいろな業界をつなげるハブ機能は、これからの銀行ビジネスになくてはならないものと言えるだろう。

今後は、請求データを活用したサプライチェーンフ

アイナンスや、データドリブン経営支援などに取り組み、サプライチェーン全体の生産性向上や競争力強化、DXを通じたサプライチェーンの強靭化に資することが期待される。

サプライチェーンファイナンスは、バイヤーに商品やサービスを提供する仕入れ先（サプライヤー）が売掛金の期日前回収を希望する場合、銀行などによる売掛債権の買い取りなどを通じ、手数料が割り引かれた金額を受け取れるものである。これは資金効率を高める目的で近年世界的に取り組みが拡大しており、2023年4月25日付の「日本経済新聞」によると、2022年には「ヴァンズ」などのアパレルを手掛ける米VFコーポレーションや、「コロナ」ビールなど酒類販売大手の米コンステレーション・ブランズの運用が開始されている。米VFコーポレーションは、仕入れ先が自ら資金調達する場合に比べ、調達コストが最大5割減ると試算している。日本でも、丸紅がみずほ銀行と組み、丸紅の仕入れ先（サプライヤー）に対するサプライチェーンファイナンスを開始した旨のニュースリリースを発表している（2021年9月16日）。ブロックチェーン技術を用いたオンライン金融プラットフォームを通じ、丸紅の取引先である電気自動車用機器メーカーに対して取り組みを実行している。

デジタルアセット全般の発行・管理基盤である「Progmat（プログマ）」の開発も、国内大手信託銀行が中心となって進められている。ブロックチェーン技術を用いて、不動産や債権などの資産をデジタル証券化し、セキュリティトークンとして発行・管理・取引できるようにする仕組みで、日本円に連動したステーブルコインなどのデジタルアセットも提供している。

こうしたデジタルアセット市場がより本格的に拡大するうえでは、既存の伝統的な証券市場や決済市場などの現状を把握しつつ、テクノロジーを活用しての圧倒的なメリット（利便性向上など）を訴求することが不可欠となる。こうした事例からも、従来のビジネスに邁進してきた銀行が、最新のテクノロジーを活用するための知識やノウハウを身につけ、実践していくことが重要であることがうかがえるだろう。

異業種と連携して金融機能を提供するだけでなく、自身がより中に入り込んで新規事業にチャレンジしていくことも必要になる。融資に加えて、コンサルティングサービスを提供する他、課題解決に向けたデジタルソリューションの提供まで行うこともできる。もちろんそれを実現するためには、銀行はテクノロジー集団にならなければならず、外部の専門家とつながりを持ち、内部にも有識者人材を増やしていくことが不可欠だ。

シンガポールのDBS銀行はデジタル化を推進する銀行として世界的に有名だが、『DBS世界最高のデジタル銀行』（ロビン・スペキュランド著、東洋経済新報社、2023年）では、同行の取り組みの1つとして「Car MarketPlace」が紹介されている。シンガポールでは自動車に課される税金が高く、自動車購入のおよそ90%はローンが必要となる。自動車販売会社はローンが必要な顧客から高いマージンを受け取っていた。DBSはこれを機会と見て、2017年に自動車の売り手と買い手を直接マッチングするマーケットプレイスを導入した。顧客の自動車探しの作業を集中して、すべてのステップを1つのサイトで簡単にアクセス可能にしたプラットフォームだ。消費者は欲しい自動車を探して購入し、不要なクルマを売却できる。保険や牽引サービスやアクセサリーも紹介される。現在は、シンガポールで売り手～買い手間の直接売買の最大の市場となっている。ＤＢＳ銀行はこうしたマーケットプレイスを、不動産、旅行、電力などでも形成している。こうした金融にとどまらないつなぐ動きが、今後はより求められると考えている。

銀行に求められる新たな機能・役割――コンサルティングと目利き

ここまで述べてきた銀行ビジネスを取り巻く環境の変化を考えると、これまでの伝統的な銀行のあり方がいまのままではいられないことは明白だろう。２０００年頃までの厳しい規制のもとでは、どの銀行も同じような業務モデルだった。しかし規制緩和が進み、異業種の参入や異業種との共創ができるようになったいま、同じような商品ラインナップで価格競争をする規模のビジネスの時代は終わり、競合他社との差別化が重要となっている。

京都銀行はライフプランシミュレーションや地域企業の広告・クーポンなどをバンキングアプリ上で利用できる生活総合サービスを顧客に提供している。他にも例えば畜産業のような、より効率的な経営が求められている領域において、ＩｏＴセンサーなどを使い、事務作業負荷の削減や事業全体の可視化といった融資にとどまらない支援を行うことが考えられる。ＮＴＴデータでもデザミス社と協業し、畜産経営をサポートする「U-Cash™」を提供している。

デジタル技術の進化と顧客のニーズの変化に伴い、銀行には単なる資金の流通だけでなく、顧客に対してのより深いアドバイスや提案、さらには先進的な金融サービスの提供が求められる。これは、銀行がもはや単なる金融の仲介者ではなく、顧客のパートナーとしてその成功をサポートする役割を果たす必要があることを示している。

さらに言えば、業務の手法やアプローチを単に変革するだけでは不十分である。テクノロジーによる情報の非対称性およびアウトソース化の必要性の消失は、金融機関がコアビジネスの範囲にとどまることなく、多様な領域への事業拡大や多角化を進めることを要請している。既存の業界の枠にとらわれず事業拡大・事業転換をする企業が増えている現在、銀行業界も他業界との連携や協働を進める時代にある。従来のビジネスモデル、すなわち資金の集約と貸出にのみ依存するのではなく、多岐にわたる機会を追求し、新しい価値を創出することが持続的な事業成長の鍵となるであろう。

バンキングの神髄は、社会から収集した資金を、社会が最も必要としている領域へと融通することにある。テクノロジーがどれだけ進歩したとしても、目利きの必要性は残り続ける。取り組むべきは、社会や顧客の具体的な課題の解決である。それにどのように取り組むかは、これまで競争してきたそれぞれの銀行が再び考え直さなければならない時期に差し掛かっている。銀行が提供するサービスは、単なる金融だけでなく、より良い未来へと社会を導くものにもなりうる。そのような役割を果たせる銀行こそ、今後社会から求められる存在となるだろう。

第4章

成長を加速させるため、いま注目すべきテクノロジー

【データドリブンな意思決定】

NTTデータ
新田龍

NTT DATA Services
アンドリュー・ウェルズ

【デジタル基盤】

NTTデータ
土井良篤志

NTTデータ
村山弘城

【AI】

NTTデータ
奥田良治

NTTデータ
野村哲郎

【数理科学】

NTTデータ数理システム
小木しのぶ

【デザイン】

NTTデータ
村岸史隆

NTT DATA EMEAL
ロベルト・ロジェーロ

データドリブンな意思決定

データを生かした最良の意思決定プロセス

データ活用によりビジネス価値を創出し続けるためには、プロセス・組織・人材・ガバナンスをどう変革すべきなのか。クラウド技術の進化により、データ活用基盤の構築が容易になり、ユーザーがデータ分析と活用に専念できる環境が整いつつある。生成AIの利用が浸透した状況で、人とAIはどのような協業関係を構築し、どんな観点で業務を高度化していくのか。AIを補完する、数理最適化、シミュレーション、因果推論など、従来の数理科学の有効性と適用領域を説明する。ユーザー中心アプローチで新たな顧客価値を創出するデザイン思考は、デジタル化、生成AIによりどのように強化されるのかについて考えを述べる。

データ活用の難しさ

2006年にデータが初めて「現代の石油」と表現されて以来、経営コックピット、ビッグデータ、データレイク、ディープラーニング、データドリブン経営など、データ活用はデジタル化する社会において、顧客への新たな価値提供、意思決定の高度化などで常に注目されるトピックの一角を占め、企業経営における関心事であり続けてきた。また、データサイエンティストは花形職業とされ、そのスキルを身につけるためのツールやコンテンツの入手も容易になり、教育機関の設置も相次ぐなど、その裾野は急速に広がっている。

一方で、データドリブンな企業に変革できていると自認している企業は3割にも満たないという調査もある。[※1]これだけ社会や経営者の関心を集めながらも、組織的なデータ活用の取り組みがうまくいかないのはなぜだろうか。

データを活用した意思決定の高度化において、我々が、様々な業種のお客様へのデータ活用の支援を通じて感じている課題は、以下の4つの要因に大別できると考えている。

1つ目は、「どのツールを使えばよいかわからない」、つまり極めて激しい技術変化である。データ活用領域では新たなツールが次々と登場し、その価値が喧伝されている。これらの新たな技術の価値を過大評価し、他方でその効果の創出に必要な取り組みや成熟度を過小評価して手段先行の導入プロジェクトが進められた結果、「先進テクノロジーを導入したが使われない」という

図表4-1-1 データ活用の難しさ

技術・基盤	データ	ビジネス	人・組織
どのツールを使えばよいかわからない	**データがそろわない**	**効果が予見できない**	**人の行動は変わらない**
・新しいツールが次々と出て来るので追随できない ・ツールがたくさんあってどれを選べばよいかわからない ・デモはすごいが本当に使えるのか？ ・どのクラウドがベストか？	・部門ごとにデータ・システムがバラバラ ・データの所在が不明 ・データの意味が不明 ・データが正しくない ・データがつながらない ・準備に時間がかかる	・見える化ではコストや利益に直接貢献しない ・予測精度の良否はやってみなければわからない ・投資効果が説明できない ・大規模な投資ができない	・なくても業務は止まらない ・メリットがなければ使わない ・使い慣れたExcelのほうが速い ・統計や分析は自分には難しい ・自分に「刺さる」情報でなければ見る気がしない

出所：筆者作成

状況が、往々にして生み出されている。

２つ目の要因は「データがそろわない」、つまり、使える状態のデータをそろえることが極めて難しいことである。企業活動に関するデータの多くは従来、会計システムなど実行系の業務システムに蓄積されてきた。多くの企業では、これらが社内に散在し、相互活用できない状態（いわゆるサイロ）になっている。近年はデータレイクやデータファブリックといった技術を用いて仮想的にこれらのデータを統合することが可能になってきているが、データ自体の多様性や複雑性も増してきており、これらの技術を導入すれば課題が解消するとは言えない状況である。例えば、工場機器のセンサーが秒単位で生成するIoTデータや、ECサイト上で消費者が商品を閲覧し購入に至るまでを記録したクリックストリーム（行動ログ）データなど、これまでは検知や収集が不可能だったデータが高頻度かつ高精度のまま蓄積可能となっており、それらの新たなデータに対するマネジメントやガバナンスのあり方を整備することも新たな課題として登場している。そして、それらのデータを形式的に統合したとしても、サプライチェーンデータにおけるモノの識別IDやカスタマージャーニーにおける顧客IDなどは、業務プロセスを通じて情報がつながっていなければ価値を生むことができない。また、データを活用していくには、そのデータ自体の意味や内容を表現した「メタデータ」も重要になる。データのビジネス上の意味や略称、異音同義語などの情報（いわゆる「ビジネスメタデータ」）は業務担当者の頭のなかにしかないことも多く、データカタログをツールとして導入したが、ビジネスメタデータが蓄積されず効果的に活用できていないという例も多い。さらには、顧客データなどの活用にあたっては、個人情報保護法や欧州におけるGDPRなどプライバシーの観点も必須になる。近年は複数の業態でグループ経営を行っている企業が、グループ内の個社横断でデータを活用するニーズも出てきているが、あらかじめこのような環境を想定して取得された情報ではないため、やはりスムーズなデータ活用につなげられない阻害要因となっている。

3つ目は、「効果が予見できない」、つまりデータ活用がどの程度の投資対効果を生むかを事前に合理的かつ定量的に見積もることが難しいことである。業務システムの導入であれば、これまで手作業で行っていた時間がどの程度削減されるかを定量的に効果試算し、コストの妥当性を判断できる。しかし、データ活用においては、データを活用したからといって、判断の精度がどれくらい良くなるのか、スピードが速くなるのかを定量化することは容易ではない。※2また、実際に何らかのビジネス効果が出たとしても、どこまでがデータ活用による効果なのかを判別することは不可能に近い。したがって、経営層が求める「このデータ活用施策の投資対効果を明確にせよ」という要求に対しては、上申する側が恣意的な前提条件を重ねて効果が算出されることも多いのが実態である。

最後に4つ目は、「人の行動は変わらない」、つまり仮に効果的なデータ活用方法をデザインし、データやツールをそろえたとしても、現場における日々の業務プロセスを変えるのは容易ではないことである。伝票入力などとは異なり、データ活用の仕組みは現場の社員にとっては利用しなくても業務が遂行できてしまう。データを活用せずに個々人の経験や勘で判断・業務を行い続けても業績目標が達成できるのであれば、新しい仕組みの導入が腹落ちしないということは往々にして起こりうる。

このように全社的なデータ活用を成功させるには、いくつかの壁があり、一部だけを乗り越えても残った部分が全体のボトルネックになってしまうため、4つを同時並行で解決していく必要がある。

1つ目の「どのツールを使えばよいかわからない」と、2つ目の「データがそろわない」については、後述の「デジタル基盤」で論じるため、本節では3つ目の「効果が予見できない」と4つ目の「人の行動は変わらない」について考えてみたい。これらの難しさは、データ活用の原料である「データ」を、人と技術の力でデータ活用の目的である「ビジネス価値」に変換するまでの過程において生じるものである。この構造と関係性を正しく理解するため、まずはデータ活用において「データがビジネス価値に変換される過程」について述べる。

データ活用と意思決定プロセス

データ活用は「データをビジネス価値に変換する」取り組みと言えるが、実際はデータそのものが直接的に売上の向上やコストを削減してくれるわけではない。※3

例えば「食品を販売する店舗において、データに基づいてより正確に需要を予測し、より過不足なく仕入れ発注を行うことで、従来発生していた販売機会損失と廃棄ロスとを同時に低減する」といったように「データ活用により、従来よりも効果的な打ち手を実施し、ビジネス上の価値を生む」ことや、図表4－1－2の例をAIで自動化することで、人間が行っていた判断と同等あるいはそれ以上の精度で、人件費をかけずに判断を瞬時に行い、ビジネス上の価値を創出する、という構造になる。

したがって、データから高いビジネス価値を創出するためには、タイムリーに実行可能なアクション（例：「任意の数量かつ適切なタイミングで発注できるように業務・システムが整備されている」こと）、適切なアクションのインプットとなるインサイト（例：精度の高い需要予測に基づく適正発注量）と、それを導出する分析（例：「精度の高い需要予測アルゴリズム」が使えること）、さらにそれを支えるデータ（例：「十分な質・量の販売データ履歴や、同期間における天候などの外部データ」などが入手できること）がそろうことが必要になる。

データを分析してビジネス価値につながる質の良いインサイトを抽出し、1つひとつのアクシ

図表4-1-2 データ活用からビジネス価値を生み出す構造

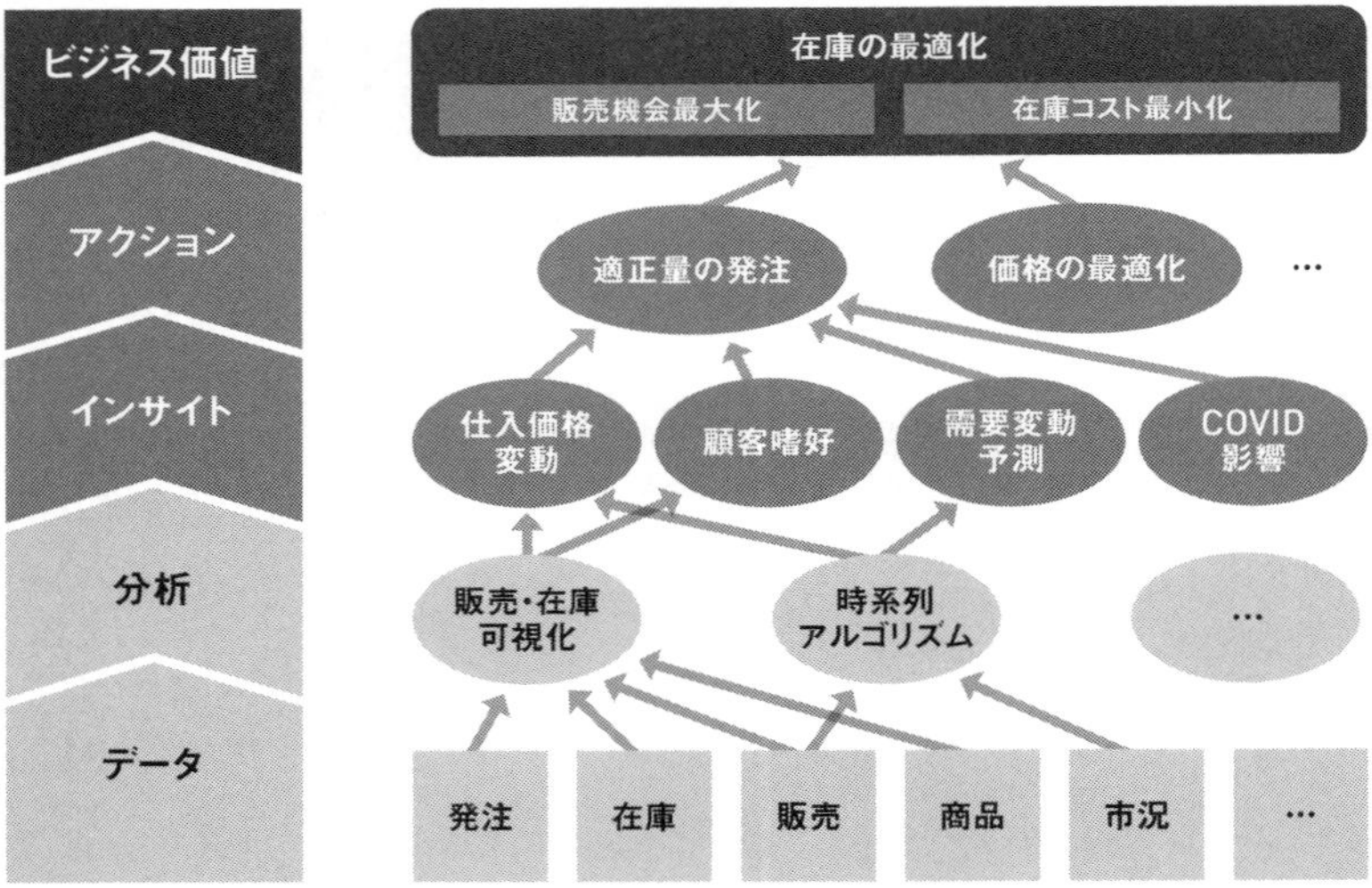

出所：筆者作成

ヨンの質やスピードを上げること、すなわち「データドリブンによるより良い意思決定」ができれば、企業活動の成果はより良いものになる。ただし、組織的な取り組みとして行うには、良い成果に至ったルールや仕組みを「意思決定プロセス」として構築し、高度化していくことが肝要となる。つまり、データ活用の本質は意思決定プロセスの改革であると言える。

ダニエル・カーネマンは著書『ファスト&スロー』（早川書房、2012年）で「組織は意思決定を生産する工場である」と述べたが、そうであればデータ活用はまさに企業そのものを変革する取り組みであると言える（なお、データを活用して顧客へパーソナライズしたサービスをパーソナライズしたタイミングで提供する顧客への新たな価値については、「デザイン：生活者起点のサービスを創出する」で述べる）。

意思決定プロセス変革の難しさをいかに乗り越えるか
――①「効果が予見できない」

一方で、先述の通り「データがビジネス価値に変換される過程」では、「効果が予見できない」および「人の行動は変わらない」という難しさを伴う。「効果が予見できない」という難しさに対しては、人間の意思決定をサイエンス化するアプローチが有効であると考える。

まず、問題を構造化し仮説を構築する。つまり、先述した「データからビジネス価値を生み出す構造」に基づいてビジネスの構造を分析し、求めるビジネス価値やそのためのアクション、インサイトなどを言語化しながら分解して整理し、求めるビジネス価値を得るためには何を測定する必要があり、またその改善にはどのような精度のインサイトが必要で、そのためにどのようなデータが必要か、という仮説を構築する。

次に、「ノイズ」を排除した再現可能なプロセスを確立する。ここで留意する必要があるのが、人間による意思決定においては意思決定疲れや認知バイアスといった様々な阻害要因（ノイズ）が存在するということである。これらのノイズがデータドリブンな意思決定を妨げないよう、適切な意思決定プロセスを定義し、実践することが重要になる。[※4]

意思決定プロセスを定義し、入手可能なデータを収集したうえで実験を繰り返し、仮説を検証する。データからビジネス価値までのつながりを、組織的に透明性をもってロジックで説明し、合意形成しながら精度を上げていくために、意思決定のサイエンス化は重要な取り組みであると考える。

意思決定プロセス変革の難しさをいかに乗り越えるか ——②「人の行動は変わらない」

もう1つの難しさである「人の行動は変わらない」という点における、大きな要因は人間の行動に作用する組織の慣性である現状維持バイアスである。特に高いデータ分析スキルを持つ一部のデータ分析官だけでなく、社員1人ひとりの意思決定プロセスをデータドリブンに変え、データ活用の価値を最大化させようとすれば、すべての社員が日常的にデータを活用するように行動変容していくことが必要になり、実際に多くの企業がデータ活用人材を育成する取り組みを目指している。

このような組織的な行動変容は、チェンジマネジメントの取り組みであり、社員の行動変容を促すための重要成功要因を特定し、そのための制度やルール、人材のスキル、行動様式や文化そのものを全方位で変えていくことが求められる。

データ活用の全社普及のためには、知識の底上げとしてのデータリテラシーの普及・定着や1

人ひとりへのレベルに応じたスキル支援・トレーニング、日々の業務に定着させるためのコミュニティ形成といったデータドリブン文化を醸成する取り組みも必要になる。また、昨今のデータビジュアライゼーションの技術進化は、人間の視覚がパターン認識を得意とするという特性を最大限活用し、データの構造に対して最適な可視化（グラフ）パターンを提案してデータを把握するための認知負荷を極小化し、フロー状態をつくり出して、思考を止めずにデータ分析に没頭することを可能にする。さらに、近年の生成ＡＩの進化により、より自然な言語による対話型のインタフェースも登場するなど、すべての社員が日常的にデータ活用していくためのデータ活用を民主化する技術が進化している。

ＫＰＩとディシジョン・インテリジェンス

ここまで、企業におけるデータ活用と意思決定プロセス変革について概観してきたが、組織における意思決定プロセスの実装の形であるＫＰＩ管理にも触れておきたい。

企業・組織の業績や行動のマネジメントにおいては、ＫＰＩを設定し測定・評価することが一般的に行われる。ＫＰＩ管理は単なる評価ツールではなく、組織の行動を変革するツールとして活用することが本質である。

ＫＰＩ管理によってデータドリブンな意思決定の効果を創出するためには、目指すビジョンを定量的でシンプルな指標に落とし込むこと、重要な行動を定義し測定すること、日々の業務へＫＰＩ管理を組み込み、日常行動へ定着させることが重要になる。この過程は、戦略をブレなく具体化し現場が取るべき行動を丁寧に設計していくプロセスであり、組織戦略の実行においては極めて重要なステップになる。今後、データ活用が民主化されていくと、データに基づき行動をマネジメントすることも重要になる。そのようななかでは、ＫＰＩ管理もビジネススキルの１つとして定着させていく必要があると考える。

ディシジョン・インテリジェンスは意思決定がどのように行われるか、またシミュレーションによって結果がどのように評価、管理、改善されるかを明確に理解して設計することで、意思決定を改善する。意思決定に関わる最初の行動から結果までの一連の連鎖について、外部要因を踏まえてモデリングし、要素間の因果関係を把握する。意思決定の結果に至る一連のデータや予測処理、確率モデルらを全体として連携させるＩＴ基盤を整備したうえで結果をシミュレーションし、最適な選択肢を決定することで、意思決定の精度とスピードを向上する。

意思決定プロセスは今後どう変わるか

意思決定プロセスの変革について、その構造や、実現のためのアプローチを考えてきたが、結びとして、今後データ活用に関するテクノロジーがさらに進化していくなかで、意思決定プロセスはどのように変わっていくかについても簡単に考察してみたい。

データドリブンな意思決定プロセスの変化を考えるにあたり、わかりやすいのはヒューマンインタフェース、いわゆる分析ツールである。これまでビジネス・インテリジェンス（BＩ）を用いたレポーティングツールは普及してきたが、２０１０年代に入ると、データ活用の民主化というキーワードとともに、業務の最前線の担当者１人ひとりが仮説や発生事象を起点にマウスのドラッグ＆ドロップで直感的に探索的なデータ分析を行い意思決定に役立てられるセルフサービスBＩやオートML（自動機械学習）などのツールが浸透し、現在も広く活用されている。

また、近年ではAＩによる自然言語処理の発展を受け、自然文でデータに関して問い合わせて分析したり、データの変化や特徴をAＩで解析してニュース速報のように自然文で要約したりして報告するツールも登場し、人間にとってよりストレスなくデータドリブンな意思決定を支援できるようになっている。

今後は、デジタルとフィジカルの世界が融合し、よりリアルタイムで精細なデータの活用が日常になることで、データドリブンな意思決定もよりリアルタイムに、つまり独立した分析ツールではなく、人間にとって日常の生活のシーンや業務プロセスのなかに埋め込まれ、溶け込んでいくと考えられる。このような変化を踏まえ、企業がデータ活用をより高度化させるためには、顧客体験や業務プロセスを設計するなかでデータドリブンな意思決定プロセスを自然な形で組み込むデザイン力が、より求められていくだろう。

進化する意思決定プロセスのマネジメント

テクノロジーの進化と、それに伴うデジタル化の進展に伴って、個々のデータ活用は、局面のみでなく組織的な意思決定プロセスのマネジメントについても進化が求められる。今後、企業内においてもデータ活用の裾野が広がるだけでなく、部門を横断した意思決定（例：サービス部門と販促部門が連携し顧客ＩＤをキーとしたプロモーションや、販売部門と調達部門が連携した在庫調整など）や、企業の枠を超えたデータ共有と意思決定（例：小売店の店頭やＥＣサイトデータのメーカー提供・活用、サプライチェーン全体での温室効果ガス排出量管理など）の機会がますます増えていくと考えられる。

このようななかで、ネットワーク構造となっている意思決定プロセスを適切にマネジメントし、ビジネス価値を創出していくことが企業には求められている。これからの意思決定プロセスは、データ活用の価値を組織横断で俯瞰したうえで、標準的なフレームワークで可視化・評価・優先度付けし、共通した言語でマネジメントできることが必要になってくる。また、そこで特定された意思決定に対して、品質管理や信頼性の担保、意思決定のトレーサビリティも求められていく。

図表4-1-3 意思決定のネットワーク

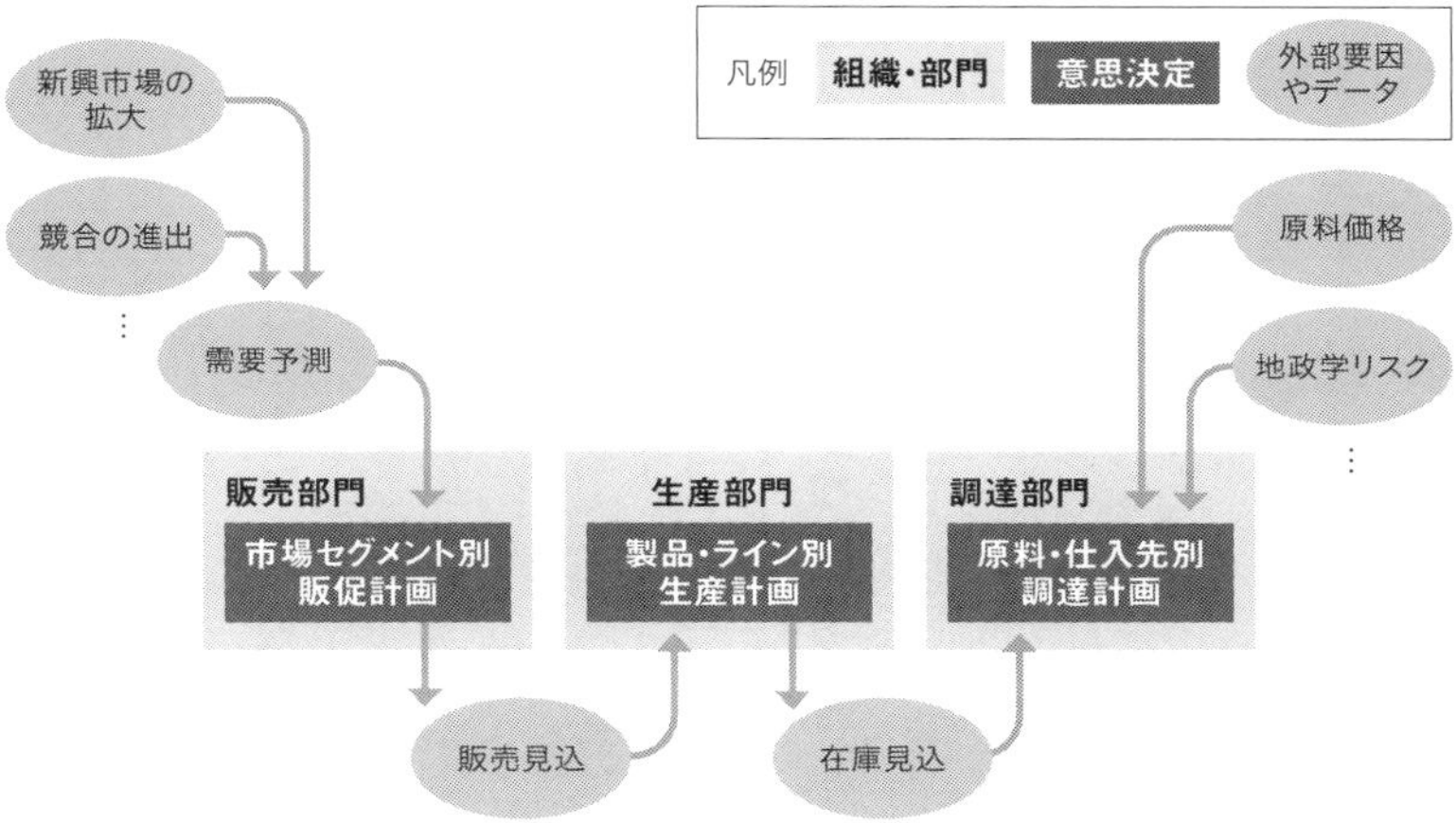

出所：筆者作成

図表4-1-4 戦略的な意思決定デザインのイメージ

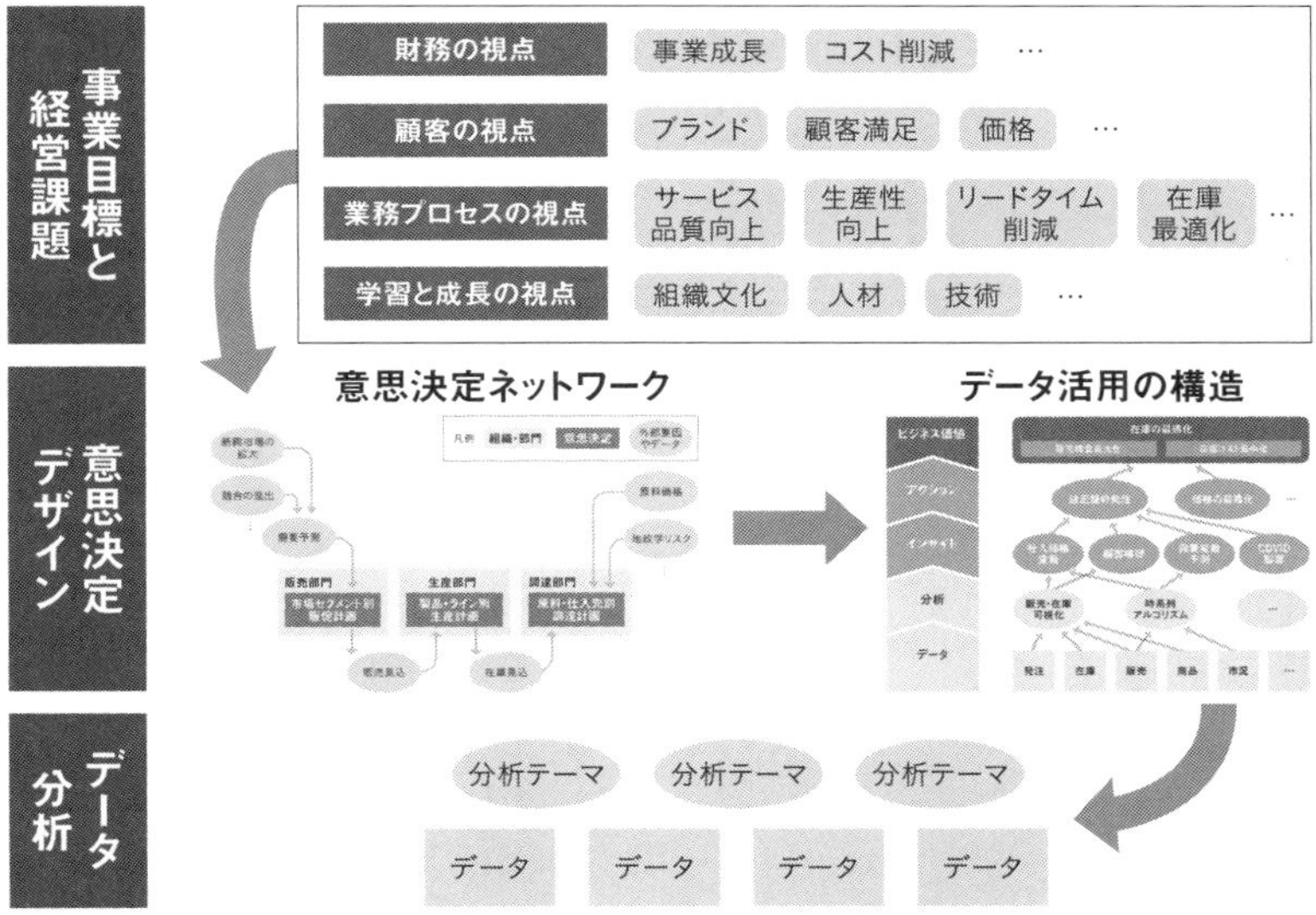

出所：筆者作成

これからは、全社視点での意思決定のモデリング（ディシジョン・モデリング）が必要になっていく。ディシジョン・モデルはビジネス価値とインサイト、分析テーマ、データの間をつなぐモデルであり、ＫＰＩもディシジョン・モデルに関連付けて管理されていく。

組織的なデータ活用において最大の成果を得るためには、事業目標やビジネス価値を起点に、トップダウンで有効なアクションとそのためのインサイトを部門の枠を超えて特定し、このために必要なデータを広く抽出し特定するという方向での戦略的な意思決定デザインも重要となる。

データ活用の民主化とデータガバナンス・リテラシーの必要性

データ活用の民主化に伴うＤＸ・ＩＴ部門における役割

データ活用の民主化の先にあるのはデータ分析官などの一部の社員によるデータ活用ではなく、すべての社員がデータを使いこなす組織の未来である。データの民主化を推進する過程では、中央集権的なデータの管理は限界を迎えつつあり、非中央集権型でデータを活用するデータメッシュの動きが活発になってくる。

データメッシュとは、事業領域ごとにデータ管理の責務を担い非中央集権型であることが大きな特徴である。データ基盤はその流通ハブのような役割を担う。各事業領域が網の目のようになり、相互にデータをやり取りすることからデータメッシュと呼ばれているが、事業の最前線で業務に携わる部門や人こそ、事業で直接必要になるデータを使いこなすべきであることからも非常に理に適った考え方と言える。

これまで中央集権型でデータ活用の推進役を担っていたＩＴ関連組織は、ＩＴ戦略の立案、マネジメント、ガバナンスなど全社的な役割に注力し、データメッシュで各事業部門がそれぞれデータ活用の責務を担うようになれば、データ活用がより事業成果の創出に貢献できるようになるだろう。

新たな職種と人材育成

データの民主化を実現し、各事業部門へデータ活用の権限を移譲するためには、データ活用に関わる人材育成と新たな職種への対応が求められる。データ関連の専門職と言えば、現在は、データサイエンティスト、データモデラー、データベースエンジニアなどが基礎的な人材であるが、今後は、例えばデータエンジニアやアナリティクスエンジニアといったハイブリッドな人材が求められる。

データエンジニアは、データの収集や調整、データ管理を担い、その情報基盤の構築・運用を主な業務としており、プログラマーとデータモデラーの能力が必要になる。データを分析するデータサイエンティストに対して必要なデータを適切な形で供給する重要な役割である。

アナリティクスエンジニアは、顧客のビジネス課題を理解するデータアナリストの能力とデータエンジニアの技術力を組み合わせた能力が必要なハイブリッドな人材であり、データをソースから移動・変換し、データアナリストや業務利用者が容易にデータ活用できるよう環境を整える重要な役割を担う。

さらに、クラウド技術の発展によりデータ活用業務にもアジリティが求められるなか、個々の役割分担による分業制ではなく、複数の役割を兼ね備えた人材がアジリティを持って取り組む組織へと変わりつつある。まずは実業務でデータを活用し、小さな成功体験を積み重ねていくことで、データをビジネス価値に変える組織文化の醸成が浸透する。

データガバナンス・リテラシーの必要性

データ活用の民主化が進むうえで、重要なのはデータガバナンスとリテラシーだ。データガバナンスの必要性の世界的な一例がクッキー規制である。サードパーティークッキーは、ユーザーの意図しない行動を追跡するため、個人情報保護およびプライバシー保護の観点から問題視されている。改正個人情報保護法でもＧＤＰＲでも、クッキーで取得した情報を特定の個人を識別する情報と紐付けて使用する場合には、本人の同意を取ることが義務付けられており、これらの課題に対応するために、個人を特定する情報をマスキングしたうえで必要なデータだけをやり取りできる共有環境データクリーンルームも注目されている。

データリテラシーでは事業部門それぞれの現場レベルでのデータ品質管理が重要になる。データ品質が低ければ、それを活用するＡＩの信頼度に影響する。ＡＩモデルは、使用するインプットデータを素直に学習することで、データの統計的な特徴を捉え、予測などのアウトプットを出力するため、データの品質そのものが悪い場合はＡＩの出力結果に悪影響を与え、判断がイレギュラーになる恐れがある。

また、「オブザーバビリティ（可観測性）」は、データ基盤の運用において、最近ニーズが高まっているシステム要件である。システムの状態に関連するすべての情報を観測・調査し、システムの稼働状況を示すパフォーマンスデータを一元化してリアルタイムに可視化し、障害発生の際に問題の特定と根本原因の発見・解決を迅速に支援する仕組みや能力のことである。

これまで説明してきたように、クラウド技術の進化によりデータを活用するための環境はある程度整ってきているが、技術の進化に対応したデータガバナンスやリテラシーの重要性は、組織的な行動や人材に依存するため、対応していくには時間のかかる課題である。今後、技術の進展の成果を最大限に生かしていくためにもこれらの視点は基礎的な事項ではあるものの、見落とされがちな課題と言える。

※1　出所："Data and AI Leadership Executive Survey 2022" New Vantage Partners (https://c6abb8db-514c-4f5b-b5a1-fc710f1e464e.filesusr.com/ugd/e5361a_2f859f3457f24cff9b2f8a2bf54f82b7.pdf)
※2　なおデータ活用においても、いわゆるレポーティングのための集計作業を削減できるという効果は定量化しやすいが、それはデータ活用の本質的な目的ではない。
※3　ただし、データ販売ビジネスを行う場合はこの限りではない。
※4　コラム「アナリティクスに基づく意思決定プロセス」を参照されたい。

【コラム】アナリティクスに基づく意思決定プロセス

データ分析（アナリティクス）の本質は、「意思決定（ディシジョン）」という極めてシンプルな概念である。意思決定は、ビジネスマネジャーが成果を上げるために最も重要なツールの1つでありながら、必ずしも十分に理解されているとは言いがたい。そして、意思決定の質はビジネスの成功に直結するが、一方で良い意思決定をすることはかつてなく難しくなっている。なぜなら、ビジネスマネジャーは膨大な情報を扱う必要があり、彼らにとって、これらの氾濫する情報を人間やAIが実行できる意思決定に落とし込むことが新たな課題となっているからである。

良い意思決定のためには、ただ情報を精製加工していくだけでは十分でなく、質の高い意思決定を阻む「意思決定疲れ」や「認知バイアス」といったいくつかの課題（詳しくは後述する）を乗り越える必要がある。データドリブンが定着していない企業においては多くの場合、意思決定を経営者自身の直感や「勘」に頼っていることが多いが、このような意思決定には往々にして欠陥が内包されやすく、特に「認知バイアス」が情報の選択を歪めてしまいやすい。ここで言う認知バイアスとは、本人の好みや信条が影響することで一般的・客観的な判断が歪んでしまうことを指している。例えばその一種である確証バイアスとは、自分自身がすでに持っている意見や考えと一致する情報を優先して探してしまう傾向を言う。このようなバイアスが、意思決定を歪め、誤った選択を生み出してしまうことになる。

認知バイアスは意思決定を歪め、誤った選択を誘発する。次のセクションでは主な認知バイアスについて説明する。

選択肢過多

多くの人が経験している認知バイアスは、選択肢が多すぎると意思決定が難しくなるという「選択肢過多」である。「ジャムの法則」というシーナ・アイエンガー教授の有名な研究があり、販売されているジャムの数が購買行動に与える影響を調査した。実験ではスーパーマーケットにジャムの試食販売のブースを2つ設け、一方は24種類、もう一方は6種類のジャムを用意した。その結果、客の60％が24種類のジャムのあるブースに立ち寄り試食をしたが、購入したのはそのうちわずか3％だった。一方で、6種類のブースには40％の客が試食

をし に立ち寄り、うち30%が購入した。この研究結果は、考えうるあらゆる選択肢のなかから選択をするよりも、選ばれる可能性のある限定されたいくつかの選択肢から選択するほうが、ビジネスにおいては良い結果が得られるということを示唆している。

プロスペクト理論

良い意思決定を阻害する要因として「意思決定の経済性（損得勘定）」がある。1979年にダニエル・カーネマンとエイモス・トベルスキーによって提唱されたプロスペクト理論は、損得の不確実性がある時の意思決定モデルであり、人は損失と利得に関して合理的に意思決定することが難しいというものである。プロスペクト理論の1つに「損失回避性」があり、「条件が等しい場合、たとえ最終的な結果が同じであっても、利得よりも損失を過大に評価する」という性質である。

例えば、単純に100ドルを与えられる状況と、200ドルを与えられて100ドルを失う状況では、どちらも100ドルを得られ利得は等しいが、後者は100ドルの損失が好ましくないと認識される。このような「損失」に対する過大評価は合理的な意思決定の妨げとなる。

ノイズと決断疲れ

日常生活や日々の精神状態が意思決定に影響することがある。ダニエル・カーネマン、オリヴィエ・シボニー、キャス・R・サンスティーンは、彼らが執筆した記事「ノイズ：意思決定のばらつきへの対処」のなかで、日常生活の問題が意思決定に及ぼす影響について論じている。

意思決定はその時の気分や空腹状態、天候などに強く影響を受ける。これらの要因による判断のばらつきを「ノイズ」と呼び、多くの企業はノイズによって多くの損失が発生していると考えられている。

専門家でも状況が異なれば、判断にばらつきが出ることが実証されている。例えば、ソフトウェア開発者にあるタスクの完了時間の想定を別々の日に2回確認したところ、1回目の確認時と2回目の確認時で平均71％も乖離があった。また病理医が生検結果の重症度を2回評価したところ、1回目と2回目の評価の相関はわずか0・61であった。

「決断疲れ」も意思決定の妨げとなる。決断疲れとは意思決定を繰り返すことによって、意思決定の質が低下することを指す。シャイ・ダンジガー、ジョナサン・レヴァヴ、リオラ・アヴナイム・ペッソは仮釈放を承認する裁判の判決を1112件調査したところ、仮釈放を承認する割合は、午前中は65％程度であったのに対し終盤には0％近くなった。これは裁判官が意思決定を繰り返したことにより判断をする脳のリソースが枯渇してしまい、質の高い意思決定ができなくなったことに起因すると考えられている。

大企業への適用

意思決定のもう1つの阻害要因として「大規模な組織への適用」がある。企業規模や組織の複雑さは意思決定の大きな障壁となり企業活動を鈍らせる。フォーチュン50のある企業でアナリティクスを統括する役員は、「意思決定において組織の巨大化は大きな障壁である」と語っており、データ分析で得たアイデアを実行するのに、各組織へ報告や調整をしているうちに1年半かかることもあると述べている。意思決定プロセスにおけるステップの多さは、意思決定の意図や内容を変化・劣化させるとともに、迅速な施策の実行を難しくさせる。

アナリティクスサイクル

良い意思決定を阻害する要因は数多くあるが、重要なことは意思決定に影響を及ぼす阻害要因を認識し、その要因に影響されていないかを自問し、良い意思決定で最適な結果を導くフレームワークを用いることである。そのフレームワークの1つに意思決定の因果関係を整理する「アナリティクスサイクル」がある。

アナリティクスサイクルは、まず組織と職務に関連性があり正確な情報を集めることから

図表4-1-5 アナリティクスサイクル

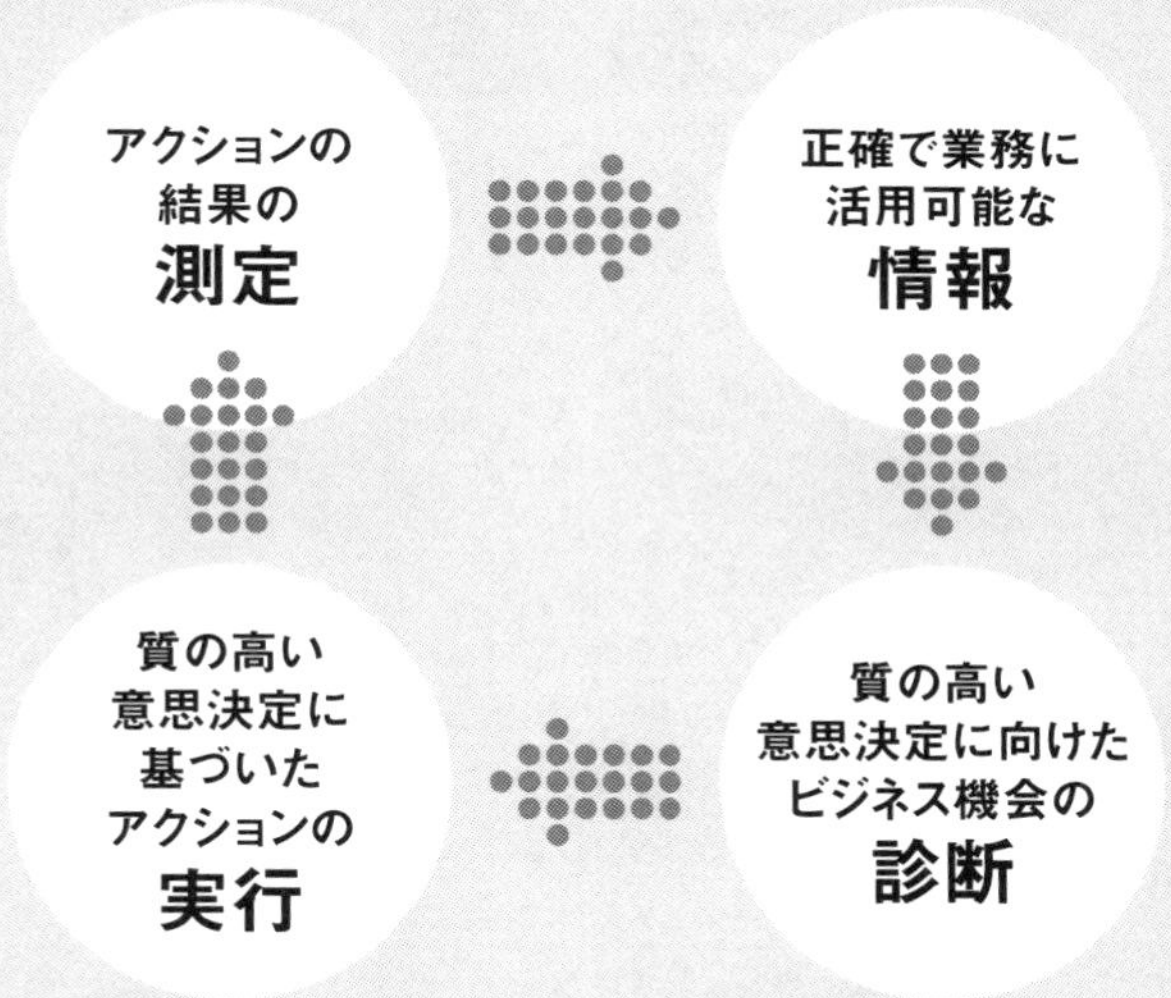

出所：著者作成

始まる。十分な情報が得られたら、ビジネス機会を診断・発見し、機会を手繰り寄せるために質の高い意思決定を行う。意思決定の質が高ければ、より質の高いアクションを実行でき、測定結果も望ましいものになる。そして測定結果は次の意思決定を検討するための情報として活用することができる。情報を集め、意思決定を行い、アクションを実行し、効果を測定し、その結果を情報として活用するという一連の流れがアナリティクスサイクルである（図表4-1-5）

アナリティクスサイクルは「情報＞診断＞実行＞測定」の4つの要素で構成され、すべての要素の基礎となるのは「データ」であり、データの質が特に重要である。

図表4-1-6 医師におけるアナリティクスサイクルの例

	医師	患者
情報	患者の健康状態はどうか？	血圧、心拍数、体重は異常なし
	どのような症状か？	発疹が出ている
	どのくらいの期間発疹が出ているのか？	2日間
	どこに発疹が出ているのか？	前腕
	どこに行って発疹が出たのか？	庭
診断	どのような発疹か？	小さい赤い斑点
	水ぶくれはあるか？	ある
	発疹や水ぶくれは深刻か？	はい
	意思決定:何に対して治療を行うのか	漆
実行	☑ステロイドの処方、薬剤師へ患者に治療法を説明するように依頼	
	☑かゆみが酷い場合、鎮痛剤を勧める	
	☑患者は治療期間の間、医師の指示に従う	
測定	☑患者は2 ～ 3日発疹と水ぶくれを見て、改善しているかを確認する	
	☑改善している場合は追加の治療は不要	
	☑5日間改善が見られない場合は、再度受診し、さらに強力な治療を行う	

問題はおそらく有毒植物にあると考えられる

有毒植物の診断・特定

出所：著者作成

アナリティクスサイクルは医師や研究者の問題解決プロセスと非常によく似た構造である。医師の場合、まず問診結果や患者の健康状態から診断を試みる。

図表4-1-6は医師の分析サイクルの例である。この例では、発疹の症状がある患者に対し、まず健康状態を確認し、発疹の原因を特定するために5つの質問を行った。その結果、発疹の真の原因は有毒植物であると判断した。

真の原因を特定した後、患者の様子や診断を行うための質問を通して医師は発疹のタイプや重症度を確認し、それらをもとに治療計画を立案する。今回のケースでは患者が処方された薬を一定期間、適切な量を塗布するという治療を選択した。アナリティクスサイクルの最後のステップである「測定」では、治療によって発疹が治癒したかを確認する。ここで改善が見られない場合は再度診断を行い、別の治療法を検討する。

この例の通り、アナリティクスサイクルの各ステップの分析は、質の高い意思決定を行うために非常に重要である。最初のステップで医師はまず問診を行い、何が問題なのかを理解し、発疹の原因の仮説を立てる。

発疹の原因が有毒植物であると特定した後、治療法を決定するために発疹の種類と重症度を診断する。これらの情報が集まることで適切な治療法を決定することができる。

このケースにおけるアクションは治療法そのものであり、医師から処方された薬を患者が適切な量、期間に塗布することである。最後に治療法の妥当性を判断するために経過を測定する。

結論

データ分析（アナリティクス）を活用することで、経営陣やマネジャーの意思決定の質を高めることができ、ビジネス成果を上げることが期待できる。データ分析を活用した意思決定プロセスは認知バイアスを軽減し、意思決定の質を向上させる最も効果的な手法である。

デジタル基盤

データ分析基盤はクラウドを最大限に活用せよ

現在のデータ活用基盤

データ活用基盤領域の代表的なトレンドは、クラウド環境の絶え間ない進化である。前述したディシジョン・インテリジェンスの実現には、大量データを処理するための高いコンピューティングリソースが必要であり、従来のオンプレミス型では予算制約などの理由で難しいケースもあった。しかし、クラウド環境の進化により高価なコンピューティングリソースを必要時に必要なだけ従量課金で利用することが可能になっており、少額で開始し効果が見込めなければ容易に中断することも可能である。導入のハードルも低くなり、データ利活用のトライ&エラーにもチャ

図表4-2-1 従来のデータ分析プラットフォームのイメージ

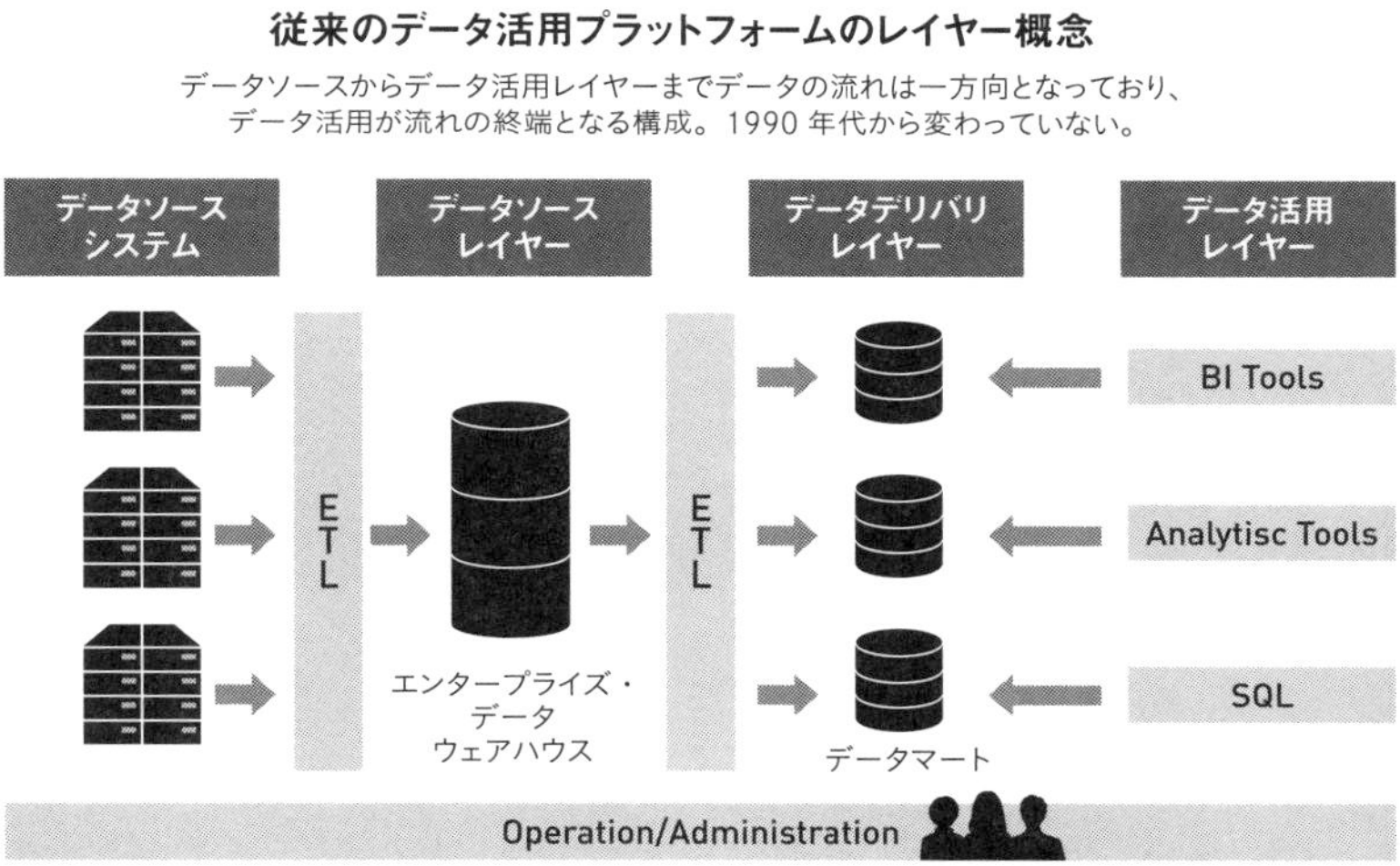

出所：筆者作成

レンジしやすい環境が整っているのだ。

一方、クラウド環境の進化で導入ハードルが低くなったことにより、企業内に様々なデータ環境が生まれたことも事実である。企業内のデータを全社で活用するための置き場所である「エンタープライズ・データウェアハウス」は、基本的に1つであるが、データ活用レイヤーまでのデータの流れが一方向となっており（図表4-2-1）、各部門で目的別に必要とするデータを選び出し、使いやすいように保存する「データマート」は、数百というレベルで存在する事態となった。この状態では、複数の環境の利用でコストがかかるうえに、データマート間でデータを突き合わせて分析することも難しい。

その課題を解決するのが、企業のクラウドを一気通貫、かつ効率的に運用できるデータ活用プラットフォームだ。これまで、クラウド環境の導入はコストメリットばかりが注目されていたが、データ活用プラットフォームの登場により、企業内だけでなく、企業間、自治体や官庁と企業間など、組織を超えて横串を通した効率的なデータ活用の可能性が広がりつつある。その1つの事例が「データシェアリング」だ。これは同一のクラウド上に、自社だけでなく共創する企業のデータウェアハウスやデータマートが配置され、容易に連携できる仕組みだ。従来、手間と時間がかかっていたデータの選別や受け渡しが迅速になるといったメリットがある。また、クラウド上に「マーケットプレイス」を設置することで、様々な企業・団体が独自のデータやアプリケーションを販売することも可能になる。

ただし、クラウドもクラウドを活用したサービスも日進月歩であり、コア技術をある程度見極めたうえで、技術の入れ替えもできるようにコンポーザブルの観点を持つ必要がある。導入したサービスがセキュリティやライセンスの関係で使えなくなることも想定し、いざという時は入れ替えられるように準備をしておきたい。

今後も求められるデータ活用基盤

今後のトレンドの1つに、MDS(Modern Data Stack)がある。これは、ELT※5データパイ

図表4-2-2 Modern Data Stackのイメージ

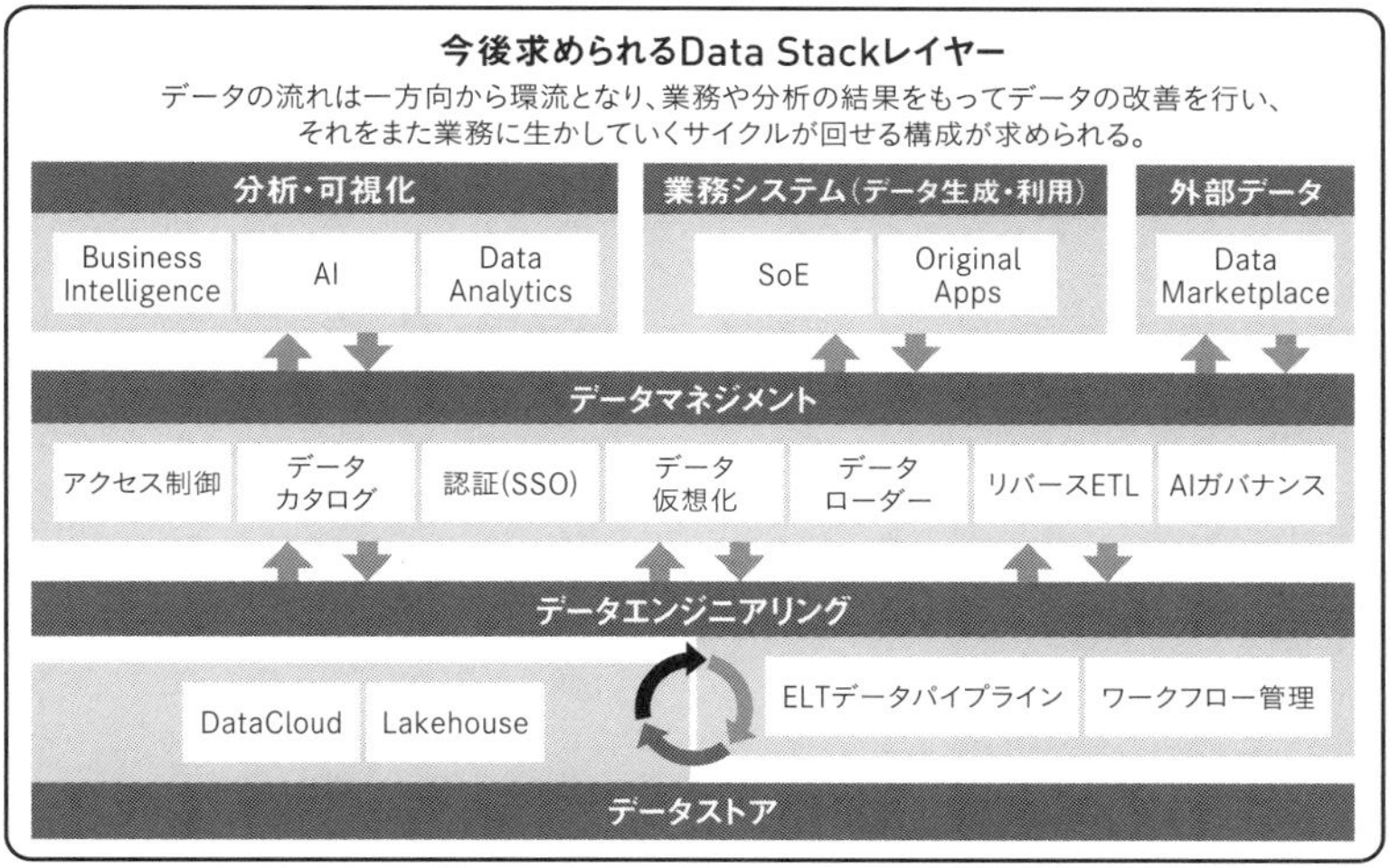

出所:著者作成

プライン、DataCloudやLakehouse、さらには、Business Intelligenceといったクラウドサービスベースのデータ活用プラットフォームで使用されるツール群のことだ(図表4-2-2)。MDSにおけるデータはクラウド上に配置され、ユーザーによる技術的な設定がほとんど必要ない。それにより、時間、コスト、労力が節約され、データアナリスト、データサイエンティスト、データエンジニアは、より価値の高い分析やデータサイエンス・プロジェクトに専念することができる。

このクラウドサービスへのトレンドを生み出したのは、クラウド技術(仮想化やオブジェクトストレージ)、アマゾンのRedshiftや、グーグルのBigQueryといったクラウド型DWHのサービス提供、そのあとに続いたSnowflakeやDatabricksといったAWS／Azure／GCPで動作する新しいソリューションであり、それらがデータストアの領域を進化させたからだ。

MDSを有効に活用するには、取り扱えるデータを増やし、データの品質を高めることでデータの価値向上をさせていくことに加え、価値向上させたデータをビジネス課題に紐付いた業務活用でのユースケースで定常運用化することでデータの価値を発揮していく、両面での取り組みが欠かせない。この両面での取り組みを継続していけば、取得可能なデータが増え、さらなるデータの価値向上にもつながる。このデータの還流を可能とするMDSというデータプラットフォームの新たなトレンドは、さらなるビジネス価値の創出を実現しやすくなる。

今後は、図表4－2－2に示すようなデータストアのレイヤーを取り囲むように、新たな技術革新やソリューションが次々と出てくるだろう。その先にあるのは、財務や人事、勤怠管理プラットフォームが存在するように、データ活用のプラットフォームも当たり前に存在する世界だ。データ活用を重視している企業で実力を発揮したいと思っているエンジニアも多く、実現すれば企業成長とテクノロジー人材の獲得にも寄与するだろう。不足するIT人材の獲得と新しい技術の組み合わせによる競争力強化は、企業の持続的成長のための経営課題と言える。

※5　ここでは、ELTの場合は、データを保存してからデータベース内で変換処理を行うため、ETLと変換処理を行う順番が異なるという意図で、通常のETLとELTを分けて使っている。

AI　生成AIがつくり出すかつてないパラダイム

AIのあり方を変える生成AI誕生の背景

生成AIが誕生する技術的転換点となったのは、「基盤モデル（Foundation Model）」の登場だろう。これは、インターネットから膨大なデータセットを学習し、様々なタスクに適用することができる大規模AIモデルである。従来のAIは、ある特定のタスク、例えば翻訳というタスクに対応するためにデータを学習するというアプローチを取っていた。これに対して、基盤モデルは、テキスト、画像、音声、エクセルなど、多様なデータを一元管理して学習が可能であり、特定のタスクにとどまらず、質問応答やSNSの感情分析、情報抽出、画像キャプション生成など、様々なタスクに対応できる。

図表4-3-1 基盤モデルは単一のモデルで様々なタスクに対応できる

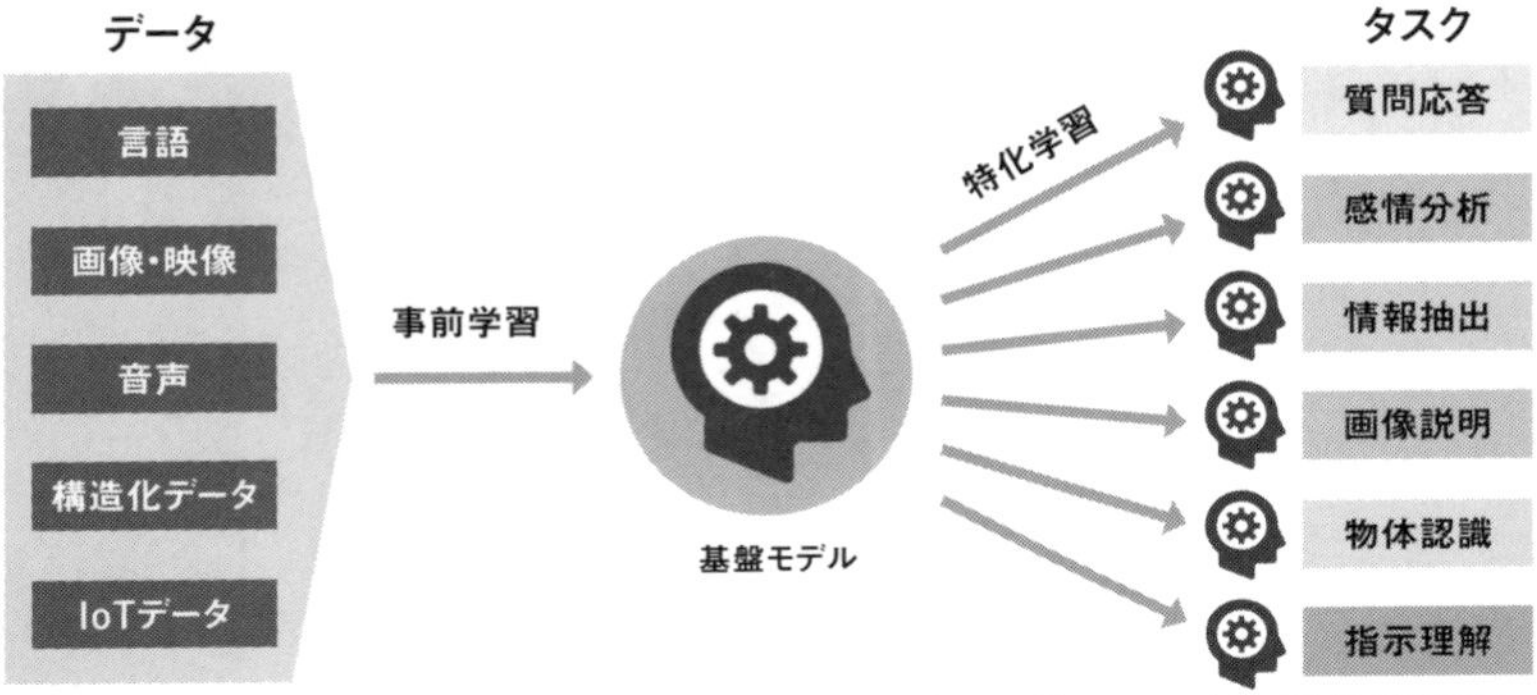

出所：On the Opportunities and Risks of Foundation Models（https://arxiv.org/abs/2108.07258）をもとにNTTデータ作成

基盤モデルの研究は言語領域が先行しており、一般にＬＬＭ（大規模言語モデル）と呼ばれている。飛躍の転換点となったのは、２０１７年にグーグルの研究者によって発表された深層学習モデル「トランスフォーマー」と、その技術を活用して２０１８年に発表された大規模言語モデルである「ＢＥＲＴ」の登場だ。「トランスフォーマー」はある情報がインプットされた時に次にどんな情報をアウトプットすべきかを推論し、答えを生成する系列変換と呼ばれるモデルの一種である。特徴としては、これまで困難だった長文への対応と学習の高速化を実現したことが挙げられ、後述するモデルにも大きな影響を与えた。「ＢＥＲＴ」は、様々なタスクに対する汎用性の高さから、大規模言語モデルへ可能性を提示した。その後、２０２０年にはオープンＡＩがＧＰＴ３を発表し、この時点では基盤モデルという言葉はなかったが、２０２１年にスタンフォード大学の「人中心ＡＩ研究所（ＨＡＩ：Human-

Centered AI Institute）が、これらの大規模ＡＩモデルを基盤モデルという名称で呼び始め広まることになった。昨今話題の「ＣｈａｔＧＰＴ」や「Ｂａｒｄ」といった生成ＡＩも、この基盤モデルをベースにしたものである。

ビジネス観点でＣｈａｔＧＰＴが世間の注目を集めた理由は2つある。1つは、「汎用的な知能を有していること」であり、特定業務にフィットさせて実用性を探っていた「ＡＩの壁」を乗り越え、追加学習なしでも期待感のある質問応答が可能になったことである。もう1つは、自然言語での対話インタフェースを有していることだ。これにより技術に詳しくなくともＡＩを試せるという効果が生まれた。

現在、ビジネスで活用されているＡＩは特化型ＡＩと呼ばれており、専門知識を持つ人材が特定業務（ユースケース）に合わせてＡＩシステムを構築するのが一般的だ。この特化型ＡＩを活用したビジネスを、生成ＡＩが揺さぶることになる。特化型ＡＩは、オペレーション領域におけるユースケースの精度向上に活用されており、例えば、需要・売上予測、与信・審査、異常検知などのソリューションに、特化型ＡＩが使われるケースは珍しくない。この一部を、専門知識がなくとも使える生成ＡＩに置き換える動きがすでに始まっている。誰もがＡＩをビジネスに活用できる時代が訪れつつあるのだ。

そこで注目されているのが「参照型生成ＡＩ」（図表4-3-2）である。これは、既存のＬＬＭを使うものの、それに対して追加学習は行わず、特定分野の知識を収納したデータベースを参照して連携させる。これによって、追加学習のコストや時間をかけずに柔軟性と信頼性を高めてい

図表4-3-2 生成AIの実装方法による違い

参照型モデルが注目を集めている。
知能(LLM)と知識(文書)が分離されていることによる、柔軟性と信頼性が強みである。

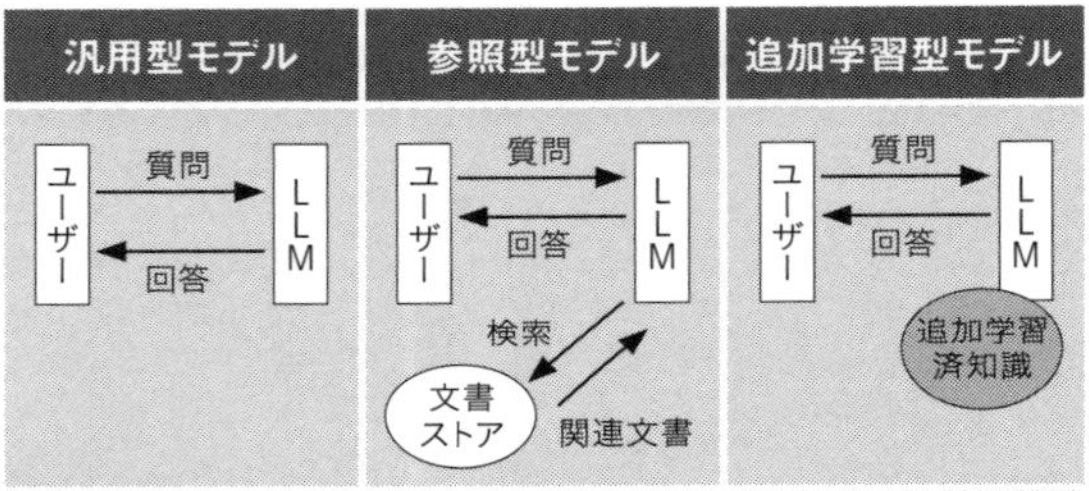

		汎用型モデル	参照型モデル	追加学習型モデル
性能	社内知識の回答精度	△	○	○～◎
構築難易度	システム構築の簡単さ	○	○	○
	モデル構築の簡単さ	○	○	×
柔軟性	モデル差し替えの簡単さ	○	○	×
	データ差し替えの簡単さ	-	○	×
信頼性	説明可能性(回答根拠の提示)	×	○	×

出所：筆者作成

く。

具体的には、大規模言語モデルと文書読解技術を組み合わせ適宜必要な文書を参照させることで、大規模言語モデルが特化した知識を活用した受け答えができるようにするというものだ。これに加えて生成した文章の解答根拠となったデータを明示することもでき、ハルシネーション（AIの幻覚）の抑制を期待できるという効果もある。

AIの普及した環境での企業経営における「人の役割」とは

AIが浸透するなか、企業における人の役割は、人にしかできないことと、人とAIとの協業でさらに価値を上げることに集中すべきだ。

人にしかできないこととは、介護など肉体を使った作業、合理的に割り切れない部分での意思を持ったディレクション、結果に対するレビューや責任を負うこと、AIを進化させ刺激を与えることだ。ディレクションやレビュー、責任に関して人が持つべきスキルは、AIがもたらす様々な情報や示唆を冷静に見極め、総合的に判断する能力だ。

また、特化型生成AIが法務や人事などに特化した判断を提案した時に、その判断が人の感覚として妥当かどうかを見極めるための個別領域に精通した専門性が重要になってくる。

AIを進化させる刺激は、アナログ世界に身を晒し実体験している人にしか与えることはできない。潜在変数の多い実世界では必ずしもすべてを認知、データ化できていないため、人が介在しその間を埋める必要性がある。さらに、AIの判断は統計的に確率がもっともらしいほうへ寄ってしまい、確率が低いほうを考慮しないため、人が独創的な関与をすることでAIに対して刺激を与え、陳腐化を防ぐことも、人の重要な役割である。

人とAIとの協業は、人がAIとの協業により相互作用をどこまで受容するかによって新たな価値を創出することができる。人とＡＩの間に明確な境界線があり戦略的な分業を取る場合と、人とＡＩの両者を深く融合させる場合など、人とＡＩの協業を分業や融合といったレベルで考えて、価値を上げていくことが重要である。

ＡＩが抱える3つの課題

これまで述べてきたことからも、生成ＡＩは生活やビジネスを大きく変える可能性を感じさせるが、一方で課題も指摘されている。ここでは代表的な課題を取り上げてみたい。

1点目は、ハルシネーション（ＡＩの幻覚）と呼ばれる現象だ。生成ＡＩには「次に何が来るか？」を推論する技術が使われている。ＣｈａｔＧＰＴの動作原理を極めて単純化すると、インターネット上にある膨大なデータを学習、与えられた質問に対して確率的にもっともらしい表現を順次生成（回答）しているだけであり、ＡＩ自体が真偽の判断を行っているわけではない。そのため、もし学習した情報のなかに完全にマッチする情報がなかった時には、知っている情報からできるだけ質問に沿うような回答をつくり出してしまう。むろん、この答えは間違っている。

2点目は回答の不適切性に関する課題だ。現時点の生成ＡＩはあくまで教え込まれた情報の範囲内で推論を行う仕組みだ。そのため与えられた情報内に何かしらの偏りや欠損があった場合、それを反映した動作をすることとなる。これには「データポイズニング」と呼ばれる、悪意を持った第三者が狙ってデータを改竄するなどして間接的にAIを攻撃するというようなケースや、AIが生成したデータを繰り返し学習に使うことで学習データに情報の広がりがなくなっていき、AIの判断能力が落ちてしまうようなケースが含まれる。同様に偽の情報をもとにした回答を企業がサービスとして提供した場合、生成AIがそれを学習してしまい、顧客に損害を与える可能性もある。

3点目は、著作権の問題だ。インターネット上にある利用許諾を得ていないデータを学習に用いることで、権利を侵害したり、著作権を主張できなかったりする恐れがある。生成AIをビジネスで活用するためには、各国での法規制に加えて、倫理・社会受容性への継続的な配慮が欠かせない。生成AIを活用したビジネス価値創出には、これら3つの課題を理解しリスクをヘッジした形で利用することが必要となる。

AIを活用した仕事の未来
――IFTFとの共同研究より

本項では、NTTデータ経営研究所と米国パロアルトの未来研究所（IFTF[※6]）で実施した

「AIを活用した仕事の未来」の共同研究のサマリについて紹介したい。

既存の技術能力

現在の技術能力は、テキスト、画像、音声、ビデオなどの複数ソースから情報を理解し生成する「マルチモーダル処理により生成するAI」と、学習データセットを介して現実世界をモデル化し、ナレッジ統合により推論を展開し計画立案する「ナレッジ統合により推論するAI」の2つのカテゴリーに大別できる。

①マルチモーダル処理により生成するAI

(1) テキスト要約：記事やウェブサイトの要約をすること
(2) テキスト生成：特定の内容とスタイルで記事やエッセイを書くこと
(3) ナレッジへのアクセスと統合：ウェブ検索を使うのではなく、アプリを使って特定の情報を要求すること
(4) 言語翻訳：記事や会話の翻訳
(5) 画像認識と分類：一連の画像を分析して、人、動物、または物体を見つけること
(6) マルチメディア生成：特定の内容やスタイルのイラストを作成すること
(7) 現実世界のセンシングと相互作用：倉庫ロボットを配備し、物をピッキングして分類すること

(8) ソフトウェアコーディング：ウェブサイトのプログラミングを促すこと

②ナレッジ統合により推論するＡＩ

(1) 全体像のマッピング：テキストや画像から物体の物理的な関係や相互作用を理解すること
(2) ナレッジ統合：様々な領域や情報源からの情報を取り入れること
(3) 専門化と展開：幅広い知識のパターンを特定の仕事に使うこと
(4) 汎化：モデルのトレーニング中に見られなかったタスクに特定の知識を適用すること
(5) 発散的思考：可能性を探り、斬新なアイデアを生み出し、可能な問題解決策を特定すること
(6) 推論：ルールから結論を評価・論理すること、入手可能な情報から結論を導き出すこと、不完全な情報に基づいて仮説を立てること
(7) 計画立案：計画や代替案を作成し、その結果を評価し、最も適切な計画を選択すること

5年後の新たな技術能力

ＡＩの進化を完全に予測することは難しいが、5年後の進化は抽象度を上げることである程度は予測可能であり、5年後のＡＩを活用した仕事の予測の基礎となる。

①汎用的な知識から具体的なソリューションへ

検証された専門化された知識ベースをユーザー向けにカスタマイズし、ユーザーに具体的に提供できるカスタムソリューションをつくれるようになる。このようなカスタムモデルは、関連性の高いデータセットを用いてより効率的に学習され、あまり高性能ではないコンピューティング・デバイスでも実行可能となる。

②単一の大規模モデルからモデル同士の協調関係へ

大規模基盤モデルは存在し続けるが、ユーザーは大規模基盤モデルのみに依存することは少なくなり、目標を達成するために複数の大小のモデルを統合し、モデル同士の協調関係を巧みに活用できるようになる。

③静的な独立モデルから動的な連携モデルへ

センサーやアクチュエーターを通して、あるいは他のＡＩシステムやソフトウェアシステムとの相互作用によって、より直接的に連携されるようになる。そのため、ＡＩシステムはモデルを動的に更新できるようになる。

④固定的なインタフェースからその場の状況に応じた体験へ

会話型ＵＩという現在の支配的なパラダイムよりも豊かな方法でインタラクションするように設計される。より多様なメディアを取り込み出力することが可能となり、目の前のタスクに適した音声、画像、テキストなどのＵＩをリアルタイムで動的に生成することができるようになる。

⑤単なる応答から自律的エージェントへ

高レベルの指示を理解し意思決定を行い、指定された目標を達成するために自律的に相互作用するようになる。このようなエージェント・システムは、人間の協力者のような存在になる。

AIを活用した5年後の仕事と組織の予測

新たな技術能力から導出された、汎化、パートナーシップ、オーケストレーション、ディスカバリー、スチュワードシップ、といった仕事と組織の5つの予測に対し、それぞれが最も顕著に現れるビジネス機能を説明する。

①汎化：社員の多能工を支援するAIスペシャリスト

今後5年間で社員はさらにAIを活用し、オーダーメイドの情報やアドバイスを得られるようになる。汎用的な知識から具体的なソリューションへの技術能力がこのシフトを実現する。組織は、大規模なデータセットで訓練され一般化されたAIモデルの使用を、より小規模なデータセットで訓練され特殊化されたAIモデルで補完するようになる。このように独自のデータでアルゴリズムを訓練することで、事業活動に最適化されたAIスペシャリストを開発できる。

このシフトは、マーケティングやセールスのようなインサイトに依存するビジネス機能において特に関連性が高まる。例えば、嗜好や過去の行動を含む顧客データで学習されたAIモデルを導入することにより、営業やマーケティング部門に特殊な顧客インサイトや推奨事項を提供でき

図表4-3-3　5つの予測と最も顕著に現れるビジネス機能

新たな技術能力	仕事と組織の5つの予測		最も顕著に現れるビジネス機能				
			マーケティングとセールス	カスタマーサービス	業務とオペレーション	研究開発とイノベーション	戦略とリーダーシップ
汎用的な知識から具体的なソリューションへ	1. 汎化	社員の多能工を支援するAIスペシャリスト	✓				
単一の大規模モデルからモデル同士の協調関係へ	2. パートナーシップ	複数モデルの協調による新たな価値の創出		✓			
静的な独立モデルから動的な連携モデルへ	3. オーケストレーション	自律的エージェントが可能とする新たなマネジメント			✓		
固定的なインタフェースからその場の状況に応じた体験へ	4. ディスカバリー	AIが拡張する探索能力				✓	
単なる応答から自律的エージェントへ	5. スチュワードシップ	AIをパートナーとした新たなリーダーシップ					✓

出所：筆者作成

る。マーケティングやセールスでは、特化したＡＩモデルを導入することで組織のサイロを取り払い、より迅速で競争力のある活動が可能となる。

②パートナーシップ：複数モデルの協調による新たな価値の創出

単一の大規模モデルからモデル同士の協調関係への転換と自律的エージェントの創出などの新たな技術能力は、カスタマージャーニーのなかで自動化されたインタラクションやタッチポイントによって新たなサービスを創造する。ＡＩアシスタントやボットは、プロジェクト管理、ヘルスケア治療のナビゲートなど、様々な体験を人間へ提供する。人間の意図、価値観、好みによってプログラムされたＡＩ対応ジャーニーは、機械の効率性と人間中心の意思決定のシームレスな融合を生み出す。

このシフトは、カスタマーサービスなどの領域で展開される。企業は、自律型デジタル店舗、配送ロボット、カスタマーサービスボットなど、多くの種類の自律型エージェントをカスタマージャーニー全体で活用できるようになる。消費者にとっては、あらゆる場面で、よりオーダーメイドで効率的な体験ができるようになる。こうしたＡＩアシスタントの役割は、パーソナライズされた情報を整理・共有し、個人のニーズや嗜好に基づいて信頼できるレコメンドを提供する。さらに、このシフトはカスタマーサービス部門にとって、共感と創造性を必要とする役割へと価値を向上でき、自らの役割を再定義する機会でもある。例えば、潜在ニーズを特定し、パーソナライズされたソリューションを創造し、顧客にサービスを提供することで、顧客から信頼されるパートナーになることができる。このようなシフトは、組織全体として、価値創造と成長の新たな機会を模索するのに役立つだろう。

③オーケストレーション：自律的エージェントが可能とする新たなマネジメント

ＡＩモデルは質問に対する単なる応答から自律的エージェントへ移行し、デジタルサービスが「インターネット・オブ・アクション」となる時代が到来し、単なる情報提供から自律的なタスク実行へとシフトする。これにより、人間対人間、機械対機械の相互作用のバランスを取りながら、意思決定を行う新たなフレームワークが必要となる。

特に影響を受けるのは、業務とオペレーションである。これらの高度なＡＩシステムは、人間の専門家の監視のもとで、受注管理、販売管理、在庫管理、品質管理など、様々なタスクを自律的に管理できるようになる。膨大な量のデータをリアルタイムで処理するＡＩの能力により、迅速な意思決定、非効率性の特定、将来の課題予測が可能になり、業務効率が大幅に向上する。

業務とオペレーション専門家は、ＡＩシステムを監督する方法を身につけ、ＡＩシステムが企業の戦略目標や業務基準に沿ったタスクを実行するようにする必要がある。組織にとっての影響は、特に日常業務における敏捷性と効率の大幅な向上である。これにより、より迅速な意思決定と業務の合理化が可能になる。しかし、こうしたメリットと同時に、ＡＩにオペレーション業務を引き継ぐことで雇用が奪われるリスクもある。

④ディスカバリー：ＡＩが拡張する探索能力

データセットの規模と複雑性が拡大し、技術能力が単一の大規模モデルからモデルの協調関係へと進歩するにつれて、組織はＡＩと人間のコラボレーションによる発見とイノベーションの新しいパラダイムを受け入れるようになる。ＡＩモデルは、研究・開発・イノベーションチームの中心的存在となり、インスピレーションのためのツールとしてだけでなく、不可欠なパートナーとして活用されるようになる。

これらのＡＩシステムは、論文や特許、実験データに至るまで、膨大なデータの配列を掘り下げる可能性探索として機能する。その役割は、新たなテクノロジーや未開拓のイノベーションの機会を特定し、かつてないスピードと深さで広範な可能性空間をスキャンしてマッピングすることである。このＡＩの力による発散は、画期的な発見と、数多くの革新的なコンセプトやソリューション創出の舞台となる。ＡＩシステムは、人間の能力を拡張・強化し、より幅広い可能性の探求を可能にする。複雑な社会的、文化的、倫理的側面を理解する人間の洞察力が、これらの可能性を実現可能でインパクトのあるイノベーションに収束させる。

ＡＩシステムが可能性の限界を広げる一方で、人間の専門家が本質的な文脈、判断力、価値観に基づく集中力を提供する。ＡＩによる発散と、人間による収束のこのプロセスは、創造的なソリューションを必要としている世界に対して、より多くの価値を提供するのに役立つ。

⑤スチュワードシップ：ＡＩをパートナーとした新たなリーダーシップ

汎用的な知識から具体的なソリューションへと、単一の大規模モデルからモデル同士の協調関係への新たな技術能力は、２０２０年代後半までには、発散的思考、推論、ナレッジ統合に関するＡＩシステムの能力を大幅に拡大するであろう。これらの能力に基づいて、組織のリーダーシップはＡＩと深く絡み合い、戦略とリーダーシップの本質を根本的に変えるだろう。

人間とＡＩからなるハイブリッドチームにおけるリーダーの重要な役割は、人間とＡＩのチームメンバー間の効果的なコラボレーションを促進することである。これには、ＡＩシステムが人間のスキルを補完し、ＡＩがデータ主導のタスクを処理し、人間が感情的知性、創造性、倫理的判断に集中するという共生関係を可能にすることも含まれる。一方、リーダーである人間は、複雑なシミュレーションの実行や、競合分析といった重要な機能についてもＡＩを活用し、複数のシナリオとその影響を探ることができるようになる。これらのＡＩツールは、組織固有およびリーダー固有の特性に基づいてインサイトを提供する高度な壁打ちパートナーとして機能する。

このようなリーダーシップの強化は、より想像力に富み、適応力のある戦略的意思決定をもたらす。リーダーは、人間の価値観、倫理観、幸福感に焦点を当てながら、生産性を高める形でＡＩを労働力に統合するうえで極めて重要な役割を果たすだろう。

※6 IFTF: Institute for the Future: https://www.iftf.org/

数理科学

AIでは解決ができない「数理モデル」

AIで活用される(機械学習ではない)数理科学技術のこれまでとこれから

数理科学技術の活用には、大きく3つの用途がある。

・次の手を考えるための現状把握・理解
・効果を測る課題解決のシミュレーション
・価値を生み出す課題解決の実施（AI化）

AIと言うと、統計・機械学習という言葉を連想するが、実際、前述の用途においても、統計・機械学習はどの段階でも活用されており、その有効性は否定しない。しかし、その先を考えた時、それだけではわからない、解決できない問題に対して、どう対応していくか、考えたことはあるだろうか。

実は、世で騒がれている新技術以外にも、これからのＡＩ活用においてポイントとなる技術がある。それは意外と古くからの技術であったり、うまい組み合わせによるものだったり、とにかく大規模化したものだったりする（もちろんそれらを実現すること自体が新しい技術であったりはする）。例えば、古典的な方法である数理最適化は、昨今の課題解決の解を出すことに大いに役立つ。また仮説を検証するためのシミュレーションも、かなり古くから一部の業界では活用されていた。また、40年近く前から考案されていたベイジアンネットワークは、因果関係をモデル化したものであり、現代のような不確定な状況を表現するのに最も適している。

技術が発展する前は、データ収集の困難性や、ハードウェアの処理限界から、大規模データを扱うことは困難だったため、一部のデータを扱うことで全体を知るための統計的手法が重宝された。現在はハードウェアの進化に伴い、全体を網羅するであろう大規模データを扱うことが可能となり、機械学習の技術が多用されることとなった。精度向上のためには、できる限り多くのデータを集めることが必要になってきている。

しかし、データを集めてそれを統計や機械学習のモデルに当てはめればよいだけの時代は終わりつつある。もちろん、従来の方法が有効なケースは存在するが、統計的手法のようなデータの要約や、一般的な機械学習の手法のような手元に収集したデータの傾向のみから予測を行う手法だけを頼りに、データの分析を積み上げることにはリスクがある。

本節では、多くの情報が流通している新しい技術トピックではなく、古くから存在しているものの、いまの時代だからこそ不確定な未来を見据えるために、より必要とされていく技術を中心にその発展について紹介する。

「因果」と「不確実性」をモデリングするベイジアンネットワーク

一般的な機械学習の手法は、過去の傾向から結論を出すことができても、なぜそれがそうなのか、という因果関係を見つけることは困難である。つまり、収集したデータがそうだからそうである、という帰納法的な結論にしかならない。

先に述べたように、集めたデータの過去の傾向からのみで将来を見通すことは容易ではない。なぜそうなったのか、原因はどこにあるのか、どこかで何かが起こった時（起こらなかった時）に他で何が起こるのか（起こらないのか）、といった因果を考えることが重要である。これらを把握したうえで、課題解決に向き合わないと、過去発生した事象に近い状況や、補間可能な範囲の違いにしか対応できない。それまでに起きたこととは異なる世界を見つけることができないのである。例えば、歯磨き粉を買った顧客１００人のうち、30人は歯ブラシを買うという相関関係

図表4-4-1 チョコレートの消費量とノーベル賞受賞者数との関係

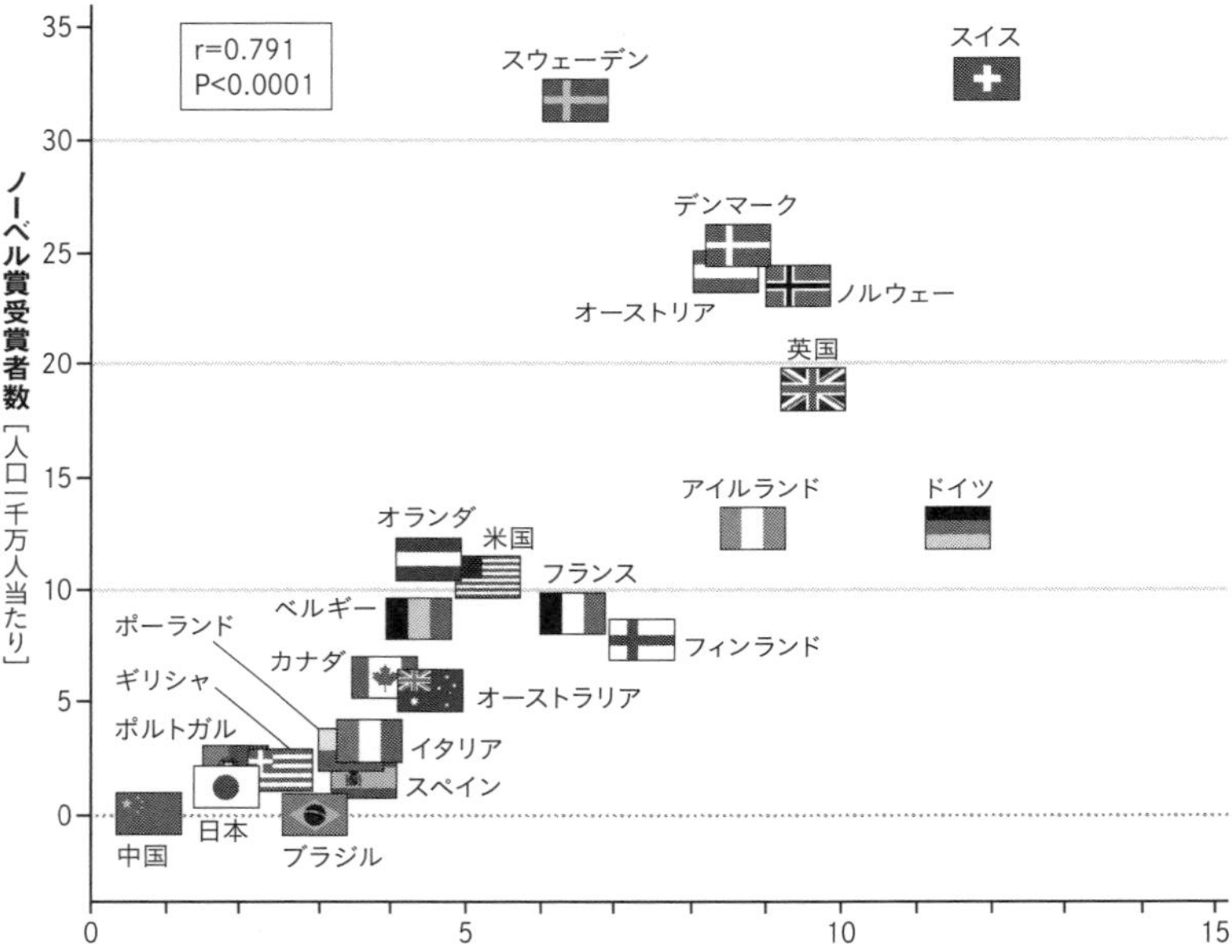

出所：https://utw10426.utweb.utexas.edu/quest/Q7/choco.pdf　をもとに筆者作成

の事象がわかったとする。歯ブラシの、歯磨き粉との併売率は30%であり、歯磨き粉を買う人を増やせば歯ブラシも一緒に売れるということに違和感はない。

因果と相関の違い

しかし、相関には疑似相関と呼ばれる現象により、誤った結論を導き出すことがある点を忘れてはならない。例えば、チョコレートの消費量とノーベル賞受賞者数は相関関係があるという事実があるが、果たして「チョコレートの消費量を多くするとノーベル賞受賞者数が増える」と言ってよいのだろうか。

これには多くの人が違和感を覚えるだろう。これこそ疑似相関である。実際には「国の豊かさ」という背景があり、それが要因となって、チョコレートの消費量とノーベル賞受賞者数が増えるというのであれば、納得がいく（このような背景要因を専門用語では「交絡因子」という）。つまり、チョコレートの消費量がノーベル賞受賞者数に影響しているわけではなく、両者には因果関係が存在しないのである。

この、「因果関係」を考えずに、データの相関関係のみから物事を考える世界はすでに限界が来ている。もちろん、相関が「因果」を表現する場合もあり、その場合にはデータの相関による構造のみをもとにした予測モデルを用いた分析も有効である。しかし、そこに「因果がある」と認められない場合には、どんなにあがいても良い結果にはならない。

因果関係を表現可能なベイジアンネットワーク

では、因果を考えるために、先のチョコレートの消費量の問題において、「国の豊かさ」という変数を入れてモデルを作ったとする。しかしそれでも結局チョコレートの消費量とノーベル賞受賞者数の相関関係が消えるわけではない。さらに、背景要因は他にも考えることができ、例えば工業の発展が影響したりするとしたらどうだろう。もちろん工業の発展具合は国の豊かさにも影響する。これらがそれぞれ影響し合うことで、結果的にノーベル賞受賞者数が決まってくるとしたら、それはもう相関をベースとした予測モデルでは表現できない。こういった変数間の因果

図表4-4-2 因果関係を矢印で表現したベイジアンネットワーク

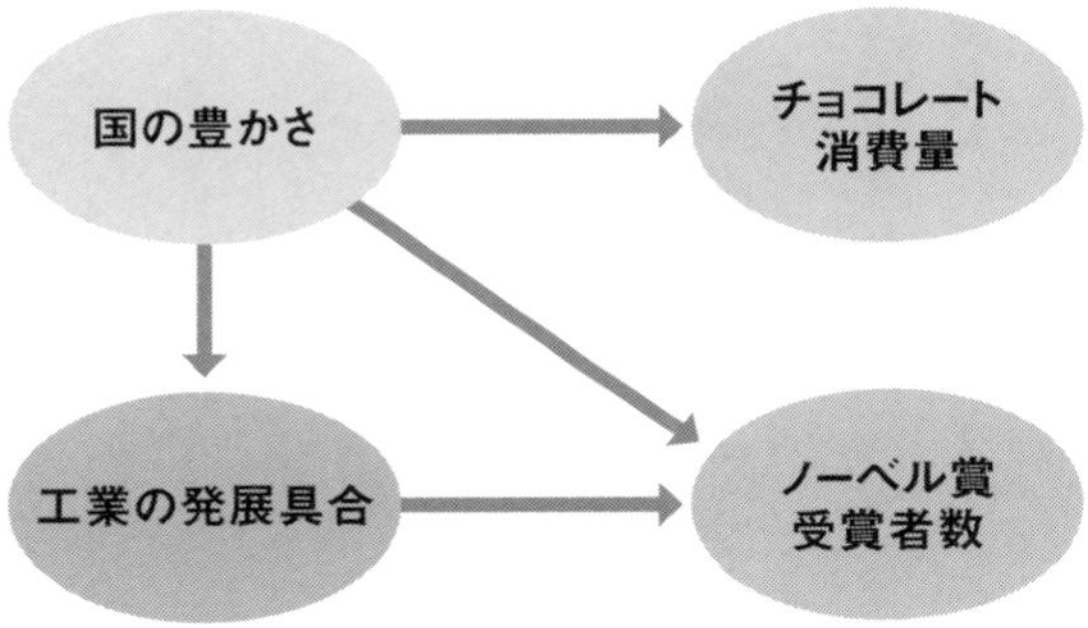

出所：筆者作成

関係をモデルとして表現する方法として、ベイジアンネットワークという考え方がある。

ベイジアンネットワークは、『因果推論の科学』（文藝春秋、2022年）の著者でもあるジューディア・パール氏が1985年に考案、2014年のマレーシア航空機事故では、その犠牲者の遺体特定に多いに貢献した。その利点は、因果を考え、複雑な影響を加味した不確実性を表現できるという点である（正確にはこのネットワークの矢印は、因果関係そのものを表すのではなく、ある仮説に基づく検証結果、つまり、ある条件のもとでの発生確率の伝搬を表すが、それを因果関係と考えるとわかりやすいため、そのように表現している）。

当然のことながら、データのみから「因果」を抽出することは非常に困難である（『因果推論の科学』のなかでジューディア・パール氏は「データのみから因果を抽出することは不可能」と述べている）。データからは「因果かもしれない」という情報が得られるのみである。そのため、因果となりうるか影響を及ぼす因子となりうる

図表4-4-3 BayoLinkSにより出力されたネットワークの概略図

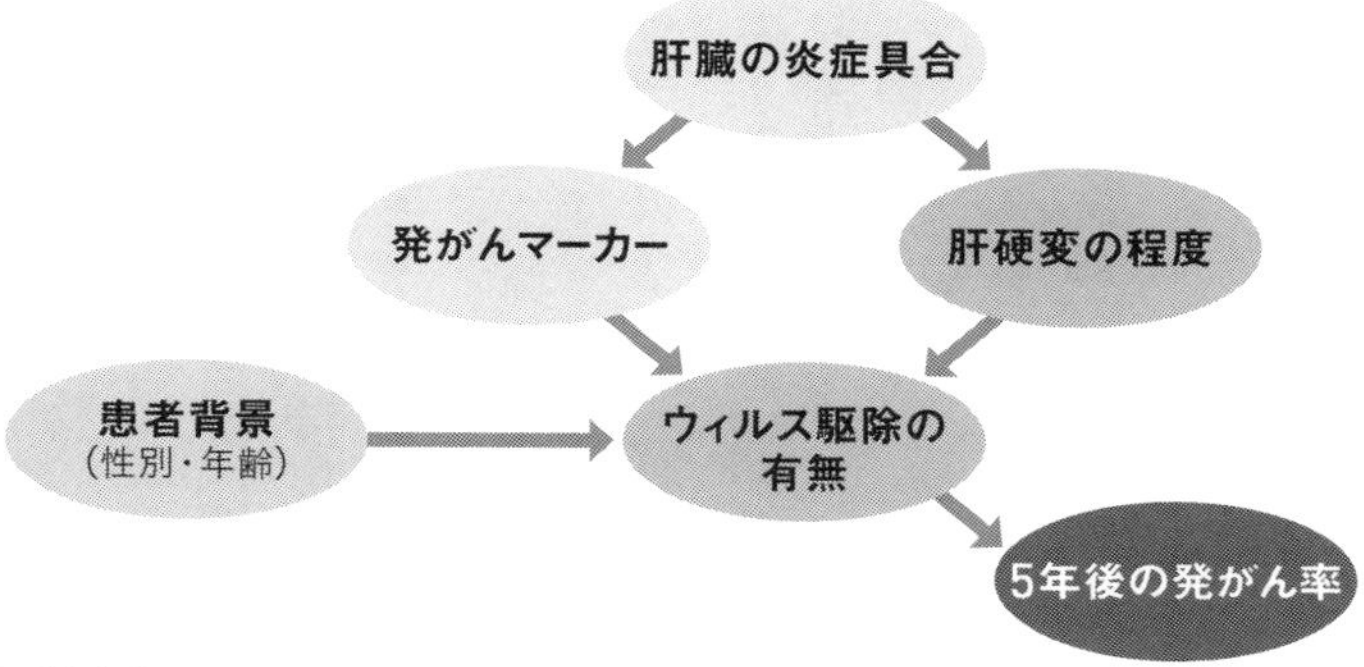

出所：筆者作成

かについては、人の知見を反映させることが必要である。逆に言えば、人の知見を反映させることでデータからしか見えない世界のモデルを、より現実世界に近づけた「因果」を加味したモデルに昇華させることができるのである。NTTデータ数理システムのベイジアンネットワークツール「BayoLinkS」では、影響を及ぼすと想定される変数同士の親子関係を定義することにより、データからの基本構造抽出の際に、因果関係を考慮した構造を抽出、図示し、視覚的に構造を理解することができる。データ分析において、モデルの構造そのものを見ることができること、つまり、なぜそれが起こっているのかを理解することができる（ホワイトボックス）というのは、結果に対する納得性を向上させるために、非常に大きな要素である。

また、ベイジアンネットワークは、単に予測したい値を求める一般的な予測モデルとは異なり、結果から原因の可能性を探ることも可能である。ノーベル賞受賞者数を、国の豊かさや工業の発展具合から予測することはもちろん可能だが、ノーベル賞受賞者数とチョコレート消費量がわかった場合に、国の豊かさや工業の発展具合を推論することも可能なのである。これはつまり、不確定な情報が多いなかでも、判明している情報から他の要素を判断する、または、状況を仮定したうえでのシミュレーションを行えることも意味する。不確定な要素は不確定なまま扱うことができ、それを用いて推論ができるモデルが、データ活用のなかでは必須となってくる。

ベイジアンネットワークを活用することによって実現できる課題解決例を紹介したい。

東京大学医学部付属病院の佐藤雅哉教授は、ウイルス駆除によってもたらされる肝がんの発症抑制効果を、ベイジアンネットワークを用いてモデル化した。これまでは、患者のプロフィールや患部の状態などの因果関係と、医師の経験に基づいたシミュレーションによって治療効果を推定していたため、医師の経験によっての結果のばらつきや、患者への説明の納得性などの課題があった。作成したベイジアンネットワークのモデルでは、治療によってウイルス駆除を行った際、行わなかった際のそれぞれの未来の発がんリスクを客観的に定量的に推定可能となる。そのため、もたらされる効果が定量的に評価でき、効果に対して負担の大きい治療回避の検討や、患者への治療効果の説明のための支援ツールとしての役割も期待される。

他の機械学習の手法でも、各要素を説明変数とした治療効果の予測モデルは作成可能であるが、医療の現場においては、予測に必要なデータが常にすべてそろうわけではないため、他の手法では予測不可能に陥る場合があった。いまあるデータだけで他の要素が推論できるベイジアンネットワークは、データが不足している状況でも医師の判断に近い推論が実現される（事例詳細は、次のサイトを参照。https://www.msiism.jp/article/satou-medical-treatment-causal-inference.html)。

相関ではない「因果」を考えること、不確定な要素が多い状況でもロバストに機能するモデルは、いままでは解決方法が見つからずに目を背けていた問題に対しても、処方薬となりうるものである。

過去にも現実にも起こせない世界を検証するシミュレーション

一般に、ある状況で何が起きるのかを予測をしたい場合、統計的なモデルを用いて推論する。統計的なモデルとは、過去に観測された事実からその傾向を学習したものであり、過去と似たような状況下においては有効である。しかし、過去と似たような状況が期待できないような状況下で何が起きるかを推論する際に威力を発揮するのがシミュレーションである。現実世界の仕組みをコンピュータ上に再現し、様々な状況におけるシステムの挙動をシミュレート（模擬・模倣）し、何が起きるかを推論することができる。

統計や機械学習によるモデルに対して、シミュレーションによるモデルの大きな違いは、仕組みがホワイトボックス化＝明文化されている点である。統計的なモデルではマクロな応答をデータドリブンに（ブラックボックス的に）求めるため、仕組みが明確ではないマクロな現象を分析するような場合には有用であるが、その適用範囲は自明ではない。一方で、シミュレーションでは、個々の要素・エージェントの振る舞いと、要素間・エージェント間の相互作用、要素・エージェントと環境の相互作用といった、ミクロな行動を規定することで、それらを組み合わせた時の振る舞いを推論する。これにより、様々な条件の変更や何かしらの施策を行った時に何が起きるかを推測することができる。特にマルチエージェントシミュレーションなどでは、単なる状況の足し算ではない複雑な現象（創発と呼ばれる）を推論することができる。また、シミュレーションは、仕組みが明らかであることから、適用範囲も明らかになる。

シミュレーションの仕組みはシンプルである。例えば、コールセンターの場合、多すぎる入電が発生すると、呼損（話し中）が発生する。つまり、利用可能なリソース以上の利用者が集まることにより、待ちが発生するのである。この待ち行列のシミュレーションの仕組み（＝利用者のリソースの利用の仕方）はシンプルである。利用者の入電間隔と1入電当たりのオペレータの対応時間の分布が決まれば、ある入電パターンに対して、あるオペレータ数の場合に、どのくらいの回線占有率や呼損になるのかというのを見積もることができる。

ここで、多品種少量生産に対応する製造業におけるシミュレーションの事例を紹介したい。多品種少量生産とは、顧客ごとに製品の仕様が少し異なった製品を少量ずつ生産することである。多品種少量生産では、同じ製造ラインを用いることが多いため、異なった仕様の製品を製造するには、それに合わせて加工機や治具の設定を変える段取り替えという作業が発生する。段取り替

図表4-4-4　製造業における課題解決例

生産現場の課題
工程
ボトルネック工程を改善したい
稼働率
機械や作業員の稼働率が上がらない
技術継承の課題
現場頼り
現場の勘と経験による生産計画、調達計画
Excel管理
複雑化したExcelシート による作業の属人化
経営の課題
新工場
生産能力はどれくらい？投資効果はあるか？
変動要素
物流が滞った時の影響は？急な需要への対応
シミュレータで解決
現場改善による生産性向上
Excelによる現場作業の属人化を解消
仮想工場で投資判断を合理化

出所：著者作成

えが発生すると、製造ラインを停止する必要があるため、段取り替えの回数はなるべく少ないほうが生産効率は良い。ただし、顧客ごとに設定された納期を遵守する必要もあるため、これらはトレード・オフの関係になる。このような複雑に条件が絡み合った現場では、現場の勘や経験に基づいて意思決定がなされることが多かったが、近年、人材不足や技術継承の問題もあり、シミュレーション（と強化学習を用いた方法）や数理最適化で、最適な生産計画を自動立案させる動きも加速している。強化学習や数理最適化については後述する。

　また、製品の生産プロセスは数多くの工程に分けられるが、生産プロセスのなかにボトルネック工程があると、リソースの空きが発生し生産効率が悪い。シミ

図表4-4-5 製造ラインモデル

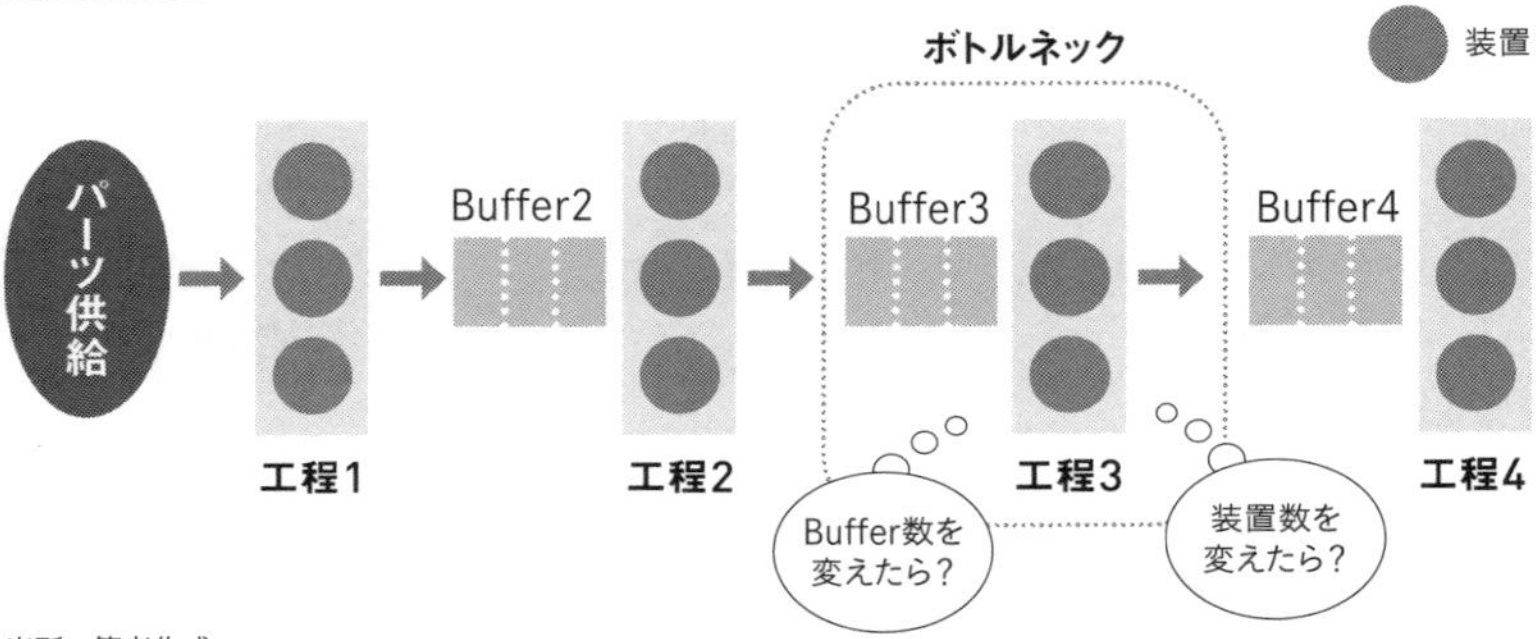

出所：筆者作成

ユレーションは、このようなボトルネック工程を改善するために用いることができる。具体的には、まず、製造ラインをシミュレータ上に再現し、生産現場の処理時間や人的・機械的なリソース、生産計画などの条件を設定し、シミュレーションによって、待ち時間やリソースの稼働率を可視化することで、ボトルネック工程を発見する。次にボトルネック工程のリソースの増強やラインの組み直しなどをシミュレータ上で行い、その効果を定量的に評価する。このようなシミュレーションを繰り返し行うことで、最適な製造ラインを導き、現場にフィードバックすることで現場の改善につなげることができる（関連事例は、次のサイトを参照、https://www.msiism.jp/article/lion-scm-simulation.html https://www.msiism.jp/article/agc-production-simulation.html）。

次に、シミュレーションを取り巻く技術的トピックについて、いくつか述べる。

最適な施策を見つける

シミュレーションは、一般的に、どのような条件でどのようなパフォーマンスが得られるのか、様々な施策の効果を把握・分析することに使われる。コンピュータ上で現実世界の仕組みを再現（デジタルツイン）し、シミュレーションモデルのパラメータを変更、シミュレートすることで、どのような変更・施策に対して何が起きるか、ボトルネックがどこにあるのかを把握・分析する。このような分析を「what-if」分析という。先のコールセンターの例では、オペレータ数を変えることで、どのくらいの回線占有率や呼損になるのかというのを見積もることができる。また、災害発生時の避難に対しては、避難経路の設計や、非常灯の配置、商業施設の混雑に対してはサイネージによる誘導、交通渋滞に対しては、信号制御方法や、車線の設計など、これらを変更した時に何が起きるかをシミュレーションにより分析することができる。

それに加え、解消する課題や目的があらかじめ明確な場合には、人が試行錯誤的に実験を行うのではなく、目的を最適化する条件を探索することもできる。コールセンターの例では、ある程度占有率を保ちながら呼損率を下げるのに必要な適切なオペレータの人数を決めるなど、様々な条件を探索しながら最適な解を求めていく。シミュレーションでは、現実世界で試すことが難しい条件でも探索可能なため、より良い解を求めることができる。

正解のない世界を強化学習する

解を求めるなかでも、時間経過とともに変化する環境に応じて適切な判断を繰り返さないと良い結果が得られない、という場合は、強化学習と呼ばれる手法を使う。強化学習では時々刻々と変化する状況において、都度正解が与えられなくても、次に何をすればよいかという方策を学習することができる。例えば、工場の生産ラインにおいて、時々刻々、発生する注文に対して、現在の製造状況、装置の稼働状況、製品の納期などを鑑みて、スループットを落とさず、納期遅れが起きないような製品の製造順序を決める方策を学習する。また、時々刻々の地震の揺れに対して、現在の建物の各階の揺れ幅、速度、加速度や制振装置の状態などから、それを相殺し、揺れ幅も大きくならないような制振装置の動きを学習する。

シミュレーションの課題

過去にもなく、現実には検証できない状況を分析することに有用なシミュレーションも、万能ではない。

まず、モデルの検証の難しさが挙げられる。

シミュレーションでは、明文化された仕組みの妥当性により、その結果が担保される。自然科学において、第一原理が正しいことにより、そこから演繹される結果の妥当性が担保されるのと同じである（そこまでの真理性、普遍性は求めないが）。そのため、仕組みが妥当であるかどうかの判断が重要になる。とはいえ、一般にその仕組みがシンプルであるがゆえに、それらを組み合わせた時に何が起きるかを事前に正確に予測することは難しい（だからこそそのシミュレーションではある）。そのため、結果だけからモデルの妥当性の検証を行うのではなく、実データも用いて、現実を再現できるかという検証も行う。しかし、シミュレーションは何かしらの確率的要素が含まれるため、データに完全一致させることは難しい。実データの再現性の評価にも工夫が必要である。

次に、パラメータの巨大化の課題である。コンピュータ上に再現すべき現実世界が、詳細・複雑・大規模になるほど、設定すべきパラメータは増えてくる。例えば、コールセンターのような単純な例でも、入電の種類が多数あり（問い合わせ、クレーム、使い方などなど）、それぞれに対応するオペレータのスキルにより対応時間も異なるような場合、それぞれの入電種類ごとの入電間隔、オペレータのスキルによるそれぞれの入電種類ごとの対応時間の分布が必要になる。さらに、時間帯により入電種類ごとに入電間隔が異なるとなると、時間×入電種類ごとの入電間隔のパラメータを求める必要が出てくる。コールセンターの例では、個々のパラメータを個別に測定することが可能であるが、例えば、交通シミュレーションにおける交通容量や高速道路のジャンクションなどにおける合流比、高速道路への転換率など、直接観測することが難しいパラメータも存在する。そのために、利用者均衡配分問題のような問題を解いたり、現実の再現性をもとにベイズ的にパラメータを推定したりといった、最適化や統計手法を用いた推定方法も研究されてはいる。しかし、調整可能な範囲が増えると、機械学習でいう過適合が起きる可能性もあり、仕組みに問題があるのか、どのパラメータ設定に問題があるのか、などの切り分けが容易ではなくなってくる。

またパラメータが巨大化するだけではなく、計算量の増加も課題である。

コンピュータ上に再現すべき現実世界が詳細化・複雑化・大規模化すると、計算量も問題になってくる。例えば交通シミュレーションにおいて、数百万台の車をエージェントとしてシミュレーションするような場合など、並列化や分散処理などハードウェア的な工夫も必要になってくる。モデル化において、個々の車両が経路選択をする際に利用者均衡配分を考慮する（例：要するに混んでいる道はあまり通りたがらない）など、様々な要因を考慮し、モデルを精緻にすればするほど計算量は増えてくる。検証目的によって、どこまでをモデルに取り込むかを決定する必要がある。そもそも、そこまでの規模のシミュレーションをミクロな追従型のエージェントシミュレーションでやるべきなのか、メゾスコピックなモデルで近似するべきなのか、モデル化の際の粒度感の判断も必要になる。必要に応じて、応答のみを学習させた surrogate model を使うなどの工夫も必要になる。そもそもモデル化の方法も検討の必要が出てくる。

少し異なる側面の課題として、誤差の累積という問題がある。

シミュレーションは、通常確率的な事象を取り扱うため、将来にわたる予測（フォーキャスト）には向いていない。これは、実は統計モデルでも同様で、予測値を条件にして次の予測をするという自己回帰的なモデルにおいては、予測値の誤差が次の予測に含まれるために、誤差が累積してしまうのである。このような現象を現実のデータに合わせ込む技術としてデータ同化と呼ばれる技術がある。統計的には状態空間モデルと呼ばれるモデルである。これは、時々刻々、現実に適合させながら、短期的な将来を予測する、というモデル化手法であり、時々刻々データへの適合を行うので誤差の累積を防げる。シミュレーションモデルでもデータ同化を用いて、観測された量以外の内部状態を推定することができる（長期の予測は行っていないので予測をしたいという課題自体は解決していないが）。なお、データ同化においては非常に多くのシミュレーションを行う必要があり、計算量的な課題がある。

シミュレーションの妥当性と統計モデルに対する優位性

冒頭でも述べたが、シミュレーションにおける推論の妥当性は、仕組みの妥当性により担保されている。仕組みはどこまでも適用可能なわけではなく（例えばニュートン力学が光速領域や微小な量子の領域には適用できないように）、その仕組みの適用可能性というのがあり、それをきちんと理解しておくことは必要である。

仕組みの妥当性自体は、現実を再現できるか、により判断されることになる。一方で、仕組みのなかにはパラメータが存在する。そのパラメータの妥当性を決めるのも、また、現実の再現性となっている。シミュレータと現実とのつながりがここで出てくるわけだが、このつながりは逆方向であり、パラメータを推定する問題は俗にいう逆問題になっている。そのため、現実の再現性だけからパラメータを推定する難易度は高く、問題を切り分け、個別に解くなどの工夫が必要である。

このような問題をクリアできれば、現実にはないような状況でも、シミュレーションを使えば何が起きるのかを推論することができるようになる。これは統計モデルでは到底及ばず、使われ方次第でこれまでにない解決策をもたらす技術でもある。

省資源かつ高効率化な経営を実現する数理最適化

数理最適化とは、複数のルールを守ったうえでコストなどの指標値を最大化（あるいは最小化）する計画を求める技術である。専門的な用語で言い換えると、ルールは制約条件、コストなどの指標値を表すものを目的関数といい、数理最適化は、「複数の制約条件を守ったうえで目的関数を最大化（あるいは最小化）する解を求める技術」と言える。制約条件と目的関数と変数が定義された問題を数理最適化問題と呼び、それら問題を解く手続きを解法（あるいはアルゴリズム）と呼ぶ。解法を適用して得られた変数を解と呼ぶ。

例えば、数理最適化問題の古典的かつ具体例としてよく挙げられる問題としてナップサック問題がある。

ナップサック問題とは重さと価値が定義されている品物を容量上限のあるナップサックに詰め込む時、総価値が最大になるような詰め込み方を考える問題である。制約条件がナップサックの容量上限であり、目的関数は総価値の最大化となる。変数は各品物をナップサックに詰め込むかどうかというYes／Noの二値となる。

では、どのような詰め込み方であれば総価値が最大になるだろうか。

直感的には重さに対して価値が高い品物を優先的に詰め込むと総価値が高くなると考えられる。このような戦略は貪欲法と呼ばれ、それなりの質を持つ解を短時間で得ることができる。また、計算資源に十分な余裕があれば最も良い解を得ることのできる分枝限定法など、1つの問題に対して様々な解法が存在する。

ナップサック問題だけを見ると数理最適化はあまり役に立たないデジタル技術のように思えるが、実際は様々な業界に現れるビジネス課題を解決するデジタル技術である。例えば、運輸・物流では積み荷をトラックやコンテナに効率的に積み込むことができれば、1台当たりの輸送量を増やし、単価を抑えることができる。さらにトラックやコンテナを輸送する際に効率的なルートで運ぶことができれば燃料と時間を節約し、温室効果ガスの排出量も削減できる。こうした「効率的なモノの積み込み方」や「効率的なモノの運び方」を数理最適化問題として捉え、制約条件と目的関数と変数を整理し、適切な解法を用いることで解（すなわち計画）を得ることができる。

このような「省資源かつ高効率」な計画や施策を得たいというビジネス課題は至るところに存在し、数理最適化のケイパビリティの高さが理解できるだろう。

ヘルスケア領域における数理最適化の応用例

理解を深めるために、数理最適化を用いて「省資源かつ高効率」な経営や業務を達成する例としてヘルスケア領域における病床のスケジューリングを考える。

病床は入院患者数を決める重要な資源であり、効率的な管理が求められる。例えば、病床が1日分しか空いていなければ3日間の入院が必要な患者を受け入れることはできない。入院患者を受け入れることができなければ病院の収益が悪くなってしまう。このような事態を避けるため、3日間の入院が必要な患者がいることを予測して病床のスケジュールをあらかじめ立てることができると理想的である。

近年、入院患者の在院日数をＡＩを用いて予測する取り組みが、研究および実務においても見られるようになってきている。こうした予測結果と、病院側と患者側の制約条件を組み込んだ数理最適化問題を構築することで、患者の受け入れ数を最大化するような病床のスケジューリングが可能である。病院側の制約条件として例えば、病床の数、病床を監督する看護師の人数とスキル、病室に割当可能な性別、病室に割当可能な患者の年齢制限といった制約条件が挙げられる。患者側の制約条件として特殊な医療装置が病室に備わっているか、個室の要望といった制約条件が挙げられる。数理最適化問題を構築して解くことができれば、病床の数や看護師の人数を増やした時の影響を把握する、看護師のスキルを全体的に向上させた場合の影響を把握するといったwhat-if分析も可能である。もちろん、机上の空論にならないようにデータと数理最適化問題の

図表4-4-6 病床のスケジューリングイメージ

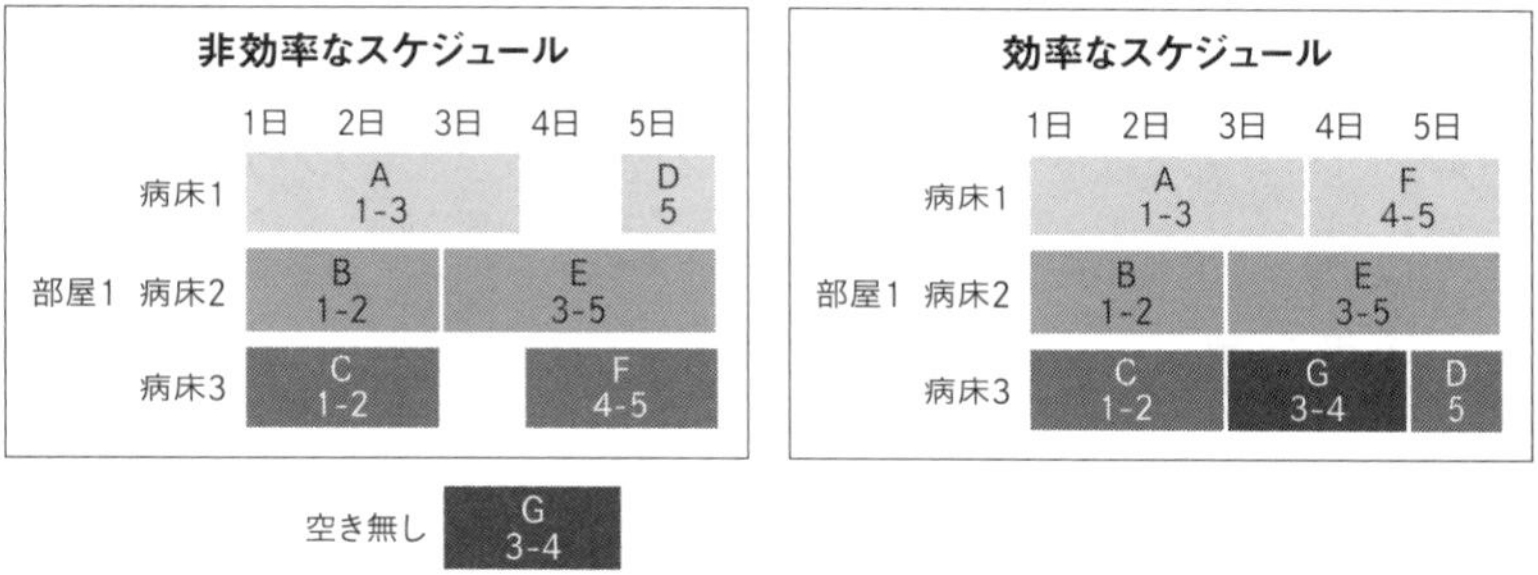

各患者には入院日と退院日が与えられており、なるべくすべての患者に病床を割り当てる。左図は患者Gが未割当であるため非効率なスケジュールである。右図は未割当の患者がいない効率なスケジュールである。実際には大規模な病院であれば病床の数は500を超え、さらに様々な制約条件を課す。こうしたスケジューリングには数理最適化が必要である。

出所：https://access.redhat.com/documentation/ja-jp/red_hat_build_of_optaplanner/8.38/html/developing_solvers_with_red_hat_build_of_optaplanner/ex-pas-ref_getting-started-optaplanner内の「3.18. 患者の入院スケジュール」をもとに筆者作成

質を高めての検証が必要ではあるが、ＡＩによる予測の先にある業務の質の向上、および数理最適化による省資源かつ高効率な経営や業務が本応用例でイメージできるだろう。

数理最適化の効用と難しさ

数理最適化の効用は「制約条件を守ったうえで目的関数を最大化（あるいは最小化）する解が得られる」ことに尽きるが、ビジネス目線で深堀りをしてみる。

効用は大きく2つある。

1つ目の効用は「制約条件を守った解が得られる」という特徴から、計画作成業務の自動化と高速化が可能であるという点である。計画作成業務において数十種類の制約条件を考慮して数週間あるいは1カ月分の計画を人手で数日かけて立てるケースはよくある。1つでも制約条件を考慮し忘れると作成した計画を用いることができないため、ヒューマンエラーを排除して自動化することができれば業務の安定性につながる。さらには短時間で計画を作成することができればＰＤＣＡサイクルを高速に回すことができ、結果的に業務の質の向上につながる。

２つ目の効用は「目的関数を最大化（あるいは最小化）する」という特徴から、既存の計画を評価できるという点である。もし、既存の計画よりも良い計画が数理最適化によって得られたのであれば、既存の計画は「そこまで良いものではなかった」と評価し、数理最適化による計画を採用すればよい。もし、既存の計画と同等の質の計画が数理最適化によって得られたのであれば、既存の計画は「十分に良いものだった」と評価し、業務の根本的な見直しをしない限りこれ以上の計画は得られないと判断することができる。すなわち、デジタル変革の必要性を数理最適化によって判断できるのだ。ここまで読むと数理最適化は非常に魅力的な技術のように思えるかもしれないが、扱う難しさについても触れておく。

まず、数理最適化を用いるためには明示的に制約条件を洗い出す必要があるため、ビジネス課題と業務を理解して計画担当者との地道なヒアリングが必要である点に注意する。また、数理最適化問題を解くこと自体が非常に難しいことであるという点に注意する。もしかすると解きたい数理最適化問題は現在において世界最高性能のスーパーコンピュータと最高の解法をもってしても現実的な時間で解けない可能性があるため、そうならないような問題設定、あるいは解法の工夫が必要である。

このような難点に対処して数理最適化の効用を最大限引き出すためにはステークホルダーにも

しっかりと数理最適化の効用と難しさを理解してもらい、現実的な解決策を全員で導き出すような関係構築が重要であると考えている。そのうえで、技術的には業務領域の知識と最先端の手法を速やかに調査し、活用できるようなスキルが必要である。これらはＡＩを活用するプロジェクトが成功するための秘訣でもあり、根本的には数理最適化を活用するプロジェクトにおいても同様であると筆者は考えている。

数理最適化の将来

数理最適化はそれ自体の発展ももちろんあるが、他領域の技術を取り込んだ手法も発展していくと考えられる。例えば、深層学習が数理最適化をサポートして問題を解くような研究もあり、こうした手法が実際のビジネス課題にも適用され、知見が貯まり、より複雑かつ高度化した数理最適化問題に対応していくと考えられる。また、現在は制約条件の洗い出しや問題設定において専門的な知識が必要とされる状況ではあるが、ＣｈａｔＧＰＴに代表されるような大規模言語モデルにこれら専門的な作業をサポートしてもらうことで、数理最適化の敷居がいまよりも下がると考えられる。

２０３０年ごろにＩＢＭやグーグルが１００万量子ビットの量子コンピュータの開発を目標にしている。量子コンピュータはその量子的な性質から大量のパターンを考慮しながら計算することができるため、数理最適化問題、特に組合せ最適化問題と呼ばれる問題において古典コンピユータよりも高速に良質な解が得られると期待されている。2030年ごろには組合せ最適化問題に落とし込める様々なビジネス課題が解けてしまうような期待感に胸を膨らませてしまうが、コヒーレンス時間と呼ばれる量子的な性質を保つごくわずかな時間に計算を終わらせる必要があり、量子コンピュータ上で効率的に動作するアルゴリズムの開発も必要である。量子コンピュータの課題と特徴を理解したうえでのビジネス課題の設定や、量子だけに縛られずに古典的な手法と組み合わせるといったエンジニアリングは依然として重要になると考えられる。

新たな価値の創造は、技術の効能の理解から

AI活用という言葉の響きは心地よいが、実際には、AIだけで事足りるわけではなく、人との協働によって初めて、意味のあるデータ分析や、モデリングによるAI活用が実現できる。爆発的に広まった生成AIも、もともとの技術はすでに存在していたが、周囲にどう見せるか、どのような組み合わせで具現化するかは、人のアイデアによる協働のたまものである。ChatGPTは、その見せ方も、人の知見の入れ方も素晴らしく、そのアイデアこそが人が介在すべきポイントでもある。圧倒的な物量を活用する、という点も然りである。

もちろん、将来的には、人の知見自体もデータ化され、新規のアイデアを創出できるだけの方

法も編み出され、それを用いて現実世界の課題解決を直接行えるモデリングも実現されていくだろう。ただ、当面は、そこまでのモデリングはまだ組み合わせとして実現されていないため、人の介在が重要なポイントになる。

本節で紹介した技術は、これからの時代に必要とされるとしているが、実はそれほど新しいものではない。しかし、ハードウェアの進化や、活用アイデアによって、課題解決ができることがわかってきたことで、注目を浴びつつある技術である。ちょっとした見せ方や利用方法で、劇的な進化を遂げる技術とも言える。このような、まだまだ日の目を見ていない技術は、秘めたる能力を持っており、それを生かすのはアイデア次第、とも言える。

また、モデリングの前に、データをいかに集めて処理し整えるかといった準備作業や、導き出された結果を実際にどのように活用していくか、という点においては、かなり泥臭く、それこそ簡単にモデリングできる世界ではない。逆に、データからのモデリングはある程度自動化され、不足されると指摘されていたデータサイエンティストの仕事も変化し、存在自体が別のものになっていく可能性も高い。

そのようななか、これまでの技術をしっかり見据えて効能を理解することが、新しい組み合わせによる新しい価値の創出に必要なポイントと言えるだろう。

デザイン
生活者起点のサービスを創出する

デジタル技術、データ、ＡＩの活用によってビジネスがダイナミックな進化を続けているなかで、デザインとデザイン思考は顧客に価値を届けるための強力なツールになっている。デザインとデザイン思考の物語は何世紀にもわたって魅力的な旅を続け、現代のビジネスにおいて、タンジブルなプロダクトのデザインからインタンジブルなプロダクト・サービスの提供まで大きな影響を与えている。ここでは、デザイン思考の進化、現代のビジネスへの影響、そしてデザインの未来について掘り下げていく。

デザインの変遷とビジネスにおけるデザイン思考

ビジネスにおけるデザイン思考の浸透

デザイン思考がビジネスの世界に浸透し始めたのは20世紀後半である。デイビッド・M・ケリーによって設立されたIDEOのようなデザインコンサルティング企業は、複雑なビジネス問題の解決にデザイン思考の原則を用いた。共感、アイデア、プロトタイピングを含むIDEOのイノベーションプロセスは、創造性とイノベーションを促進しようとする組織に広く採用されている。21世紀のいま、デザイン思考は、企業戦略の中核的な要素となった。ユーザーフレンドリーな製品を提供するアップルや、ユニークで記憶に残る体験を生み出すことに注力する民泊仲介ウェブサイトであるエアビーアンドビー、データドリブン型のトップランナーである動画配信サービスのネットフリックスなどの企業は、ビジネスの成功にデザイン思考の力を発揮している。

デジタルサービスにおけるデザイン思考

ネットフリックスのようなサービスでは、まずはマスターピースではなくてもいいので、素早く価値を提供できるものをリリースして、顧客のフィードバックやリサーチ、利用時に収集されたデータなどをもとに、改善を重ねながら良い製品をつくり上げていく。この考え方はデザインを生み出す過程の一環となった。大きな変化のなかで、デザインを創作する際の考え方や手法であるデザイン思考は、より存在感を高めることとなる。

デザイン思考がビジネスに与えたインパクト

デザイン思考は、「顧客中心性」「イノベーション」「問題解決」「コラボレーション」「適応性」という5つのポイントでビジネスの進め方に変化を起こした。それぞれ、どのようにデザイン思考が活用されているのかを説明しよう。

まず「顧客中心性」だが、デザイン思考では顧客を意思決定の中心に置いている。顧客に共感することで、ニーズや欲求に真に響く製品やサービスを生み出すことができるのだ。「イノベーション」では、デザイン思考が促す実験と型にはまらないソリューションの探求がポイントだ。組織内にイノベーション文化が醸成され、画期的な製品やサービスの開発につながる。「問題解決」では、製品の設計からプロセスの最適化まで、幅広いビジネス課題に適用できる問題解決への構造化されたアプローチをデザイン思考が提供してくれる。「コラボレーション」だが、デザイン思考の共創は、多様なバックグラウンドやスキルセットを持つ個人を結びつける。この実践的なアプローチは、より強固で革新的なソリューションにつながることが多い。最後に「適応性」は、急速に変化するビジネス環境において重要な要素だ。デザイン思考は、変化する市場環境と顧客のニーズに柔軟に対応できる組織体質をもたらす。

デザイン思考で成果を上げている企業の例

すでに先進的な企業は、デザイン思考を採用して成果を上げている。ここでは、その代表的な企業をいくつか紹介しよう。

世界最大手の民泊仲介ウェブサイトであるエアビーアンドビーの創業者であるブライアン・チェスキーは、工業デザイナーでもある。チェスキーはイベント時にホテルの価格が高騰することに目をつけて、自分のリビングにエアーマットレスと朝食を用意し、貸し出すところからエアビーアンドビーは始まった。その後、「ホテルに泊まって観光すると、ローカルなライフスタイルに触れる機会が少ない」という自らの不満から民泊のアイデアを得つつ、ホスト側からは「知らない人に自分の部屋を貸すことに心理的ハードルがある」といった声があることを知る。この2つのインサイトから、評価・レビューシステムを駆使し、ゲストとホスト双方に安心感を提供するマッチングシステムを構築した。エアビーアンドビーはサービスローンチ後も、顧客の声を聞きながらサービス内容を向上させ続けている。この一連の流れは、インサイトの発掘に始まり、アイデアの創出、プロトタイプの作成とテストを重ねながらのサービス拡大といったデザイン思考のプロセスそのものである。

ナイキについては企業概要の説明は不要だろう。ナイキは創業当初、運動用のシューズブランドという位置付けであった。しかし、現在では様々なスポーツシーンにおいて、サービスや製品を展開し、ライフスタイル全般に焦点を当てたグローバルブランドの地位を確立している。デザイン思考のプロセスから言えば、「共感」から得られるインサイトの獲得が卓越した企業と言えるだろう。消費者が望んでいるのは、単に運動靴を持つことではなく、運動を通じた自己実現の達成だ。例えば、ジョギング愛好者の真の課題は「痩せたい」「健康になりたい」といったことであり、スポーツをする人々はさらなる技術向上を望んでいる。ナイキは、これらのニーズに応えるために、靴だけでなく、ライフスタイル製品やデジタルサービスを提供し、自己実現のサポートを行っている。消費者と個人レベルで共鳴するライフスタイル製品を生み出すデザイン主導のアプローチが、ナイキを世界的ブランドへと押し上げたのだ。

デザイン思考でサービス開発したイタリアの携帯電話サービス

ここからは、ＮＴＴデータのデザイナー集団であるＴａｎｇｉｔｙが、デザイン思考の手法でサービス開発に携わったイタリアの通信事業者「Ｖｏｄａｆｏｎｅイタリア」の事例を紹介したい。

2017年当時、イタリアに存在した通信事業者は、Vodafone、TIM、WindTreの3社だったが、この市場にフランスで高い顧客満足度を誇っていた新たな通信事業者が参入し、既存3社に大きな影響を与えていた。強い危機感を覚えたVodafoneはこの状況を打破するために、新規通信事業者と同等条件で競争できるセカンドブランドho.Mobileを立ち上げることを決め、リーンスタートアップのアプローチで開発に着手した。

その結果、ho.Mobileはわずか8カ月でサービスを立ち上げることができ、Vodafoneの顧客基盤を維持し、さらには新しい顧客を獲得するための重要なステップとなった。ho.Mobileはサービス開始から数年間にわたり、顧客満足度で最高の評価を受けるブランドとなったが、以降でサービス開発におけるデザイン思考の具体的な手法と手順を紹介する。

顧客インタビューへの共感から、戦略定義

プロジェクトの第一段階の戦略定義では、顧客に対して現状の携帯電話プランの問題点と事業者変更の決め手を理解するために、いくつかのFGI（フォーカスグループインタビュー）と多くのデプスインタビューを実施した。イタリアの携帯電話の利用料は、EU諸国のなかで最も安い水準にあったが、顧客へのインタビューなどから、価格よりも利用できるデータ量、通話時間、SMSの利用回数、追加料金の有無といったサービス内容のわかりやすさを重視していることがわかった。

図表4-5-1 街宣「（邦訳）私は4Gで30ギガ、SMSと通話は無制限で月6.99ユーロです」

©2018 Digital Entity

そこでho・Mobileは、プランのシンプルさと透明性を重視し、4G対応、30GBのデータ容量、通話とSMSは無制限で月額6・99ユーロというサービス設計とした。他の通信事業者と比較してシンプルであるため、顧客にとってはサービス内容や料金を理解しやすかった。

顧客の声をプロダクトに反映して満足度を高める

ho・Mobileのプロジェクトの根底にあるのは、ユーザー中心のアプローチだ。サービスにおけるUX（ユーザー体験）を形づくるアイデアは、プロトタイプ化され、あらゆるタッチポイントでユーザーパネルによっ

図表4-5-2　ビデオ通話を使用したSIMアクティベーションの2つのステップ

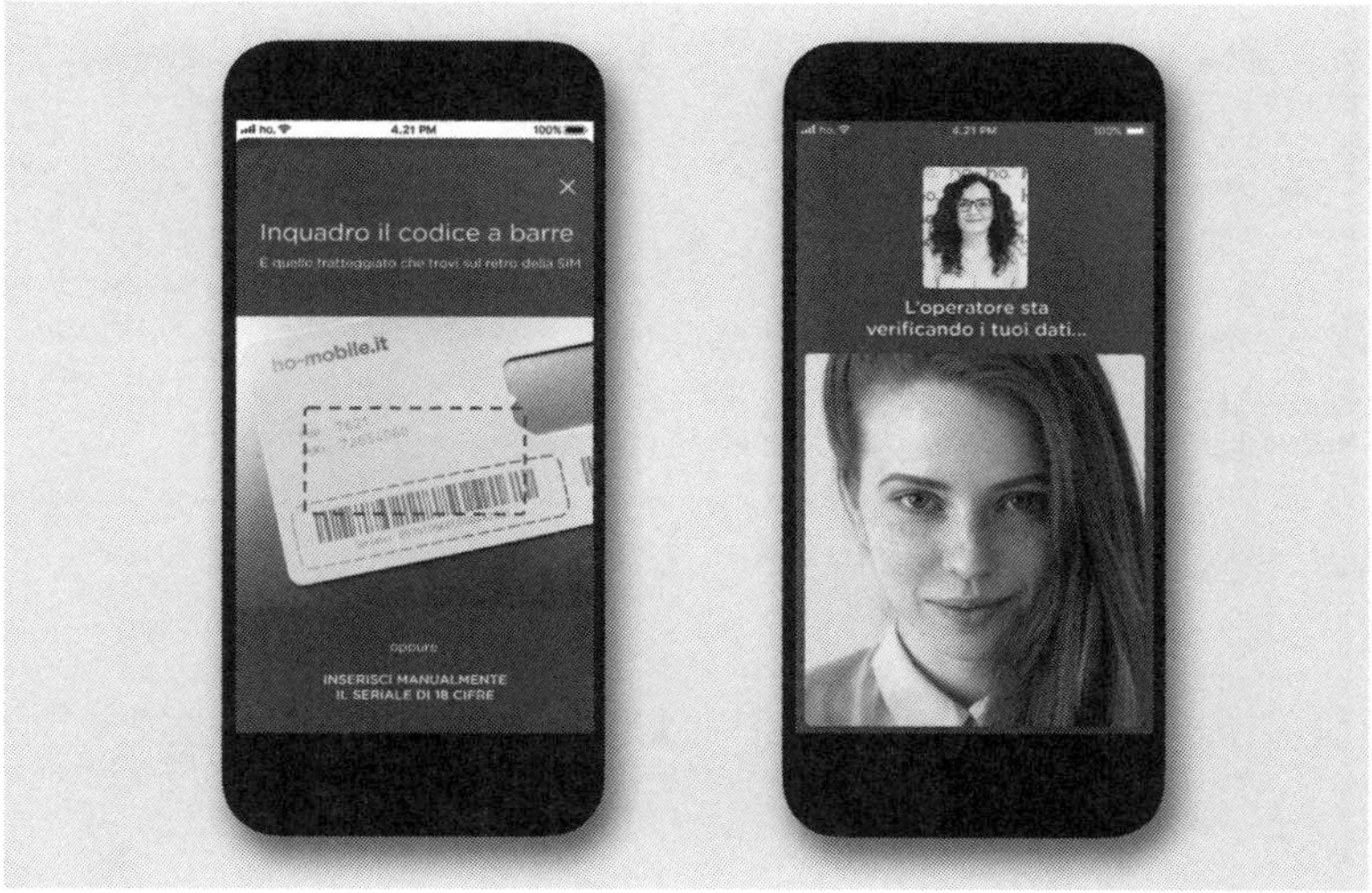

©2018 Digital Entity

てテストされた。このプロトタイプとテストのプロセスは目指すべきＵＸが構築されるまで迅速に繰り返された。

その結果、オンラインでの契約購入とアクティベーションを可能とし、契約プロセスの完全なデジタル化を成功させたイタリア初の通信事業者となった。「携帯電話の契約には通信事業者による顔認証が必要」というイタリア独自の規制があるため、当初はサービスを完全にデジタル化するのは不親切で不便だと考えられていた。この規制のため、どの通信事業者も対面での手続きが必要だと考え、完全デジタル化の検討自体を行っていなかったのだ。今回のケースでは、スピーディーで手軽な購入、自宅でのＳＩＭの受け取り、アプリ内ビデオ通話によるアクティベ

図表4-5-3 サービス企画やアプリ・Web開発などはアジャイル、通信や決済、顧客の基盤はウォーターフォールで構築した

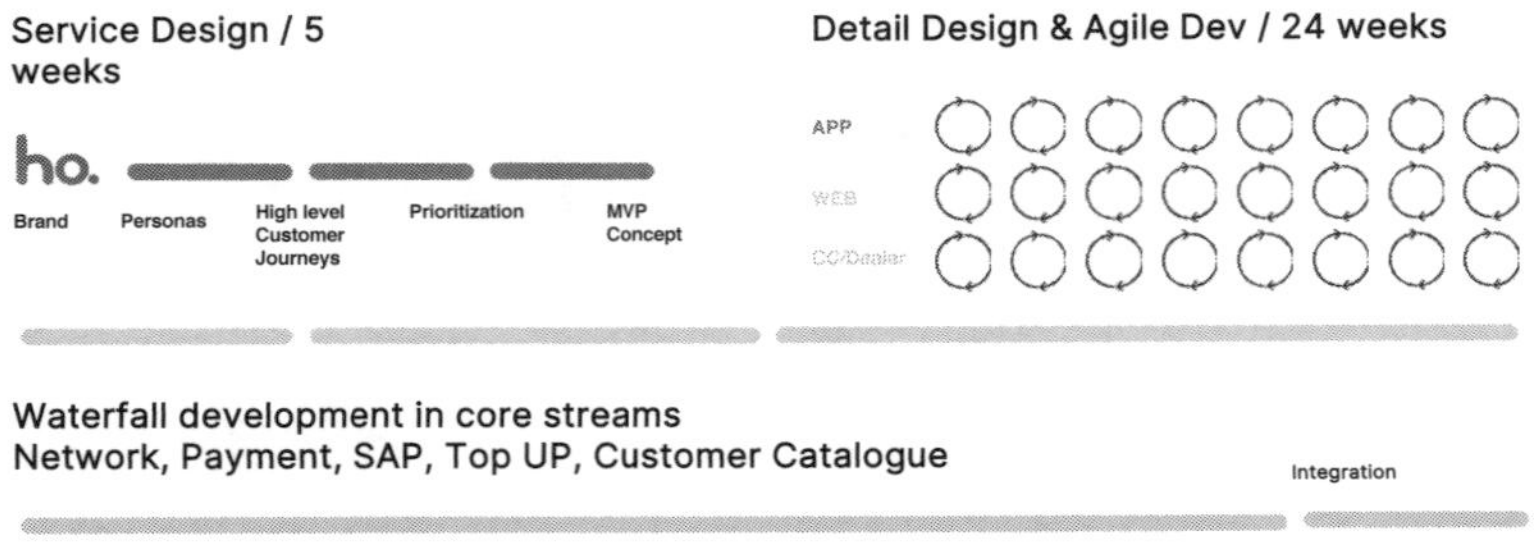

出所：筆者作成

ーションと顔認証などを実現し、携帯電話の契約プロセスを可能な限り簡素化することにより完全デジタル化が実現した。

他にも、顧客に向けた契約書はすべてデジタル・フォーマットで展開し、印刷による環境への影響を低減した。読みやすく透明性の高いイメージを与えるために大きなフォントを使用し小さな注記はすべて削除した。また、コンタクトセンターのオペレータ向けツールのUXも、顧客向けと同じ方法論であるユーザー中心のアプローチで設計されている。これにより、オペレータがツールの利用方法を習得する期間が短縮されるとともにトレーニングコストも削減した。また、オペレータの拡張性も考慮され、契約がピークに達した時の契約処理においても、この戦略的に実施した契約プロセスの完全デジタル化が極めて有効であることが証明された。これらのアプローチのおかげで、ho.Mobileはイタリアの顧客の間で最も人気のある携帯電話サービスになっている。

アジャイルなチームによって短期間での市場投入を実現

ｈｏ.Ｍｏｂｉｌｅが成功した要因の1つは、市場投入するまでの時間を短縮できたことだ。アジャイル開発とウォーターフォール開発の方法論にデザイン思考を組み合わせたアプローチにより、ブランド立ち上げからＭＶＰ（Minimum Viable Product：実用最小限の製品）コンセプト立案といったサービス企画に5週間、アプリやウェブサイト、コンタクトセンターとディーラーの各部分の構築に24週間、構想から発売までに要した期間はわずか8カ月だった。このｈｏ.Ｍｏｂｉｌｅの手法は、ＮＴＴドコモが２０２１年に開始した「ａｈａｍｏ」の開発にも参考になっている。

日本におけるデザイン思考の現在地と未来

日本におけるデザイン経営の課題

欧米企業ではアップルやダイソン、フィリップスなどが、行政ではフィンランドの首都であるヘルシンキ市がＣＤＯ（Chief Design Officer）を置いている。他にも、小売業や保険会社など様々な事業会社にデザインチームやデザイン部門が組織内に設置され、これらの組織が顧客体験やデジタルプロダクトなどを横断的に見ている。これらのデザインチームや部門のメンバーは、組織内で重要なポジションに就くこともでき、CDOのような役職を目指すことができる。

また、デザインの価値を最大化するために、デザインプロセスや進捗、人材、手法・ツールを最適化する「Design OPS」の形で、新しいデザイン組織や機能のインストールをする動きも出てきている。

日本企業では、まずデザイナーが能力を発揮しやすい環境をつくることが第一歩であり、そのためにも、デザイン組織を人事や経理と同様に組織の一部門として機能的に位置付け運用していくことが、これからは必要になる。デザイン組織は、特別な部署ではなく他の部門と並列に位置付けて機能させるために、自由で創造的な環境を保ちつつも、組織としての役割や責任を確立していかなければならない。

日本におけるデザイン思考の未来

日本におけるデザイン思考の導入は、歴史的、文化的、経済的な要因に影響されながら、複雑なプロセスを経つつも少しずつ進化している。欧米諸国はイノベーションと問題解決への基本的なアプローチとしてデザイン思考を取り入れているが、日本はよりユーザーを中心としたデザイン哲学への転換期にある。デザイン思考とクラフトマンシップに対する日本独自のアプローチは、インスピレーションとイノベーションの源であり続けており、今後、日本がグローバルな競争と高齢化に適応し続けるなか、伝統的な職人技とデザイン思考の融合は、驚くべきソリューションを生み出す可能性を秘めているだろう。

デザインにおける生成ＡＩと人の役割

生成AIがデザイン思考へ与える影響と課題

デザイン思考が人間中心のアプローチで問題を解決するなか、生成ＡＩがデザインのプロセスに与える５つの影響を考えてみる。

①共感性の向上：生成ＡＩはデザイナーがユーザーのニーズや嗜好をより深く理解するのに役立つ。このデータに基づく共感は、デザイン思考プロセスの初期段階を強化してくれる

②アイデアの発想とプロトタイピング：生成ＡＩは、幅広いアイデアとデザインコンセプトを素早く生み出すことで、ブレインストーミングとプロトタイピングを手助けする。それによって、デザインチームは複数の可能性を模索し、効率的に反復することができる

③分野を超えたコラボレーション：オンラインホワイトボードツールの「Ｍｉｒｏ」は生成ＡＩが搭載されており、デザイナー、エンジニア、マーケティング担当者間のサイロを取り払うことで、多分野のチームが部門横断的にコラボレーションすることを可能としている

④ユーザーテスト：生成ＡＩはユーザーの行動や嗜好を予測することができるため、デザインコンセプトをより正確にテストすることが可能だ。これにより、最初からユーザーのニーズに合わせたソリューションを実現することができる。

⑤反復的改善：生成ＡＩを活用することにより、デザイナーはユーザーからのフィードバックや実世界のデータに基づいて、継続的にデザインを向上させることができる。このアプローチは、反復と改良を重視するデザイン思考の基本原則に沿ったものだ

ここまで述べたように、生成ＡＩがデザインにとって大きな可能性を秘めている一方で、最も懸念される課題は、「創造性の喪失」だ。生成ＡＩの進歩により、デザイナーのクリエイティビティが阻害される可能性が出てきている。デザイナーたちは、工夫を凝らして細部にこだわりながらプロダクトを生み出してきた。その困難な部分こそ、人間が取り組むべきところであり、デザイナーは、生成ＡＩの活用と創造的なビジョンの間でバランスを取らなければならない。

倫理的な考慮点では、バイアスと公平性、そしてプライバシーが挙げられるが、前述の「ＡＩが抱える３つの課題」で記載しており、そちらを参照されたい。

コンサルティング能力が求められるデザインとデザイン思考の未来

生成ＡＩのデザインとデザイン思考への統合は、現在進行形で進化している。課題をうまく克服した先にある未来の姿を垣間見てみよう。まず生成ＡＩが存在感を発揮するのは、「ハイパー・パーソナライゼーション」だ。製品、サービス、コンテンツが個人の嗜好に合わせてカスタマイズされ、顧客満足度の向上につながるような、超パーソナライズされたデザインソリューションを可能にする。

「創造性の大幅な強化」も実現するだろう。生成ＡＩは創造的なコラボレーターとなり、デザイナーの限界を押し広げ、斬新なアイデアへの挑戦を手助けしてくれるようになる。また、「ＡＩ主導の創造性プラットフォーム」の登場も期待されている。これは、最低限のデザインスキルさえ持っていれば、個人でもプロ級のコンテンツを作成できるようになるクリエイティビティ・プラットフォームだ。これによって、デザインの民主化が実現する。

そして、「倫理的デザイン」の登場だ。デザイナーとＡＩ開発者が協力して、責任ある包括的なソリューションを生み出すことで、倫理的配慮がデザインプロセスの最前線に置かれるようになるだろう。

最後に、このようなデザインとデザイン思考の未来において、最も重要となる「デザインコンサルティング」に触れておきたい。生成ＡＩによってデザインが大きな変化を迎えようとしているいま、重要なのは生成ＡＩでアプローチできる部分と生成ＡＩが対応しにくい部分を見極めることだ。例えば、「ハイパー・パーソナライゼーション」を活用し、最適なデザインソリューションを作成するのは、生成ＡＩによる創造性の一例だ。しかし、イノベーションの種をゼロから生み出す部分は、生成ＡＩでは難しいだろう。

価値と価値をつなげてイノベーションを生み出すプロセスでは、エンドユーザーやクライアントと対話するデザインコンサルティングが必要であり、それこそが人間に与えられた役割だ。デザインコンサルティングは、多様なデザインの概念をつなぎながら、生成ＡＩなどの新しい技術をうまく活用し、デザインプロセスによる価値最大化を実行する役割を担う。デザイナーの価値発揮が求められる領域が明確になってくる時代において、デザインコンサルティングはより価値を生む存在になることが期待されている。

第 5 章

高い変革力・成果創出力を持つ組織に必要な7つのアクション

NTTデータ経営研究所
長安賢

NTTデータ
池田和弘

デジタル時代に求められる組織・人材マネジメント再考の必要性

日本企業の現在地を考える

変革を進めるためには、その実行と推進を担う、変化に強い組織・人材モデルを整備しなくてはならない。この領域に戦略的に投資することが、中長期的な成長とビジネスの成果を生み出す。ＤＸのステージがビジネスモデル全体へと踏み込んでいくほど、変革インパクトが高まるとともに難易度も上がる。組織・人材マネジメントの強化は、「戦略機能高度化・迅速化」と「生産性強化・効率化」の２つの領域で、これから述べる「７つの戦略アクション」を推進することで達成できる。手を打つべき取り組みに対応できているかを、「７つのチェックポイント」で検証し強化点を見極めることで、成果創出力が高く変化に強い組織が実現可能だ。

デジタルによる顧客・商流・ビジネス環境の変化と転換が急速に進むなかで、日本企業は失われた30年を脱却できてはいない。様々なデータをもとに俯瞰しても、日本企業のビジネスパフォーマンスは、欧米グローバル企業に対して相対的に低い傾向が示されている。

日本企業の特殊性については、各企業・組織のビジネスモデルにも依存する部分はあるが、雇用維持を前提とする流動性の低さ、イノベーションに対する投資の不足、意思決定メカニズム・スピードの遅さなどが指摘されることが多い。伝統的な中核事業を持つ企業で、特に上記のような問題がデジタル変革の現場で顕在化、もしくはこれらの問題を回避するためだけのデジタル活用に陥ってしまい、本質的な変革に届かないケースが多い。各企業は、リスクを抑え、短期的視点を重視した統治を行っていることで、未来の成果創出に差を生む積極的な投資ができていない可能性はないか、真摯に足元を見つめ直すタイミングにある。

組織や人のテーマに向き合うべき必然性は、様々な側面から提起されている。人口が減少する日本において、持続的競争力維持と成長のためには労働生産性を高めていくことが必須であり、さらに従来とは異なりデジタルの世界では、高度専門人材をめぐる競争は熾烈を極め、求められる能力や仕事自体も急速に変遷していく。伝統的な労使関係、社員雇用・平等性維持の暗黙合意、新規/既存事業間での利害不一致などの触れにくいテーマに対して、ブレイクスルーを成し遂げることが、事業継続性および中長期的な成長を維持する分水嶺になる。「安定と停滞・低成長」から、「変化と高成長」へ至るビジョンと戦略、そして、それを支えるアジャイルな組織・人材モデルへの変革が、次なる成長期を切り開くうえでこれまで以上に重要度を増してきている。

未来の組織・人材マネジメント変化をどう読むか

自社の経営にとって本質的な変革を進めていくためには、将来に起こりうる可能性の高い組織・人材マネジメントに生じる変化と兆しを注意深く眺めていく必要がある。次の5～10年を見据えどのような事象に備えていくべきか、２０３０年を見据えて、各企業が直面する組織・人材面での変化事象は以下の７つである。

①企業競争力の源泉としての変革スピード強化
②人的資本情報のビジネスとの連携高度化
③事業の多様化をマネジメント可能なリーダーシップ強化
④人材・スキルミスマッチへの対応・自律リスキリング
⑤専門人材不足への対応
⑥社外／パートナー活用での組織ケイパビリティ迅速拡張
⑦変革を支える人事機能強化

組織のアジリティ（機動力）と変革力の高さが企業経営にとって不可欠な要素となるのは、デジタルの社会浸透による市場破壊と競争激化が生じるなかで必然である。一方、現状の効率化の先にあるビジネスモデル創造と成果につながるＤＸを進めるなかで、組織と人材変革のアジリテ

図表5-1 各企業が直面する組織・人材面での7つの変化事象

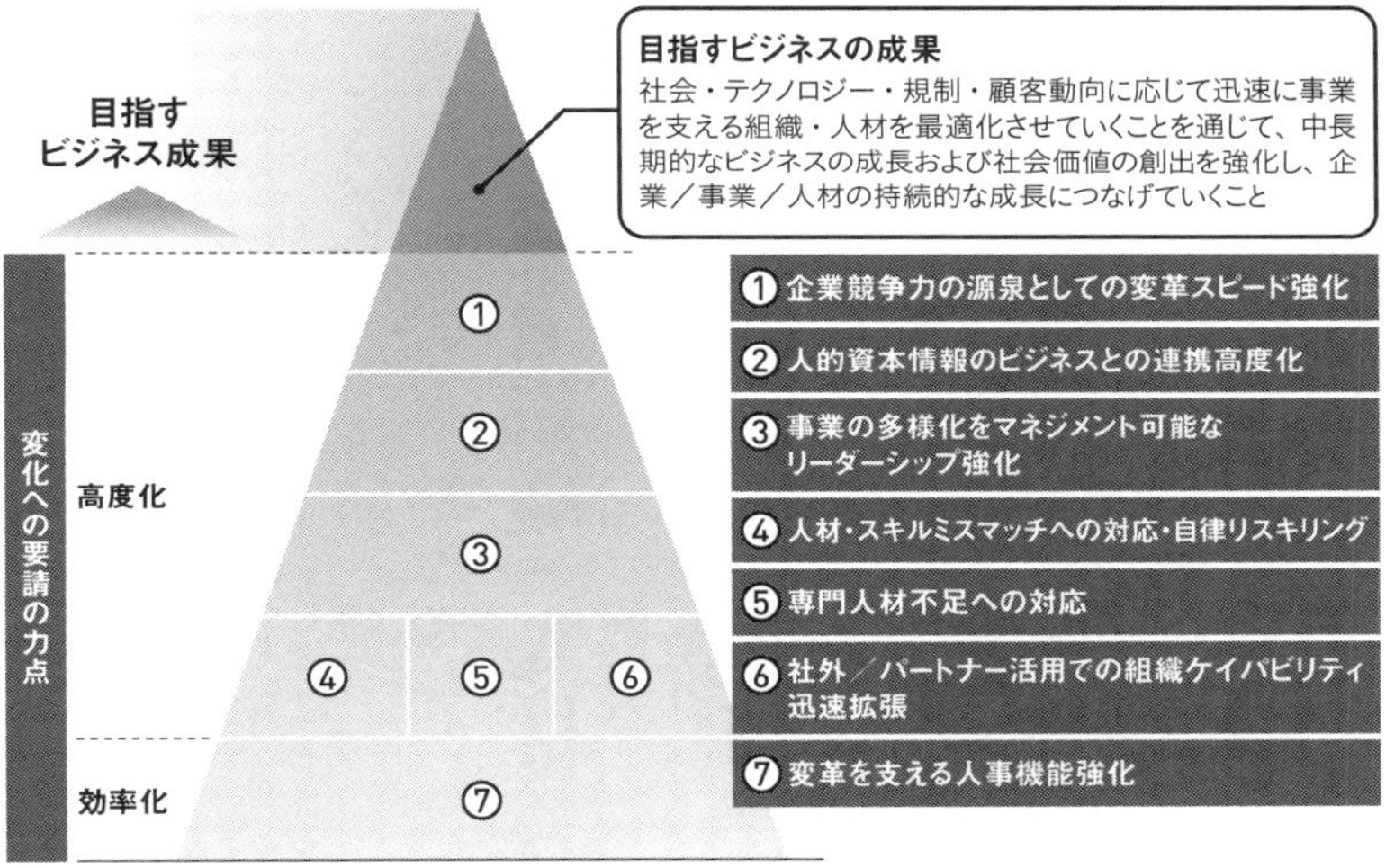
目指すビジネスの成果
社会・テクノロジー・規制・顧客動向に応じて迅速に事業を支える組織・人材を最適化させていくことを通じて、中長期的なビジネスの成長および社会価値の創出を強化し、企業／事業／人材の持続的な成長につなげていくこと
目指すビジネス成果
変化への要請の力点
高度化
効率化
①企業競争力の源泉としての変革スピード強化
②人的資本情報のビジネスとの連携高度化
③事業の多様化をマネジメント可能なリーダーシップ強化
④人材・スキルミスマッチへの対応・自律リスキリング
⑤専門人材不足への対応
⑥社外／パートナー活用での組織ケイパビリティ迅速拡張
⑦変革を支える人事機能強化

出所：筆者作成

ィ向上が、さらに戦略的プライオリティを高めていく。各企業が生み出す価値の源泉であり変革原動力となる人に焦点を当てた〝人的資本経営〟テーマへの対応は、単なる情報開示タスクとしてではなく、より中長期的な人材マネジメントを通じた企業内変革／競争力強化を支える仕組みとしての昇華が必要である。

組織内の個に目を向けると、マネジメント層には多様化する事業特性に対応した組織のガバナンス設計と人材再生産型にとどまらない別次元のリーダーシップモデルへの拡張・高度化が求められる。同じ事業や仕事が永続する前提に立てない以上、企業内で働く個人のスキルや志向などをより細かい粒度で管理していくことが、流動化確保のうえで重要性を増す。その一方で、人の流動性を高めるために、その企業に人を惹きつけるエンゲージメント／従業員提供価値の強化も同時に必要となる。同時に、これらの変革を支える管理・人事部門のあり方、自社以外のエコシステムパートナーとの連携のあり方もまた大きく変わっていく。

将来からバックキャストした日本企業の組織・人材課題と必要施策

組織アジリティ・変革力の課題への突破口

前述の中長期的な変化のトレンドに対して、日本企業の対応状況はどのようなステージにあるのだろうか。ＩＭＤとＮＴＴデータ経営研究所で共同調査を実施した「Digital Vortex 2023」の日本版によれば、デジタル変革が91％の経営層に重要な経営課題と認識される一方で、自社がデジタルディスラプションを機会として積極的に対応できていると考える割合は超大手企業でも15％にとどまり、欧米企業の33・7％に大きく劣後している。デジタルディスラプションが業界を問わず進行し、デジタルの成熟度が企業パフォーマンスに寄与することが明らかになるなか、日本企業の対応状況はやや遅れていると言わざるを得ない。

図表5-2 日本企業のデジタルインパクトへの対応状況

Q. デジタルディスラプションに対して、あなたの所属する会社(組織)はどのような考えを持っていますか?

- この機会を活用するとともに、脅威を軽減するため積極的に対応している
- 認識し「フォロワー」アプローチを取っている
- 認識しているが適切に対応していない
- 認識しているがその重要性を理解していない
- 認識していない
- わからない

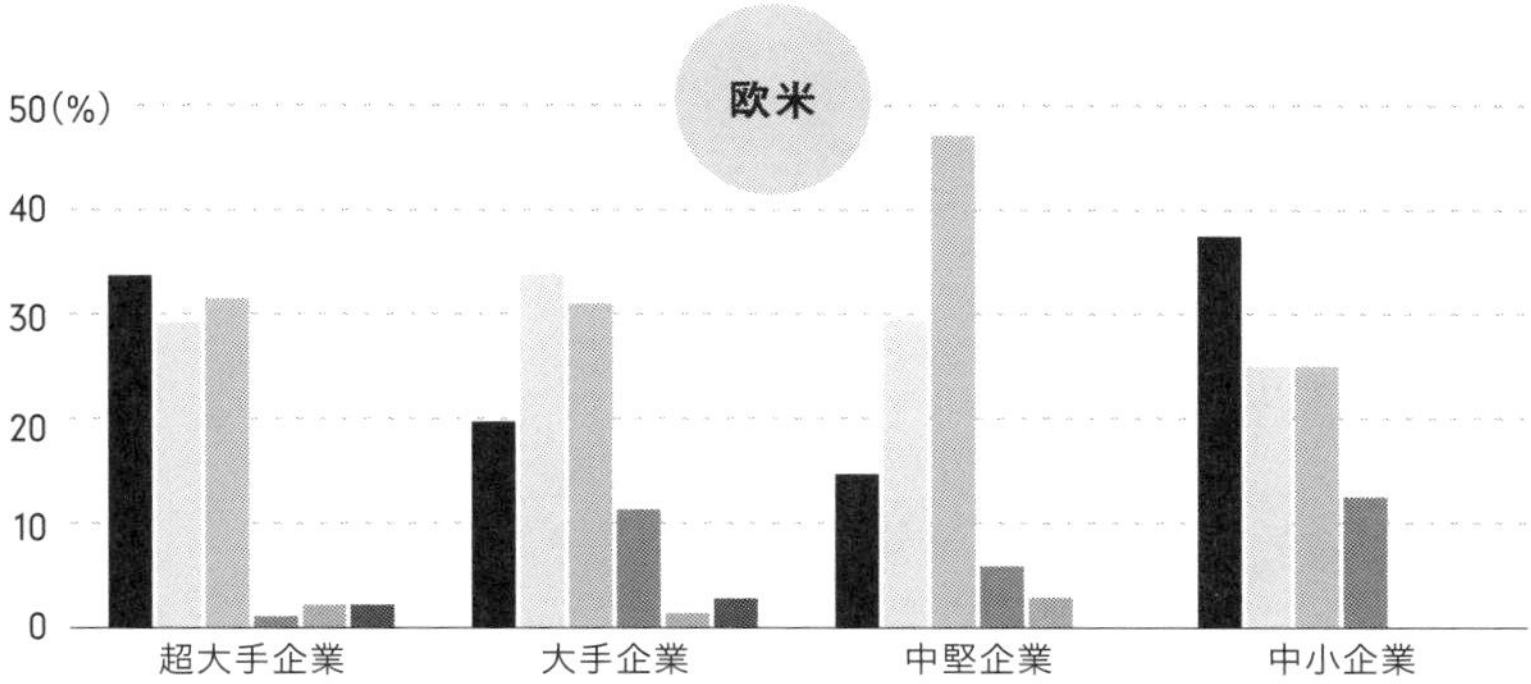

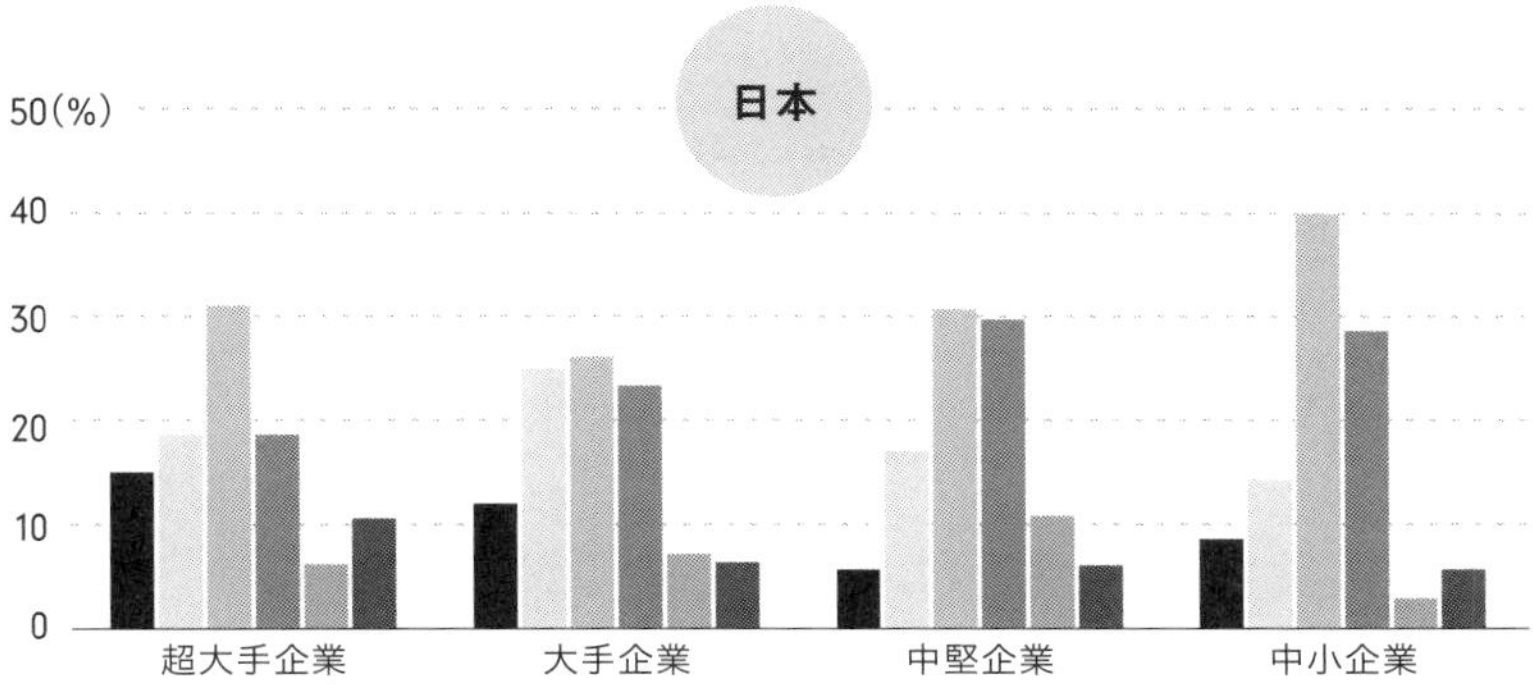

出所：筆者作成

デジタル変革のインパクトの先にあるものは、社会・顧客体験・ビジネスモデル・組織の運営モデル・人が果たす役割など、多岐にわたる。企業組織は、これらの変化や破壊的創造の市場環境下で、中核事業を柱に隣地への事業創造に取り組む姿勢が不可欠となる。この状況で全社商流改革やビジネスモデル変革に踏み込まず、着手しやすい効率化のみを軸にしてしまうと、短期的な生存率を高めるのみで、中長期的には事業リスクを抱え、成長機会を毀損することになる。より積極的にDXに取り組んでいる企業ほど全体のパフォーマンスが向上していることを踏まえると、同業他社を模倣したような手堅いDX対応に安住せず、より踏み込んだ変革を進める体制をつくる必要が喫緊に迫っている。

伝統的な日本の経営モデルやそれを支える組織・人材モデルは、様々なメリットを持つ一方で、アジリティの高い変革や抜本的な改革活動は不得意という特性がある。具体的には、「戦略意思決定時のリスク回避」「事業再編には弱いガバナンス構造」「経営・企画・人事の疎連携」「人の質に関するポートフォリオのブラックボックス化」「硬直化する人事制度」「変化を自分ごとと認識できずにいる社員」「自社にこだわる閉鎖性と限られた外部ネットワーク」などが、多くの現場で阻害要因として顕在化しているケースが多い。

これらの課題を認識できていても、それぞれの取り組みがバラバラに進められてしまい、「ジョブ型制度を導入したものの、経営企画と人事の連携やポートフォリオの見直しはされていない」「人材データを入れるツールを導入したが、社員から見るとそのメリットが不明で、データが陳腐化し活用されない」など、残念なケースがしばしば散見される。断片的、また目先の飛びつきやすい課題に取り組むがゆえに、本来の目的を果たせない変革が少なくないのも現実である。

これらのボトルネックを突破していくためのキーアクションと成功要因は、以下の5つである。

①自律性とアジリティの高い組織・ガバナンスモデルを整備する
②サービスインまでの時間を最小化できる人材戦略を立てる
③戦略人材向けの従業員体験をつくり込む（一国二制度など）
④持続的変化を前提とした目標管理の仕組みを埋め込む
⑤コアケイパビリティを段階的に内製化・出口を描く

上記の5点を実装することに成功した実例として、A社の事例を紹介したい。同社は生産拠点を持つ伝統的な製造業である。生産する製品の競争力は一定程度のシェアを維持しつつも徐々に市場全体のシュリンクが発生しており、何らかの新事業の柱を立てていく必要に迫られていた。最も有望な候補領域は主力商品を通じて得られる移動データであったが、伝統的な製造業のなかでデータビジネスを立ち上げていくには、様々な障壁があった。

まず①のアジリティの高いデジタルビジネスの立ち上げに対して、社内から成功の確度を疑問視する声が上がり、リソースを取られることへの様々な反発もあった。これらの呪縛から解き放たれるために、同社はトップダウンでの戦略方針出しと合わせて、社長直轄のデジタル組織を立ち上げリーダーを外部から招聘することで、スピードと意思決定を加速化した。

②のサービスインへのスピードも、市場を押さえるうえで重要性の高いテーマであった。同社の新任デジタルリードと担当コンサルタントは、検討のうえで必要なビジネスモデルをＰｏＣ（プルーフオブコンセプト）、ＰｏＢ（プルーフオブビジネス）、事業化後の各ステージに分けて商流と必要組織・機能を整理し、外部／内部市場で調達しやすい単位に役割を定義して運営モデルを確定した。そして戦略的重要性×市場調達容易性の観点から、内製化コア、段階内製化、外部活用の３種類の人材ソーシング戦略方針を整理した。足りない部分をパートナーで補完しながら、順次採用した内製化目標スコープを代替する人材戦略で、内製化とスピードの担保を両立したのである。

短期的にパートナー補完したが、将来は内製化を目指すコアポジションについて、未来永劫パートナーに依存しているモデルは非常に危うく、ベンダーロックインにもかかりやすい。そのため③の戦略人材確保のための動きとして、Ａ社はデジタルビジネスの準備を進めることと並行して、ＡＩエンジニアを含む高度専門人材に最適な従業員体験と人事制度をつくり込むことで、コアとなるデジタル人材が組織内で活躍できる環境を整えていくことに挑戦した。

製造業の人事部にとっては「平等性」「公平性」といった原則を破壊するリスクをはらむ制度導入に、当初は大きな戸惑いが生じていた。だが、「何に対しての公平性・平等性なのか」「仮にいまこの戦力人材を確保できない場合に自社はどうなるのか」という本質的な議論に踏み込み、Ａ「従来の安定雇用とＬＴＩ（長期的なインセンティブ）をベースとした制度」に加え、Ｂ「より専門性に基づきリスクを取るＳＴＩ（短期的なインセンティブ）に振った制度」の２本立てとすることとした。さらに、能力を満たすのであれば、個人の自由でAもしくはBの選択を可能とすることで、一国二制度の二刀流に進化させることで、従来秩序を破壊することなく異なる多様な人材マネジメントが可能となった。

デジタルビジネスの特徴としては、軌道修正・計画変更が日常茶飯事であり、推進上の不確実性が高くゴールに到達するルートが複数あるケースも多い。経営や管理者が正しい判断との前提で指示をしていく従来型のマネジメントでは、スピードも判断の妥当性担保のうえでもロスが大きい。そのため同社は④の変化を前提とした目標管理を可能とするため、組織や事業のMVV（ミッション・ビジョン・バリュー）を共有したうえで、何をなすべきかを個人と組織でベクトルをそろえるOKR（オブジェクティブズ・アンド・キーリザルト）の枠組みでの管理ルールを実施した。それぞれのOKRツリーが組織内に全公開されることで評価の透明性が担保されるとともに、整合性が自律的に随時担保され、年1～2回の定期人事運用とは異なるアジリティ対応が実現した。個々人のOKRツリーには、組織のミッションに紐付くものの他、個人として実現したいことなどが上司との対話の結果記載されることもあり、必ずしも組織に永年忠誠を誓うタイプではない人材でも、気持ちよく働ける環境が確保されることとなった。

コアとなる人材確保が進んだうえで、⑤のコアケイパビリティ段階内製化は、パートナーと同社双方で一定の人材育成・引継ぎコストを共有しバランスを取る形でのスキーム化を実施。その中身は技術的な能力もあれば、商流やベンダーへのリーチやマネジメント能力などに及ぶこともあった。A社はPoBを共同評価してもらえる金融サービスなど他業種とのネットワーク構築やパスの補完についても、パートナー協業を効果的に利用して、大手金融会社とのサービス構築を可能とした。ベンダー単独の利害の観点では、クライアントに永続的に依存してもらうと旨味が大きいため、内製化を勧めないことが少なくない。その一方で、真のビジネスパートナーとなるベンダーは、そのサービスを適正なコスト負担で持っていることが多い。自社で内製化・定着化するまでの戦略策定と変革支援を考慮してくれるパートナーを選定することは、自社の中長期的な成長と出口戦略を描くという観点では軽視してはいけないポイントである。

このようにA社は、それまでアジャイルなデジタルビジネスの立ち上げは難しいと思われがちな伝統的な製造業でありながら、変革の各要諦に適切に手を打つことでスピードを維持した形でサービスデザインと評価を完了し、コア人材への段階内製化を進めながら商材の市場投入までを成し遂げた。アジリティを上げるためにはすべての変革阻害要因を漏れなく解除する必要があり、これらに対して着実に変革のデザインを具体化し・実施するパートナーと組むことで、伝統的日本企業でも進化・加速化が可能であることがA社のケースで確認できる。

ポスト人的資本経営の本質的な目的を見据える

事業環境の変化への迅速な対応に加え、近年「人的資本経営」というキーワードが様々に発信されている。ここ最近で強調されるポイントは、「企業の社会的責任やESGに関連する規制動向の観点から、これを機会に人材を資本としてみなし人的資本施策/投資を開示、投資家らと対話することで中長期成長が支えられ企業価値が高まる」というものである。これに対応するため、自社のどのような情報開示や説明が求められるか、数字をどう取るか、ベンチマークは必要なのか……？　現状は個別のハウツー論が多く飛び交っている状況にある。

しかし、日本企業がこのテーマに対して本質的な取り組みを行うためには、トレンドの背景事情を押さえることが肝要である。人的資本（ヒューマンキャピタル）という概念自体は、特に目新しいものではない。「人材やステークホルダーを重視する」という基本的な価値観は多くの日本企業に共通している。その一方で、企業が従来のメンバーシップ型雇用を中心とした育成投資という、形では目に見えにくい現場中心のＯＪＴを実施しており、それが機能している限りは個人の所掌範囲や能力の定量的評価を実施しなくても事足りていた、という構造的な背景があった。これが要因となり、目に見える形での人的資本投資や人的資本の定量管理が苦手であることは間違いないだろう。

人的資本経営というキーワードが強調される理由としては、①ＥＳＧのコンテキストでグローバルでの規制動向に対応していく観点、②変革期において戦略を実現する際に不可欠な人材施策対応力を高める必要性、③それらを適切に市場に公開していくことで企業評価を高め・投資を呼び込む狙い、この３つが主なものとなる。言い換えれば、①はグローバル動向への対応、②③は①の情報公開や規制動向がどうあれ、各企業において戦略テーマとして考えるべきものである。

このような背景から、自社の本質的な変革を実現していくためには、人的資本経営を①に最低限の対応をするタスクと捉えるのではなく、自社の組織・人材戦略を考えそれをマネジメント可能なダッシュボードを持ち（②）、ステークホルダーへの期待値の管理が妥当な情報を開示し（③）、リスク管理と成長余地を示していくことが本筋となる。その意味で人的資本経営は、本来自社の成果（アウトカム）を最大化するために備えるべき仕組みを整備するための変革プログラムとならなければならない。

現在、人的資本経営に関するガイドや例示KPIとしては、制度化されたもの、任意のものを含めて、次の図のような要素が網羅されている。本質的な対応をするためには、①で開示が求められる範囲を集約してそれをマネジメントするのではなく、自社に必要な人材ダッシュボードを構築したうえでこれらを必要に応じて開示していくことが妥当と考える。そうでなければ経営と投資家が持つ情報は同じになり、経営はなぜそうなっているのかの付加情報を認識できず、改善や目標値の達成手段を持たない戦略遂行上のリスクを消し込むことができない状況に陥る。これは規制・要請対応で情報開示はしているもののマネジメントしている状態とは言えない。

では、中長期的な自社の成長に寄与する本質的な人的資本経営とはどのような姿だろうか。このキーワードを通じて促されている基本的な組織・人材管理と説明能力獲得への対応を企業が取り込んだうえで、さらに自社の成長をより加速化・高確度化してアウトカムにつなげられている姿を「ポスト人的資本経営」のレベルと定義するならば、その状態は以下のように説明できる。

A「経営戦略が組織・人材戦略に具体化できるレベルで明確化、継続更新されている」

B「単に人材ポートフォリオや定量化だけでなく、人材をどのような粒度で管理するか明確化さ

図表5-3　外部から求められる多様な人的情報開示の視点

	基本情報・財務				育成			流動性			ダイバーシティ			健康・安全				労働慣行					コンプライアンス
	従業員数／基本情報	コスト	生産性	他の要素との結合	リーダーシップ	育成	スキル・経験	採用	維持	サクセッション	ダイバーシティ	非差別	育児休暇	安全	身体的健康	精神的健康	エンゲージメント	労働慣行	児童労働・強制労働	賃金の公平性	福利厚生	組合との関係	
NFRD							●				●	●		●	●				●			●	
SEC	●					●		●	●														
SASB						●		●	●		●	●		●	●	●		●	●	●	●	●	
GRI	●					●		●	●		●	●		●	●	●		●	●				●
WEF	●					●					●	●		●	●				●	●			
ISO	●	●	●		●	●		●	●	●	●			●	●	●							●

出所：経済産業省委託調査「経営戦略と連動した人材戦略に関する調査（21年3月）より抜粋

れている」

C「上記に必要なデータを経営・管理者・社員が一緒に最新化し、眺め、改善している」

A〜Cの各アクションには、連続性と依存関係がある。

Aでつまずく企業は、戦略がやや総花的・玉虫色の企業が多く、明確な将来事業ポートフォリオの前提がない状態で人材戦略に挑もうとするパターンが散見される。これらの企業は、まず戦略前提とシナリオオプションを整理したうえでB、そしてCに進む必要がある。ツールを導入したものの活用できていない状態に陥っているケースは、Aをクリアしていないにもかかわらず先へ無理に進んだ企業に多く見られる。

Bが曖昧な企業は、データそのものを大量に蓄積しただけで使えない状態に陥ることが多く、自社にとって何が重要かを決めないことで引き起こされる。現在、そして未来のビジネスモデルと、それを支える人材像とはどのようなものか。それらの継続的な変化を管理するため、どのような人材管理メカニズムが必要なのかを決める必要がある。人材データの整備は他社動向の模倣や総花的な対応ではなく、自社の経営で何を見る必要があるのかを明確化している企業が成功している。

Cでつまずく企業は、システムや一時的なデータ蓄積には着手するものの、具体的にどう活用するのかの現実的な創出や設計が甘く、現場の理解が進まずに推進部門が力尽きてしまい、データ鮮度が劣化・陳腐化して使えなくなっているケースが多い。この状態を突破するためには、このデータの活用・改善を通じて、社員・管理者・経営は何が嬉しいのかについてのユースケースと動機付けを前もって設計することが不可欠である。一例として、自分自身の能力をデータ化するのであれば、それに基づいた人材配置がなされる、対応した育成プログラムを受けられるなどの受益者メリットがあれば、データは社員起点で自律的に最新化されていく。そうでなければ管理部門の掛け声のもとでのデータ更新となり、多くの場合は運用が長続きしないのが実態である。

日本企業が過去の強みの源泉でもあった人材モデルを変革・進化させ、グローバル企業に劣後せずマーケットから評価され、かつ固有の強みをさらに磨いて成長していくためには、目先の情報開示対応だけではなく、自社としての〝ポスト人的資本経営〟のあるべき姿を明確に定義したうえで、その持続的な高度化を可能とするデータと枠組みを整備し、ステークホルダーと一体的に推進する運営モデルを作っていくことが必要である。自社の取り組みは未来を見据えた本質的・網羅的なものになっているか、今後の変革を適切にドライブできる仕組みにつなげられているのか、未来視点からバックキャストし、現在の取り組みの妥当性を検証していく必要がある。

変化・多様性を前提とした
リーダーシップモデル・再生産型人材モデルの終焉

変革期の組織の旗振り役となる次世代リーダーシップ人材の確保・強化についても経営課題として挙げる企業は多い。コーン・フェリー社の日本市場における調査（2020年）によれば、現在のリーダーシッププログラムに満足している日本企業は調査対象の14・9％にとどまっており、課題と取り組みの遅れが確認できる。

そもそも「リーダーシップに求められる要素は何か」という大きな問いについては、歴史的にも様々な理論が提示されてきており、その時代に即した理論が受け入れられてきた。旧来の人事部主導の異動を起点とする目利きによる見極めから、特定基準に基づく選抜型リーダーシッププログラム構築や、後継者管理の導入を徐々に進めている日本企業は多い。現在のようなデジタルによる事業変革期に制度疲弊を起こしているのは、主に以下の3点である。

①リーダーシップモデルのアップデートがされていない（既存偏重）
②後継者管理が現在の上位職制人材の再生産になり同質化・多様性を欠く
③多様で不確実な環境下でのマネジメント経験・能力不足

①のリーダーシップ要素の定義については、各社の理念や定義された当時の理論影響を受けた要素で固着化している企業が散見される。強い中核事業と成功体験のある大企業であるほど、中核事業の強みと過去からの知見の深さを前提としたリーダーシップモデルと行動様式が推奨されがちである。各企業の従来のコアビジネスとデジタルビジネスの双方を率いる人材双方に当てはまり、共感され目指されるリーダーシップモデルかという視点での見直しは不可欠であり、逆にモデル自体が共存不能であるほど異なる場合には、組織およびガバナンスモデル自体を別管理する体系化が必要となる。

リーダーシップモデルの定義後にしばしば課題になるのは、②の後継者プールの質と属性に関する多様性の問題である。後継者プールの選抜を現場に委任している緩いガバナンスモデルの企業であるほど、短期需要に基づく同質的な人材プールが出来上がりやすいため、その質的なバランスを見ていく必要がある。当然ながらリーダーシップ層の能力以外の個人属性視点での多様化は、その後継者プールとある程度連動して実現されるため、見た目上の多様化を上位層のみで分離して進めた場合、相応の歪みとデメリットが出ることも認識しておくべきである。

③の不確実性の高い環境下のマネジメント能力の担保／獲得については、その緊急性に応じて、借りる、採用する、育てる、の3通りの考え方がある。既存事業・機能周辺のDXからよりビジネスモデル全体を変えるDXへ踏み込むために、その確度を上げるリーダーシップ能力の確保を迅速に進めていく必要がある。迅速性で見た場合の充足オプションは、借りる↓採用する↓育てるという順番になるが、経営層のなかには極力内製化したいという志向から、育てる↓いない／

間に合わない→採用する→取れない→借りる、という最も時間を要するルートを1個ずつ確認しながら通るケースも散見される。育てる（リーダーシップ育成プログラム）の重要性は中長期目線では軽視されるべきものではなく、多様な事業ステージや他業種経験の場と組み合わせた拡張が望ましいが、その前提として自社の戦略施策／DX推進上でどの程度スピードが成否を分けるかを見極め、短期では内部育成以外を含めた最も合理的な選択肢を取っていく必要がある。

上記のような課題の突破に挑戦した事例として、B社のリーダーシップモデルの再構築例を紹介したい。同社は中核事業の競争激化のなか、全社的なDXプログラムを推進し既存事業強化を実施することと合わせて、新事業領域の拡張へ挑んでいた。短期的な組織能力の補完を外部パートナーシップで補いつつ、DX能力開発プログラムを並走させ実務レベルの底上げについては対応を実施。その一方で、既存事業特性を受けた信頼性・計画性を前提とした伝統的なリーダーシップの価値と文化は、従来事業を支えるモデルとしては有用である一方で、より迅速にチャレンジを実施していく新領域に対して推進と意思決定上の足枷となっていることが課題認識されつつあった。

この課題を解消するため、B社では既存事業vs.新規デジタルビジネスの対立構造ではなく、事業ステージやライフサイクルを横断的に見ることができる共通のリーダーシップモデルを再定義する方針を立てた。この背景には、単に既存／新規を区分するのではなく、リアルとデジタルのビジネスをつないで戦うという決意と、その実現のために専門性は別にして事業の性質・ステージの差を意識／体得し行動できるのが次世代のリーダーシップだという経営としての意思入れがあった。

新たに定義されたリーダーシップモデルは、リアルビジネス・デジタルビジネスの双方で必要な3要素を定量測定可能な形で設計され、早速後継者管理プールの人材のアセスメントによる現状把握が実施された。定量分析の結果は、やはり従来ビジネス型の計画と管理を得意とするマネジメント型人材に人材プールが偏っていることが確認された。リーダーシップコーチングプログラムにおいては、自分自身の知見が不足するものや情報が足りないなかで、自らビジョンを描き・意思決定をしていくことに不安を感じることを、素直に吐露するリーダーシップ候補者も多数いた。

同社はこれを当然の結果と受け止め、組織を率いる候補者セグメントの迷いが変革のボトルネックとならないよう、次世代リーダーシップ育成プログラムを強化した。単なる理論や座学だけではない実践型のプロジェクトワークを実施し、失敗を許容する場として提供。外部有識者とセットで変革テーマの導出から意思決定準備、そして実行計画化までを、求められるリーダーシップ要素の実践の場として設計した。研修のアウトプットは経営提言の形で発表され、経営陣から評価されたうえで施策として採用され、その具体化と成果（アウトカム）の獲得へ向けて、次年度の事業計画内に連結された。組織や個人の目標に埋め込まれ、必要な変革を全力で推進できる環境が整備されたことで、このプログラムは経営が現場発のリアルな変革ピッチを真摯に考える場としても評価を受けることとなった。

個別企業の置かれた環境やリアル・デジタルビジネスの連携などの諸条件によって、選択していくリーダーシップモデルおよび人材プールのつくり方、能力補完の方法は様々なバリエーションがある。最短であるべきモデルに至るための変革施策の効率的な組み合わせを実施することで、迅速性を満たしつつ再生産型ではない各時点で求められるリーダーシップ人材を創出することは可能であり、この前提変化に対応できる仕組みの有無によって自社のDXおよび戦略推進力が大きく変わることも認識しておく必要があるだろう。

仕事の再定義／細分化とスキルギャップ・ミスマッチの拡大への対応

未来視点で組織と人材のマネジメントを最適化していくうえで押さえておくべきトレンドとして、仕事自体の多様化・細分化の傾向が挙げられる。継続・反復的に続けていく仕事自体の自動化、コミュニケーション・予知・判断支援などの領域におけるAI活用の拡大が人の担う仕事を変え、また企業の競争力の源泉となるコアケイパビリティも、事業ポートフォリオの変化に対応して大きく変化する状況が今後も続くと想定される。これらの持続的変化によって、現場では「人はいるが、求める人は足りない」という課題が繰り返し発生する。変化に対応する枠組みを整備し、ギャップを最小化していく営みと高度化が各企業には求められていく。

これらの人材ギャップとミスマッチを最小化していくためには、どのような機能が必要で、何がボトルネックになることが多いのか。人材ギャップを迅速に最小化していくためには以下の7つの機能が必要となる。

①将来の事業を支える運営モデル＋組織・人材モデルの前提を置く（戦略具体化）
②従業員にキャリアを明示しキャリアオーナーシップを促進する（自律・流動化促進）
③人材マネジメントの軸となる能力・志向・経験などのデータを集約する（データ構造化）
④現有の人材ポートフォリオ／将来予測ポートフォリオを可視化する（ギャップ分析）
⑤ギャップに対する人材充足方針を決定する（ソーシング戦略策定）
⑥人材充足プランを各機能に割り当てる（M＆A／提携／採用／リスキリング／外部補完）
⑦各プランの進捗を可視化／阻害要因を最小化する（チェンジマネジメント）

全体を俯瞰すると、各機能はギャップを埋めるために不可欠なものである。一方で、多くの対応策は⑥の特にリスキリング・研修に偏り、網羅性に欠けることも多い。網羅的に取り組むことができないのは、それぞれの機能が人事部門、経営企画部門、ＤＸ部門の各組織で細かく縦割りになっており、連携と整合性確保ができていないことが構造的要因であることが多い。取り組み自体の難易度／影響範囲は上がるものの、７つの全領域へ網羅的に手を打っていくことで、事業の変化対応力と人材ギャップ最小化のアジリティを上げられる良い機会となる。日本企業が陥りがちなリスキルにおける罠については、章末のコラムも参照されたい。

上記のような課題の突破に挑戦したＣ社の事例を紹介したい。同社は製造業で、最終製品の付加価値を高めていく競争力の源泉が、機械・電子領域からソフトウェア領域にシフトしていく変化に直面していた。この事業の環境変化は、今後同社に必要となる人材とケイパビリティのミスマッチを数千人規模で発生させることが想定され、迅速かつ的確な変革を実施することが喫緊の経営課題であった。

これを打破するために、同社は将来のビジネスがどのようなビジネスドメインで実施され、そのなかで、①のどのような人材が活躍するのかを図示して社員へ周知し、会社が求める現在と未来の職種を定義した。②の現在の自分の職種／レベルと今後目指していきたい職種／レベルを考え自ら宣言してもらう形で、③のベースのデータを整備した。そのデータからは組織の置かれた現在地と個人が自ら伸びた場合のシナリオとしての④の将来ポートフォリオの想定とギャップを可視化するメカニズムを整備し、その内部的な充足可否の判断を含めた⑤のソーシング戦略が整理される運用設計がされた。ソーシング戦略を受けて、各部は必要な⑥のギャップを埋めるための活動計画・リスキリングプログラムを具体化した。その進捗や推進上の課題を従業員から役員まで直接つなぐダッシュボードを組むことで、変革推進リスクを最小化し、⑦の経営と現場が一体となった変革を推進することに成功した。

この事例の示唆は、個別施策をバラバラに実施するのではなく、全体がコーディネートされた変革全体像を描くことが重要であること、また阻害要因の消し込みや定着化を進めていくチェンジマネジメントの重要性である。日本企業が直面している人材ギャップへの対応は、これら全体像のなかの個別の施策に依存したものになっていないか、その実現上の阻害要因を識別して確実に消し込めているかという視点での検証が、重要なチェックポイントとなる。

人材獲得競争(国・地域・業界を超えた高度人材獲得・EXの戦い)への対応

企業における人材需要調整という観点以外に、自社の競争力を高めるために必要となるコア人材・高度専門人材にどのように訴求し、より長く社内で活躍してもらえるかという点も、企業の成長・存続のうえでは欠かせない。より専門性の高い人材を育て、キャリア自律性を促して、組織としてのアジリティを高めていくことは重要である。一方で、帰属意識や従業員提供価値を実感させることができない状態では、市場価値の高い人材が流出することにつながってしまう。そのため、より幅広い人材に自社の社会的存在理由と重視する価値観を統合する軸としてのパーパスの設定や、従業員エンゲージメントを重視するトレンドが広がりつつある。

これらを実効性のある形で機能させるために必要なアクションと、組織と人との結びつきや評価が何によってなされるのかを構造的に整理してみたい。1つは会社のパーパス/存在理由そのものに対する共感であり、2つ目は従業員として得られるメリットに連携する従業員提供価値に対する評価である。パーパスは、従来のやや定義の広い企業理念に含まれる企業の存在理由と整理され、より多様性を増す組織のベクトルをそろえる軸としての注目が高まっている。これらに対する共感は、広く緩やかな組織との連帯を生む。従業員提供価値は、より合理的に組織を眺めた場合、個人が受けられるベネフィットにつながる要素である。パーパスは魔法の杖ではないため、実利面でも何を差別化するのかの観点は欠かせない。

従業員提供価値の構成要素は、大きく分けて次の6つから構成される。

①組織そのものの評判・評価・ブランド
②仕事そのものの持つやりがい・満足感
③自身の能力・成長機会
④職場の風土・ともに働く人の質
⑤評価および報酬の妥当性
⑥多様性や自律性への配慮

人材獲得競争が発生した際、日本企業内で巻き起こった制度変更は、まず高度専門人材に見合った処遇を提供するというもので、どの会社がいくら払う人事制度にした、という記事が紙面を賑わせていた。その一方で、上記のフレームワークと対比させて見た場合、給与・処遇はその一部ではあるもののすべてではない。例えばAIエンジニアが、非常に魅力的なデータを持つ企業と、データは見劣りするが高給を提示する企業のどちらを選ぶかの決め手は、必ずしも処遇のみが優先されるわけではない。つまり、「自社にとってのユニークな従業員への提供価値が何か」を磨くことで、より効果的な採用ブランディングが可能となっていく。

また、パーパスに対する共感や関心があまりない高度専門な人材も市場には存在する。このような人材は、属性として流動性が高くエンゲージメントは相対的に低くなる。全従業員にパーパス共感やエンゲージメントの高さを求めるのかといった点は、まさに人材マネジメント上の戦略と方針決定事項の1つであり、自社への共感×高度専門×自社業界の経験といった複合条件によって、希少なターゲットプールを自ら狭めていないか、人材定義として分業させれば調達容易性が上がらないかといった観点で、運営モデルと人材定義を含め再考する余地がある。

管理部門・人事機能のデータドリブンHR移行とデジタル・リーン化

今後、外部とのパートナリングを含めた自社運営モデルの変革、事業ドメインのシフト、社員の担うべき仕事自体の変化が進むなかで、日本企業の管理部門・機能組織はどのように対応・進化していく必要があるのだろうか。また、近年現場で発生しがちな経営と人事の分離はどのように引き起こされるのだろうか。

企業の人事部門は、高度化と効率化という相反するミッションに挟まれ、身動きが取れなくなっていることが少なくない。経営・企画・人事・DXの各部門間での縦割りと連携不良により整合性の取れた共通のプランを描き切れていないケースも多く、本来大規模な変革を推進するうえで一体化が不可欠な、ビジョン、戦略、組織、人材管理、テクノロジーの各取り組みがバラバラの状態で突き進んでいる事例も散見される。こういった不整合状態での変革推進は、本意でなくとも社員に混乱を引き起こし、中長期的に持続可能/完遂可能な変革にはなりにくい。

人事部門は、従来の均質的な人材モデルにおける秩序の守り手から、変化を可能にする組織・人材モデルへの変革推進役へと変わる必要がある。そのためには、旧来役割での縮小均衡ではなく、変化を適切な粒度のデータで捉え、組織とヒトと働き方の再編成に生かすという大きなミッションを担う存在に進化していかなければならない。

本来最重視すべき組織・人材モデルが後手に回ることは、多くの場合、以下のメカニズムで引き起こされる。各企業は事業変革期の余力を創出するため、人事部門を含む管理部門のリソース配置を効率化する、その狙い自体は間違いではないものの、人事部門の人員が削減され、オペレーションがぎりぎり回る〝効率的〟な体制となったことで、戦略テーマへの対応力がさらに落ちる負の循環が発生する。人事部が自ら戦略人事機能と人事オペレーティング機能を分割してグループシェアドセンターなどへ運用部分を集約した場合にも、組織名が変わっただけで効率化されない運用が続き、「市場優位性もない運営なら、なぜグループ内でやる必要があるのか」という問いに答えられないケースも多い。このような構造を回避し、変革を進めることができた人事部門とはどのようなものか。

コスト削減と人事機能高度化を同時並行的に実現した変革事例として、エネルギー企業D社の例を紹介したい。同社は、自由化以降の競争環境下において中核事業の強靭化を狙ったＤＸと収益の柱となる新事業創出を目指したＤＸへの取り組みを推進し、その一環として管理部門業務の効率化・デジタル化と外部化による効率化推進の方針が整理されつつあった。一方、徹底的な効率化と外部化によるコスト削減効果の創出は、人事部門の視点では二度とできない投資原資の創出機会でもあり、この原資の一部を人事機能の高度化に再投資すべきと見据えて整理。人事部門の新規事業を支える人材最適配置・育成高度化ができない状態で、目先の人事部門コストを下げたところで中長期的な事業成長が見込めないリスクを明示し、経営陣との合意を取りつけた。

人事部門の高度化テーマは多岐にわたったが、同社は戦略的優先順位を整理のうえで事業再編推進上の鍵となる人材の質と志向を含む人材ポートフォリオと要員計画高度化、既存事業×新規事業を担うリーダー育成に優先して取り組み、パートナーとのモデル構築／伴走を経て高度化機能を自社人事部門内に取り込む形で目指す姿を達成し、DXを支える人事機能の強化を一定のコスト削減と併せて実現することができた。DXの前線を支えるための仕組みへの適切な投資と変革ステップを描くことで、全社としての変革対応力が高まる結果を生んだ正しい変革構想と実装事例と言える。

変革力と成果創出力の高い組織・人材強化を実現していくために

自社／自組織の取り組み振り返りと強化点の識別

組織・人材のテーマは、着手する際は検討解像度が粗くても動き出せるが、ビジネス成果を生み出し、組織内に変革を定着化していくうえでは精緻化しなければ突破できない戦略強化領域である。自社／自組織はこの変化のトレンドに対して整合性の取れた動きが取れているのか、自社が取り組むDXのステージとターゲットを押さえたうえでその確度を高めるために抜けている打ち手はないか、どのような視点で機能の強化／パートナリングを進めるべきなのか、丁寧に再考すべきだ。組織・人材マネジメントの戦略アクションは、以下の7点である。

①組織の変革アジリティと市場変化への対応力を上げる取り組みは十分か？
②人的資本経営への表層的ではない取り組みが実施できているか？
③自社のガバナンス・リーダーシップモデルは変革期に対応できるものか？
④人のミスマッチ解消に必要な網羅的な手を打てているか？
⑤人をつなぎ留めるパーパスと従業員提供価値／EX（エンプロイー・エクスペリエンス）を磨けているか？
⑥自社の目指すステージに必要な機能補強／パートナリングはできているか？
⑦変革をドライブできる強い人事オペレーティングモデルを構築できているか？

力を結集し変革を形にする

DXや各種変革プログラムで具体的なビジネスの成果を狙い、中長期的な成長を描くためには、正しい未来の構想に基づく戦略策定と同様に、それらを実現可能とする運営モデル・組織・人材を整備することが求められる。当然、リソースには制約があり、社内には適切なケイパビリティ・推進力が存在しないことも少なくない。経営陣・リーダーには、変革がいつまでにどの状態に到達する必要があるのかというマイルストンとターゲットを設定する責任がある。ゴールに至るために不可欠なパーツをパートナリングなどで補完し、必要機能は中長期的に自社内に取り込んでいくといった全体設計を立てることも肝要である。

変革推進のうえで最も非効率なのは、部分的な打ち手に固執することである。変革を成功に導く要素は、戦略整合性、リソース配分、能力支援、ツール、リーダーシップの力、インセンティブ、理解と共感、阻害要因の排除など様々な要素があり、全体が整って初めて前進する。ビジョンのみで個人へのインセンティブが考えられていないケースや、リスキリングは導入されても戦略意図が浸透していないといった要素が欠損した打ち手では、変革実現確度が落ちるという構造を把握しておく必要がある。

網羅的な推進力を得るうえでは、戦略的パートナーシップなどの形で外部パートナーと協業／伴走することも1つの有効な選択肢である。網羅的な打ち手で変革を前に進めていくためにパートナーに求められる基準は大きくは以下の3つとなる。

①戦略・テクノロジー・組織／人材変革を一体で推進できること
②持続的変化に対応できるアジャイルで責任ある人材モデルを整備できること
②変革を成果につなげていく確度／スピードを高められること

変革を行動に、挑戦を結果に

デジタル時代に求められる組織・人材マネジメントの戦略アクションは多岐にわたる。ただそれぞれの打ち手は今後各企業が持続的に変革を続け競争力を維持していくために必要不可欠なメカニズムである。

社会・市場環境変化の波は今後も持続的に続くことが想定され、生存と持続的成長を可能とする企業に求められるのは、正しい戦略策定、デジタル技術の活用と併せて、実行と推進を担う変化に強い組織・人材モデルを整備することである。後手になりがちなこの領域に対して、戦略的投資を進めていくことが中長期的な成長とビジネスの成果を生み出していく。

DXのステージが商流全体・外部を含むビジネスモデル全体へ踏み込んでいくほど、変革インパクトも高まるとともに難易度も上がる。将来を見据え、今日の組織・人材マネジメントに求められる機能強化は、「戦略機能高度化・迅速化」と「生産性強化・効率化」の2つの領域において、前述した7つの戦略アクションを推進していくことで達成される。これらをビジネスの成果へつなげるためには、個別断片的な施策ではなく網羅的に正しい順番で変革を進める必要がある。

世の中にあふれる個別・断片的なバズワードに紛らわされることなく、正しい順番でアプローチを実行した企業は突破口を開いている。変革施策を体系的に設計し行動に移し、挑戦を結果につなげる確率を高めていくことで、成果を社内で早期に実感し、さらにその成功体験を通じてまたさらなる変革につなげていくことが可能となる。日本企業が本質的に手を打つべき取り組みに対応できているかを7つのポイントで検証し、必要な強化点を見極め、適切な戦略パートナーとともに迷うことなく成果創出力が高く変化に強い組織の実現へまっすぐに進んでいただけることを願っている。

【コラム】デジタル人材の育成で陥りやすい過誤

日本企業の人材育成部門はＤＸを推進すべく、様々な施策に取り組んでいるが、その多くが正しい方向へ向かうことができていない。〝北極星〟となる目的地（パーパス）を設定し、手段であるデジタル変革とアラインした人材育成施策を展開しない限りは、目的地にたどり着けないことは容易に想像できる。本コラムでは、道を誤りかねない「陥りやすい過誤」を例示し、同じ轍を踏まないよう注意を喚起したい。

過誤①：研修導入・実施の目的化

企業が、デジタル変革のみならず組織の成長に向けて、社員に求めることは行動変容である。しかし、具体策に落とし込みやすい研修に飛びついてしまい、目的から手段にはき違えた施策になりやすい。事例としてよく見るのは、「データ分析研修」や「ノーコード・ローコード開発研修」といったものだ。しかし、全社を挙げてどのような行動変容を企図しているのか、そのうえで、全社員に本当に必要か、という点の整理がないままに展開されているケースが散見される。

当然、デジタル変革で活用するテクノロジーにキャッチアップする必要はあるが、変革後の業務（行動）に沿ってその質と量を特定し、当該スキルの不足を特定したうえで研修を企画・推進しなければならない。さらには、人事評価の項目や基準も同時にアラインできると、社員に対してより行動変容を求めるメッセージとして研ぎ澄ますことができる。

人材育成のモデルとして「70－20－10」があるように、研修は人の成長に10％程度しか影響せず、ほとんどは仕事経験を通じて成長し実務に通じるレベルに達する。事業や業務内容の変革（仕事経験の創出＝求める行動変容）が人材育成とセットであることが必須であり、「研修導入ありき」となっていないか、注意が必要である。

過誤②：実務と育成人材像の乖離

デジタル変革を推進する際、「全社を挙げてデジタル変革人材を創出」などと掲げられるケースは少なくない。だが、その実行にあたり、どのようなテクノロジーで、何を変革しようとしているかは明確になっているだろうか。DXを進める際には、実在する人材でチーム編成を検討して充足しなければならないが、育成計画と解像度がずれてしまっていないだろうか。

人材像定義を1名ですべて満たせなくても、2〜3人でカバーできるのであれば、プロジェクトは遂行可能である。「いつかデジタル人材が必要」という理由で、全社を挙げて人材育成から着手するケースもありうる。だが、社内でどのようなDXプロジェクトをいつから進めるかという詳細な計画がなければ、人材育成は本末転倒となる。つまり、個々のプロジェクトを成功させるためには、リアルな要件に基づく解像度の高い育成計画が必要であり、日頃から社員の保有スキルをデータベースに蓄積してDX推進計画とアラインし、いつどのようなスキルが何人必要か、人材育成自体をデータドリブンにする必要がある。蓄積したデータと他の人事データを組み合わせて活用・分析することで、プロジェクトベースでのチーム編成や全社的なタレントマネジメントが実現可能になる。人材育成自体もデジタル化していくことが求められる。

過誤③：デジタルスキル偏重の研修体系

デジタル変革は「デジタル」と「変革（トランスフォーメーション）」に要素分解できるのは言うまでもないが、人材育成の計画がデジタルスキルに偏ってはいないだろうか。変革を真の意味で推進できる人材は、本当に充足しているのだろうか。デジタル変革のスコープを既存・新規のどちらの事業に置くかにかかわらず、何らかのビジネスプロセスを描いて実行レベルに落とし込まなければ、真の変革の実現は難しい。

デジタル人材育成に関する指針や人材像定義をＩＰＡ（独立行政法人情報処理推進機構）が発信しているが、ビジネスアーキテクトの定義には、変革とプロセスに関するスキルが最重要とされている。同様に、データサイエンティストにも変革とプロセスのスキル定義が含まれている。デジタルスキルは変革を実現するための手段であり、育成施策もまたしかりである。ビジネスプロセスの変革が難しく、人材の育成が難しいことも十分理解できる。だからこそ目を背けることなく変革を理解し実行できる人材を増やし、そこにデジタルスキルを埋め込んでいく努力を絶やさないようにしなければならない。

第6章

新たな顧客価値を創出し、社会イノベーションを起こしていくために

NTTデータ経営研究所・クニエ
山口重樹

日本企業が成長力を取り戻すためには、既存の強みであるタンジブルなプロダクトにコネクテッド・インタンジブルなプロダクト・サービスを取り込み、新たな顧客価値を創出する必要がある。それを成功させるには、どのような視点や考え方が求められるのか。①「顧客の真の課題を把握すること」、②「自社の強みを生かすこと」、③「デジタル・バイ・デフォルトでの実装」、④「コンサンプション・エコシステムの構築」、⑤「4つの観点からの継続的な検証」、⑥「リーダーに求められる新たな能力」の6つを提示する。さらにこれらに基づき、具体的に何をしていくべきかを説明する。

コネクテッド・インタンジブルを取り込み、新たな顧客価値を創出する

社会課題は、行政だけで解決できるものではなく、価値を創出するとともに雇用と所得を生み出す企業が主体的に取り組む必要があること、そのためには日本企業が成長力を取り戻さなければならないことを述べてきた。さらに、日本企業が競争優位を発揮するためには、タンジブルな

プロダクトにコネクテッド・インタンジブルなプロダクト・サービスを加え、埋め込む戦略が不可欠であることを説明してきた。しかし、加え・埋め込むことはあくまでも手段にすぎない。重要なことは、顧客価値を創出する新たなサービスをどのようにしてつくり出し、提供していくかである。

本章では、コネクテッド・インタンジブルなプロダクト・サービスを活用し、新たな顧客価値を創出するために必要な視点や考え方を解説していこう。具体的には以下のような点だ。企画段階では、「顧客の真の課題を把握する」ことと「自社の強みを生かす」こと。実装段階では、業務目的達成のためすべてのプロセスのデジタル化を前提とする「デジタル・バイ・デフォルト」で考えること。拡大段階では、顧客に価値提供するための企業連合である「コンサンプション・エコシステムの構築」。成功させるためのマネジメントとして、「4つの観点からの継続的な検証」を行うこと。そしてこれらを成功に導く、「新たな能力を持ったリーダー」が求められることを示す。

(1) 顧客の真の課題を把握する

なぜ顧客の真の課題を把握することが必要か

ビジネスは、どの顧客にどのような価値を提供するかを決定し、顧客により多くの価値を提供し、顧客の支払い意思額を高めることに他ならない。プロダクト・サービスの購入者は、何らかの課題の解決（アウトカム）を求めている。つまり、真の課題を解決すれば、顧客の支払い意思額を高められる。

ただし、いままでのタンジブルなプロダクトの提供だけでは、顧客接点が購買時に限られる。それに対してコネクテッド・インタンジブルなプロダクト・サービスでは、いつでもどこでも顧客接点をつくることができ、データに基づいて個々人に合ったプロダクト・サービスを提供することが可能だ。顧客さらには生活者の真の課題を解決する新たなサービスを企画提供するチャンスが広がっている。

顧客の真の課題を把握しなければ何が起きるか

真の課題を捉えることができないと、デジタル化には成功してもビジネスには失敗する。こうした例として、ある写真フィルムメーカーのデジタル変革の失敗を挙げることができる。カメラを使うユーザーの活動は、写真を撮る、現像する、鑑賞する、共有するからなる。ところが写真を撮影する機器がデジタルに対応し、現像したりプリントアウトしたりしなくても、高画質の画像がパソコンやスマホで直接鑑賞できるようになった。ネットワークを利用することで、共有も簡単にできるようになった。

ダートマス大学タックビジネススクールのロン・アドナー教授[※1]によると、この写真フィルムメーカーもデジタル化は進めていた。デジタル写真の現像技術や共有の仕組みも、他社に先駆けて開発していた。ところが、最後まで写真のプリント市場にこだわり、画像のシェアリングサービスも写真のプリントを前提とするものだったため、ユーザーに敬遠されてしまったのである。

写真を撮る顧客の真の目的（課題）は、友達や家族と写真を見て楽しむことだ。顧客の真の課題に価値を提供した企業だけが生き残る。それ以外をデジタル化しても、デジタル化には成功したにもかかわらず事業には失敗することになりかねない。ビジネスを成功させるためには、顧客の真の課題を解決するサービスを提供することが不可欠なのだ。

顧客の真の課題を把握するには

では、どのようにすれば顧客の真の課題を把握できるのだろうか。

顧客は、プロダクト・サービスを購入し利用することにより、何かの課題を解決しようとしている。そのように考えると、そのプロダクト・サービスを「利用するシーン」と「利用後のシーン」に注目することが早道である。つまり、利用シーン、さらにはその背景（ランドスケープ）で達成したいことが、顧客の解決したい課題である。

例えば自動車保険を契約する目的は、自動車事故に遭ったシーンで、スムーズに事故処理対応してほしい、また迅速に修理等の手配をしてほしいことである。そのシーンにおいてスムーズに処理をしてほしいというのが顧客の課題ではあるが、顧客が本当に求めていることであろうか。

もう少し踏み込むと、自動車事故に遭うシーンには、日々自動車を運転し、移動するランドスケープが必ずある。日々の生活のランドスケープにおいては、自動車事故に遭わない、安心・安全に移動したいということこそが、顧客が本当に求めていること、真の課題であると気づくだろう。自動車事故に遭った時のスムーズな対応に加えて、安心・安全な運転をサポートするサービスが提供されれば、顧客により多くの価値を提供できるだろう。

このような考えで、運転状況をセンサーで把握しドライバーにアドバイスしたり、事故が多い場所の情報を通知し注意喚起して、事故の発生を防ぎ安心・安全を支援するサービスに取り組んでいる損害保険会社もある。

経営学者のセオドア・レビットは「人は製品やサービスのためにカネを払うのではなく、買おうとしているものが自分にもたらすと信じる価値の期待値にカネを払うのである。四分の一インチの穴を買うのであって、四分の一のドリルを買うのではない※2」と語った。顧客が自社のプロダクト・サービスを利用するシーンやその後のシーンに視野を広げ、利用シーンやそのランドスケープで解決したいと思っている真の課題を見つけるのだ。ドリルを購入する人の真の課題、ドリルを利用するシーンで解決したい課題は何であるかと考えると、四分の一のドリルを使うことではなく、四分の一の穴を空けることであると気がつく。

顧客の真の課題を把握することは、消費者向けビジネスに限定されるものではなく、企業向けビジネスについても同様に重要である。

(2)自社の強みを生かす

タンジブル企業がリーダーシップを取れる

タンジブル企業が、コネクテッド・インタンジブルなプロダクト・サービスを取り込む目的は、既存事業と関係のない新規事業のためではなく、既存事業と新しいサービスのシナジーを利かせ、新たな顧客価値を創出するためである。

強みとは、顧客が自社を選んでくれる理由である。したがって強みは自社が決めるのではなく、顧客が決めるものだ。顧客に価値を提供する観点で考えると、顧客のことを知っていること、顧客に選ばれ続けるプロダクトを提供していること、サポートのチャンネル・拠点をすでに持っていることは、強みである。

タンジブルなプロダクトに、コネクテッド・インタンジブルなプロダクト・サービスを組み合わせると、顧客の情報を取得でき、コネクテッド・インタンジブル企業に対して、競争優位を獲得できる可能性が高まる。例えばアップルは、タンジブルな顧客接点である「iPhone」のデフォルト検索エンジンを設定できる。これはグーグルなどのコネクテッド・インタンジブル企業に対して優位である。グーグルやメタ、アマゾンが、顧客情報の源流を押さえようとタンジブルなプロダクトの提供に乗り出しているのは、このためである。

このように、コネクテッド・インタンジブルで先行した企業群も、事業拡大のためタンジブルなプロダクトへ展開してくる。その時には高品質・高信頼のタンジブルなプロダクトの重要性が増す。

コネクテッド・インタンジブル企業へタンジブルなプロダクトを納入する立場になるのか、自らリーダーシップを取れるのかは、顧客接点をデータの視点で活用できるかにかかっている。顧客接点を通じて、他社にとっても価値あるデータ、自社でしか取得できないデータ、自社でコントロールできるデータを、取得できるかどうかによって決まる。この点でタンジブルなプロダクトで成功している日本企業は、すでに顧客接点を持っており、それにセンサーを組み込みつなぐことによってデータを取得できる良いポジションにいると言える。

自社のパーパス、ミッション、バリューとの整合

タンジブル企業は、自社の強みを生かしてインタンジブルなプロダクト・サービスを取り込み、新しい顧客価値を創出する必要があることを述べた。新しいインタンジブルなプロダクト・サービスは、ただ利益を出せればよいということではなく、自社のパーパス、ミッション、バリューと整合していなければならない。シナジーを出すために、タンジブルなプロダクトの事業に従事している社員にも、新規サービスや事業の目的や意義を共有することは不可欠である。

新規のサービスや事業は、企画フェーズ、実装フェーズ、拡大フェーズ、定着フェーズを経て初めて成功する。それぞれのフェーズで必ず課題に直面し、見直しが求められることになるだろう。その時、そのサービスや事業を実施する目的は何か、自社で取り組む意義は何かについて、明確になっていなくてはならない。そうでないと、成功に向けてチャレンジする社員のモチベーションも維持できない。実施する目的、自社が取り組む意義を与えるのが、パーパス、ミッション、バリューである。

(3)デジタル・バイ・デフォルト

なぜデジタル・バイ・デフォルトが必要か

私たちは、タンジブル経済においてもデジタルテクノロジーを活用してきた。ただしその内容は、既存のプロセスの改善のためであり、自動化や省力化、データを活用した予測精度の向上などにとどまっていた。さらに、目の前の個別業務の改善で終わることも多かった。これらはタンジブルなプロダクトの品質改善、コスト改善を現場で進めていくためには必要だが、そのプロセス全体の真の課題を解決するためには十分でなく、さらに新たな顧客価値を創出するためのデジタルテクノロジー活用には及んでいない。

デジタルテクノロジーは、センサーやＡＩの技術を単独で使うのではなく、センサーから取得したデータをビッグデータとしてＡＩで分析し、将来を予測するといったように、組み合わせることによって、そのプロセス全体で達成すべき課題の解決、さらには新たな価値の創出に活用すべきだ。具体的事例は、各章で述べてきた通りである。

コネクテッド・インタンジブル経済においては、新たな顧客価値創出のため、デジタル化された顧客体験の提供を前提としている。顧客の課題を解決するコネクテッド・インタンジブル経済では、プロダクト・サービスそのもの、バリューチェーン、タスク、プロセスのすべてをデジタル化することを検討すべきだ。それでも人間しかできないところが残る。すべてをデジタル化する前提で考えたうえで、人間とデジタルの最適な分担を考えることが必要なのだ。

デジタル・バイ・デフォルトを実現するには

デジタルテクノロジーの能力をフルに発揮させるには、それらを組み合わせてプロセスの真の目的を実現する目的志向アプローチが必要になる。目の前のプロセスは何を目的に行っているのか、さらにその目的の上位の目的は何なのかを考え、既存のプロセスにこだわらずに、プロセス全体の真の目的を達成するデジタルテクノロジーを最大限活用した新たなプロセスを設計・実装しなければならない。技術革新のスピードは激しいので、一部のテクノロジーの取り換えが全体に影響しないような構造（アーキテクチュア）になるよう考慮することも重要だ。

デジタルテクノロジーは、組み合わせることで、単体ではできない多くの機能を実現する。新たな顧客体験をつくり出す場面では、次のような機能が可能となる。

顧客価値提供のデジタルイネーブラー

- 「顧客接点のユビキタス化」：顧客と、いつでも、どこでもつながることができる
- 「パーソナライズ化」：顧客個人の嗜好に合ったタイミング・手段で、嗜好に合ったプロダクト・サービスを提供できる

・「自動化・代行化」：顧客が実施する操作を、顧客の代わりに実行する

これらを切り口に、新たな顧客体験を実現するサービスを考え、その後これらの機能を実現するデジタルテクノロジーの実装方法を検討するとよいだろう。より具体的には、以下のように考える。顧客とどのタイミングでつながり、どのようなパーソナライズされたサービスを提供するのか、どのタイミングで必要なデータを取得するのか。そして実現プロセスにおいては、顧客側でのオペレーションは最小にし、デジタルで自動完結（オートコンプリート）できるようにするためにはどのようにするのがよいか。

また、新たなバリューチェーンを検討する場面においては、デジタルテクノロジーは次のような機能の実現を可能とする。これらを切り口に新たなバリューチェーンを設計し、その後これらの機能を実現するデジタルテクノロジーの実装方法を検討する。

バリューチェーンのデジタルイネーブラー

・「予測精度向上によるロスの削減」：不確実性があるがために発生しているロスを、データを活用して予測精度を向上させ、削減する
・「自動化」：業務のプロセスやタスクをデータに基づき判断し、自動で実行する
・「エンパワー化」：デジタルで情報収集、分析、判断さらに物理的なパワーを代行し、人間の活動能力を増強させる

具体的には次のように考える。意思決定している場面を洗い出し、そこで発生している不確実性は何か、どのような予測を行えばそこで発生しているロスを削減できるか、その予測のためにどのようなデータを取得できるか。自動化できていないプロセスやタスクについては、なぜ自動化できていないのか。自動化できないものは人間の判断が伴うところが多いため、データを活用して判断の自動化と物理的作業のロボット化が可能か。それでも残る人が行うプロセスやタスクについては、人の能力を増強することによりどのように高度化できるか、それをデジタルテクノロジーでどのように支援するかを考える。

特に顧客体験の「パーソナライズ化」とバリューチェーンでの「予測精度向上によるロスの削減」については、センサー技術の発展で扱えるリアルタイムのデータが飛躍的に拡大するため、いままでの延長ではない新しい顧客価値創出方法が考えられる。

最近注目されている生成ＡＩも、デジタル・バイ・デフォルトで活用できる技術だ。いままでのＡＩは、故障予測やターゲットマーケティングのターゲット抽出などにおける予測精度の向上に貢献している。それに対して生成ＡＩは、入力されたプロンプトより利用者が求めているものを推定し、それに基づき情報を収集し、分析し、理解しやすい形に編集加工する。特にテキスト生成系のＡＩは、いままで人間が行っていた文書作成や要約まで含めた情報処理を「自動化」し、知識を創成することを可能とする。知識を活用して価値を創出する人材の「エンパワー化」に寄与する。

デジタル・バイ・デフォルトの実践例

デジタル変革で成功していることで知られているGEの航空エンジンのケースを分析してみたい。GEは、安全かつ効率的に飛行機を運行させるという航空会社の課題を解決するため、飛行機のエンジンにセンサーを付け、エンジンの回転数、燃料消費、機器の状態のデータを収集し、時間単位での利用に課金するサービスビジネスに転換した。2022年の同社のアニュアルレポートによると、一時的に売上の減少に直面したが、その後は利用課金のサービス型ビジネスが拡大し、航空ビジネスの売上の70%になっている。さらにこのサービスは1万2000機の飛行機に採用され、安全性を確保するための予防保守や、効率性を実現するための燃料消費を最適化する飛行のアドバイスサービスも行っている。

これをデジタル・バイ・デフォルトで紐解いてみよう。エンジンにセンサーを付け、エンジンの状態を随時把握できるようにすることで、「顧客接点のユビキタス化」を実現した。顧客のエンジンの利用状況に応じ、最適な燃料消費を実現する「パーソナライズ化」された運行サービスを提供し、エンジンの稼働データを分析し、故障の予測をすることで予防保守をする「予測精度向上によるロスの削減」も実施している。これまで顧客が行っていた燃料を最適化する運行方法を「自動化・代行化」して策定し、「エンパワー化」の観点からは保守・修理の業務支援を行っている。

GEは現在、このモデルを電力プラントのガスタービン、太陽光発電の機器などに拡大している。ＧＥに限らず様々な産業で、デジタル・バイ・デフォルトの考えが積極活用できるだろう。利用課金型ビジネスモデルでは、タンジブルなプロダクトの信頼性や耐久性は、顧客からの信頼を得るのに貢献するだけでなく、自社の保守・修理コストを削減することにも貢献する。

(4)コンサンプション・エコシステムの構築

コンサンプション・エコシステムとは何か

生活者の課題を解決するサービスの提供は、自社だけですべてをカバーすることはできない。Ｍ＆Ａを行うことも１つの選択肢だが、コネクテッド・インタンジブル経済では、クラウド上でＡＰＩ（Application Programming Interface）を活用して異なるソフトウェア同士を容易につなげる（コネクト）ことができ、データの共有もスムーズにできる。そのため、他の企業が提供するプロダクト・サービスと連携し、生活者の課題を解決するプロダクト・サービスを、多くのコストをかけずにスピーディに提供することができる。

タンジブル経済においても、部品の調達や製品の共同企画などでエコシステムを構築してきた。すべて自社で設計、製造するのではなく、外部のパートナー企業と連携する仕組みを作ってきたのである。デジタルが可能とした取引コストの低下により、いままで内製化していたプロセスやタスクを外部のパートナーに依頼することもできる。ただし、これらは生産のためのエコシステムであり、プロダクションエコシステムと呼ばれる。

これに対し、コネクテッド・インタンジブル経済では、生活者の課題解決のため、異業種の企業が連携し、さらには企業と行政が連携し、新たなプロダクト・サービスを提供することが可能となる。これは、生活者、消費者に、新たなプロダクト・サービスを提供するためのエコシステムである。スイスのビジネススクール、ＩＭＤのモハン・スブラマニアム教授は、これをコンサンプション・エコシステム（消費のための企業連携[※3]）と呼んでいる。

コンサンプション・エコシステムとは何かを理解するために、自動車の保有者のジャーニーを考えてみよう。自動車を運転し、道路を利用し、パーキングを利用し、ショッピングセンターに行く。ドライブを楽しむ時には、観光地に行ったり、レストランに立ち寄ったりもするだろう。自動車の調子が悪い時には、整備工場のお世話にならなければならない。

自動車の保有者から見ると、個々の場面で利用するサービスが個別に提供されるのではなく、それぞれの場面でのデータが一元的に管理され、1つのパーソナライズされたサービスが提供されれば、より多くの価値を受けることができる。例えば、目的地近くのパーキングの予約や、ドライブ途中でレストランがレコメンドされたり予約ができたりするサービスだ。自動車の走行状態に基づく整備タイミングのレコメンドなども受けられると安心だろう。この他、観光地案内サービスや予約サービスに、利用者のデータを掛け合わせて、パーソナライズされたサービスが利用できたら便利だ。

企業同士だけでなく、自治体など行政と一緒になったコンサンプション・エコシステムも考えられる。例えば、地域のスーパーやコンビニエンスストア、料理宅配サービスと自治体が組むことにより、高齢者への食事の提供や医薬品の宅配サービスなども実現できるだろう。他にも、行政が行っているサービスを民間が代替することも可能だ。ここで大切なのは、産官連携を目的化するのではなく、あくまでも生活者起点で、生活者の課題を解決する観点でサービス開発を行うことだ。

コンサンプション・エコシステムをつくる時の留意点

前述したように、コンサンプション・エコシステムは、企業の生産のためではなく、顧客にサービスを提供するためのものである。携帯電話会社が金融機関と連携するなどして経済圏でのサービス提供に力を入れているのも、コンサンプション・エコシステムの一種である。顧客の囲い込みという性格もあるものの、背景には、顧客と様々な接点を持ち、多様な課題に応えようとする考え方がある。リーダー企業の提供するプロダクト・サービスにおける競争ではなく、コンサンプション・エコシステム全体で提供するサービスの競争となってきている。コンサンプション・エコシステムのつくり方・運営が、競争優位を決めるようになってきたとも言える。

コンサンプション・エコシステムをつくる場合、どのような企業に参加してもらい、どのような連携をするかが重要だ。参加してもらう企業は、現在提供しているプロダクト・サービスのカスタマージャーニーのなかに顧客接点を持っている企業が、まず候補となるだろう。その企業が参加することにより顧客に提供する価値がどれぐらい向上するか、その企業への支払いがどれぐらい発生するのかなどを検討し、顧客価値向上がコストを上回る企業・行政に参加してもらうのがよい。既存の企業だけでなく、新たな顧客サービスを提供するベンチャー企業の参加も検討すべきである。

コンサンプション・エコシステムのなかでより多くの顧客価値を提供するために、他のメンバー企業に対してリーダーシップをいかに発揮するかも考えておかなければならない。そのためには、顧客から評価されるプロダクト・サービスを提供し、他社が得られない価値あるデータを取得し、このデータに対するコントロールする権利を持っていなければならない。これが満たされないと、コンサンプション・エコシステムを構成するメンバー企業の1つにならざるを得ず、新たな顧客価値創出に主体的に関わることができなくなる。コンサンプション・エコシステムのリーダー企業として、顧客にどのような価値を提供するのか、各参加企業には何を期待するのかを明確化しておくことが重要である。

(5)継続的な検証、見直し

なぜ継続的な検証、見直しが必要か

新たな顧客価値を創出するプロジェクトは、既存事業を成長させることと比べ、大変難しい。コロンビア大学ビジネススクールのデイビッド・ロジャース教授の調査によると、新たな価値を創出するデジタル変革プロジェクト（デジタル技術導入プロジェクトではない）の70％は失敗している。また教授は多くの具体的事例を分析し、失敗している要因として、デジタル変革で実現する共有ビジョンの欠如、成長に向けた優先順位の欠如、ニーズ検証のための実験よりも採算計画を重視、求められるスピードに対応できない融通の利かないガバナンス、新たなテクノロジーに対応できない旧態依然とした能力を挙げている。それらへの対策のなかの1つとして新規事業プロジェクトを検証することを挙げている。※4

進行中のプロジェクトを絶えず正しく検証し、検証結果により軌道修正していくことは、成功させるために不可欠である。

企画段階でビジネス規模や採算性、またプロダクト・サービスの開発段階で開発中の機能にばかり話が行きがちである。本質はそこではない。大切なのは、自社の顧客の真の課題は何であり、その課題解決のために、どのようなプロダクト・サービスを提供するかである。顧客の真の課題をきちんと把握しないまま、自社製品の機能が不足しているといった分析をしがちだ。ビジネスモデルをサービス型にすることが目的化してしまっていることもある。顧客の課題解決につながらないものは、ビジネスとして成り立たない。

どのように見直しを行うのか、以下の項目でプロジェクトの状況を検証し、対策を考えていく必要がある。

①顧客の真の課題を把握できているか

まず、顧客が解決しようとしている具体的な課題は何か、その課題は顧客にとって重要度が高いか、つまりその課題を解決すると顧客の支払い意思額は向上するかなど、顧客の真の課題を的確に把握できているかを検証する。

②顧客の真の課題を解決する実現可能なプロダクト・サービスとなっているか

次に、顧客に提供しようとしている解決策とそれを実現するプロダクト・サービスは、顧客のペインポイント（困りごと）を解決することができるか、またそのプロダクト・サービスは技術的に実現可能かを検証する。

③ビジネスとして成り立つか

さらに、収益面、コスト面から見てどのようなビジネスモデルがよいかを検証する。収益は誰から、どのように得るのか、その価格・利用料でどれだけの顧客を獲得できるか、コスト構造として固定費用・変動費用はいくらか、損益分岐点はどうなるかを算出し、ビジネス性を検証する。またターゲットマーケットの規模、競合が参入する可能性、競争優位性を再検証する。

④タイミングに合った人材のアサイン、投資ができているか

最後に、これを実行するための人材、投資、組織・マネジメントに問題がないかを検証する。計画が良くても、実行できなくては意味がない。必要なタイミングで人材はアサインされているか、必要なタイミングで投資は行われているか、実行を促進する組織やマネジメントになっているかを検証する。

プロジェクトの企画フェーズ、実装フェーズ、拡大フェーズ、定着フェーズを継続的にモニターし、上記の観点から随時検証し、修正していくことが求められる。小さくスタートして、継続的に検証を行い、徐々に拡大していけばリスクも抑えられる。プロダクト・サービスを起点に考えるのではなく、顧客の真の課題を起点にプロダクト・サービス、さらにはビジネスを絶えず見直していくことは、変化する市場に俊敏に対応するためにも不可欠である。

PDCAサイクルからHYPERSサイクルへ

コネクテッド・インタンジブルのパラダイムでは、早い段階からプロダクト（提供するプロダクト・サービス）に対する仮説を設定し、それを実験し、顧客の反応のデータに基づき仮説を検証し、プロダクトを高度化させていくマネジメントが求められる。それを私は、「Hypothesis（仮説）」「Plan（実験計画）」「Experiment（実験）」「Review（評価・検証）」の頭文字を取った「HYPERサイクル」と名付けた。

仮説設定、トライアル、仮説検証のサイクルをスピーディに回し、プロダクト・サービスを高度化していかなければならない。コネクテッド・インタンジブルにおいては、多くのコストをかけずにデータを収集でき、プロダクト・サービスを修正・高度化できるので、この方法は経済合理的でもある。HYPERサイクルを、個人やグループで回すだけでなく、組織の知恵（wisdom）にするため、最後に「Share（共有）」を付け加えた、HYPERSで上記の検証を行っていくことが必要と考えている。

データに基づいた仮説を立て、それを検証するには、相関を把握するだけでなく、因果を把握することが求められる。大量のデータを多くのコストをかけずに収集、分析できるようになった現在では、少ないデータから母集団をいかに推定するかという発想より、データからどのような洞察を引き出せるかが重要となってきている。

最近の統計学でも、因果を把握するために、ランダム化比較試験（A／Bテスト）などの手法が整備されてきている。システム思考でループ図を描き、因果を定性的に整理するとともに、統計的因果推論の手法を活用して因果を把握し、HYPERSのサイクルを回すことが必要と考えている。

(6)カスタマー・バリュー・リ・インベンションリーダー

なぜカスタマー・バリュー・リ・インベンションリーダーが必要か

日本企業は、モノを起点に戦略を策定する経営から、生活者・顧客の課題解決を起点に戦略を策定する経営に考え方を変えていかなければならないことを説明してきた。

これを実行し成功させるためには、新たなリーダーが求められる。私は、新たな顧客価値を再発明(リ・インベント)するということで、このリーダーをカスタマー・バリュー・リ・インベンションリーダーと名付けている。コンサンプション・エコシステムには、行政やコミュニティーの参加も必要となってくる。そうすると、行政やコミュニティーのリーダーもいままでとは異なる新しい役割を求められる。カスタマー・バリュー・リ・インベンションリーダーはビジネスに限らず社会全体に求められるリーダー像でもある。

タンジブル経済のパラダイムに、全く異なるコネクテッド・インタンジブル経済のパラダイムを持ち込むことは容易ではない。タンジブル経済のパラダイムは、そのなかにおいては経営者、従業員、取引先などは満足しており、最適化されているからだ。

そこで、コネクテッド・インタンジブルのビジネスは、初期の立ち上げ段階では、既存のビジネスとは独立した組織をつくり外部から採用した経験者に任せる、またはベンチャーとの連携で対応する方法が取られることが多い。既存のパラダイムにとらわれない若手人材を積極的に登用することも効果的だ。ここで陥りがちなのは、コネクテッド・インタンジブルなビジネスとタンジブルなビジネスを連携させることなく、個別に発展させようとしてしまうことだ。しかし、他社との競争に勝っていくためには、タンジブルなプロダクトでの優位性を生かし、新たなコネクテッド・インタンジブルなプロダクト・サービスを組み合わせて新たな顧客価値を創出することこそが求められる。そのためには、顧客への提供価値起点で、高い信頼性が求められる領域とアジャイルにサービス提供していく領域を見極め、それぞれに合ったアプローチを取っていかなければならない。新規事業は、立ち上げにおいて既存ビジネスの優位性を最大限活用し、成長した段階では、既存事業の拡大に寄与するようにしなければならない。

リーダーには、新たな顧客価値を創出することに熱意を持ち、タンジブル経済とコネクテッド・インタンジブル経済のそれぞれ異なる人材を、目標達成に向けてモチベートする能力が求められる。新たな顧客価値創出に向けて、高品質なタンジブルなプロダクトを着実につくり提供する能力と、顧客に受容されるコネクテッド・インタンジブルなプロダクト・サービスを企画しスピーディに提供、改善していく能力とを統合していくリーダーシップとマネジメント力が求められる。

カスタマー・バリュー・リ・インベンションリーダーに求められる能力

カスタマー・バリュー・リ・インベンションリーダーには、タンジブルな既存のビジネスの改善、維持拡大ではなく、環境変化を見据え、どの顧客にどのような新たな価値を提供するかを常に考え、コネクテッド・インタンジブルなプロダクト・サービスを取り込み、「新たな事業立地を開拓する力」が求められる。新たな事業立地でビジネスを成功させるためには、新たな能力を獲得するだけでなく、既存のルールや慣習を見直し、新たな事業立地でのビジネス展開に阻害となるものは廃止することも必要である。

そのためには、「オープンに学ぶ力」を強化する必要がある。日本企業は労働市場の流動性が低かったこともあり自社で蓄積してきた知見から学び事業を改善することでは、優れた成果を出してきた。だが、いままでの思考の延長ではない新しいパラダイムを学び、自己を変革していくことにおいては、十分ではなかったように思える。現状に満足することなく、新しい顧客価値を創出するため、オープンなマインドで、絶えず環境変化に関心を持ち、業種を問わず世界で成長している企業からその要因を紐解き、それを自社の力にしていくという顧客や他企業から「オープンに学ぶ力」を強化していくことが求められている。さらにリーダーは、自身が「オープンに学ぶ力」を強化するだけでなく、あらゆる階層で「オープンに学ぶ力」を持った組織をつくり、社員が自ら学び考える組織に変えていかなければならない。

「オープンに学ぶ力」の強化と並行して、「構想する力」も強化する必要がある。現状の延長ではない「事業立地開拓」を行うためには、各部門や経営企画部門などが策定する事業計画を積み上げてまとめるのではなく、リーダー自らが環境変化を紐解き、自社の強み、弱みを理解したうえで、コネクテッド・インタンジブルのパワーを活用し、新たな事業立地を考え出す「構想する力」が必要である。

構想力は、事業戦略上必要なだけでなく、人材戦略上も不可欠である。構想に基づくビジョン、バリューは、社員が新しいことにチャレンジするモチベーションの源となり、良い人材が入社し、モチベーションを高く持ち、働くためのエンジンにもなる。志のないリーダーの下に人は集まらない。

この構想を実現するためには、どのような組織能力が必要か、その組織能力を強化するために、どの領域は内部で行い、どの領域は外部のパートナーの力を借りる、あるいはM&Aなどで強化するのか。内部で強化するためには、どのような人材がどれぐらい必要かを明確化しなければならない。そのためには、外部のパートナーと連携するためのスキームの設計、社内に強みが蓄積される組織構造の設計、社員が能力を最大限に発揮でき、社員が主体的に成長するインセンティブの設計といった、様々な「設計する力」が求められる。タンジブル経済のパラダイムの人材と、コネクテッド・インタンジブル経済のパラダイムの人材という相異なる多様化した人材をマネジメントするためには、わかりやすいシンプルな組織構造と人事評価ルールを設計することが鍵となる。

最後に求められるのは、「実行する力」である。いくら良い構想があり、良い組織設計がなされても、組織の「実行する力」がなければ、成果にはつながらない。組織の「実行する力」を上げるには、1つの組織やチームに『企画、実行、拡大、運用』まで一気通貫の権限を与え、事業の責任者を明確にすること」が大事だ。タンジブルの既存事業は工夫や改善で成果を生むことができるが、コネクテッド・インタンジブルを組み込んだ新しいプロダクト・サービスのビジネスは、企画、実行、拡大、運用のそれぞれの場面で直面する多くの課題を乗り越えていかなければならない。リーダーは、実行については組織やチームに任せつつ、顧客の真の課題を把握しているか、課題を解決できるプロダクト・サービスとなっているか、将来の変化を見通した成長機会を把握しているかなどを節目、節目で問い、軌道修正させていく必要がある。的確な問いを出すことにより、組織やチームが自分ごととして考え、腹落ちして推進できるようになる。

日本企業は、成長力を取り戻すためにいままで述べたように、モノを起点とした既存のタンジブルエコノミーのパラダイムの延長ではなく、コネクテッド・インタンジブルのパラダイムを取り入れ、新たな生活者価値、顧客価値を創造していかなければならない。

日本社会、日本企業は、何を変革するかの議論から、変革の実行に軸足を移していく段階である。本章の内容が、社会イノベーションの創出に少しでもお役に立てれば幸いである。

※1 https://www.nttdata-strategy.com/knowledge/interview/interview_221214/
※2 『レビットのマーケティング思考法』（ダイヤモンド社、2002年）
※3 https://www.nttdata-strategy.com/knowledge/interview/interview_230317/
※4 『The Digital Transformation Roadmap』David Rogers（Columbia Business School publishing,2023）

おわりに

本書は、国内および海外のNTTデータグループ各社のコンサルタントが執筆したものです。NTTデータグループは、グループ各社に、様々な分野、業界を専門とする多くのコンサルタントが所属しています。株式会社NTTデータには、各インダストリー共通に横断的に活用できるデザイン&テクノロジーコンサルティング事業本部、主に製造業・流通業などの法人分野に向けた法人コンサルティング&マーケティング事業本部、海外を含めた各事業ラインのコンサルティング能力向上を支援しているコンサルティング&アセット変革本部を設けています。

コンサルティング専門会社としては、社会提言や公共領域などのコンサルティングを強みとする株式会社NTTデータ経営研究所、製造業・流通業などでのコンサルティングを強みとする株式会社クニエ、データ分析・数理コンサルティングのスペシャリスト集団である株式会社NTTデータ数理システムを擁しています。海外のグループ会社においても、多くのコンサルタントが活躍しています。

本書は、デジタル変革を最大限活用した日本の社会・経営の変革をテーマに、これら国内のNTTデータグループの2500人を超えるコンサルタントの中から、このテーマに知見を持つ選りすぐられたコンサルタントが執筆を担当しました。海外のグループ会社からも2名が執筆に参加しています。それぞれのパートの内容や見解は、執筆した各コンサルタントによるもので、組織を代表したものではありません。専門家によるさまざまな独自のインサイトを受け取っていただけることと思います。

クライアントへのコンサルティング提供を通じて培ってきた知見をできるだけ還元したいとの思いから、各執筆者からは当初の想定よりはるかに多い文量の原稿が集まりました。一冊の本としてまとめるにあたり、残念ながら、編集作業によってかなりの内容を絞らざるを得ませんでした。ただそうした意味からも、本書はNTTデータグループのコンサルタントのインサイトの結晶であると自負しています。

本書に掲載することができなかったNTTデータグループのコンサルティングの知見は、ほかにもたくさんあります。機会がありましたら、また別のテーマで読者の皆様にご披露することができたらと考えています。

本書の編集作業は、下記のメンバーが担当しました。NTTデータ経営研究所およびクニエ代表取締役社長 山口重樹、NTTデータ経営研究所代表取締役常務 浦野大、同取締役 グローバルビジネス推進センター長 石塚昭浩、同グローバルビジネス推進センターシニアインフォメーションリサーチャー 佐々木元也、クニエ代表取締役常務 菊山直也。本書の出版にあたっては日経BPの石橋廣紀さんに大変お世話になりました。この場を借りてお礼申し上げます。本書が、現在直面しているさまざまな課題の解決に向けて、読者の皆様の参考になりましたら幸いです。

2024年3月

NTTデータ・コンサルティング・イニシアティブ

執筆者紹介

（所属・役職は2024年2月現在）

第1章・第6章

山口 重樹　Shigeki Yamaguchi

株式会社NTTデータグループ 顧問、株式会社NTTデータ経営研究所 代表取締役社長、株式会社クニエ 代表取締役社長

専門領域は、経営戦略、デジタル変革、経営実践。主な著書、共著書に、『信頼とデジタル』『デジタル変革と学習する組織』（以上、ダイヤモンド社）などがある。

第2章

サステナビリティ

村岡 元司　Motoshi Muraoka

株式会社NTTデータ経営研究所 社会・環境戦略コンサルティングユニット / 社会システムデザインユニット / 執行役員・ユニット長・パートナー、一般社団法人日本シュタットベルケネットワーク 代表理事

専門領域は、脱炭素型社会創生、エネルギーX地域づくり、資源循環X地域づくり、環境・エネルギーインフラ輸出、カーボンマネジメント。主な共著書に、『成功する！「地方発ビジネス」の進め方』（かんき出版）、『環境ビジネスのいま』（NTT出版）などがある。

グローバルサプライチェーン

笹川 亮平　Ryohei Sasakawa

株式会社クニエ シニア・パートナー

専門領域は、販売計画、在庫計画、生産計画、グローバルサプライチェーンマネージメントの改革、IT改革。主な共著書に、『ダイナミック・サプライチェーン・マネジメント』（日経BP）、『"数"の管理から"利益"の管理へ S&OPで儲かるSCMを創る！』（日刊工業新聞社）がある。

地域創生

江井 仙佳　Noriyoshi Enei

株式会社NTTデータ経営研究所 地域未来デザインユニット ユニット長・パートナー

専門領域はソーシャルデザイン。地方創生、食とサステナビリティ、防災等に関する政策立案や事業創出を担う。東大まちづくり大学院特別講師ほか各種政府委員等を歴任。

レジリエンス

中村 秀之　Hideyuki Nakamura

株式会社NTTデータ 第一公共事業本部　モビリティ&レジリエンス事業部　第二システム統括部長 / 公共統括本部 社会DX推進室 防災・レジリエンス推進担当 部長、株式会社ハレックス 取締役、一般社団法人日本防災プラットフォーム 理事

専門領域は、防災・レジリエンス。公共統括本部で防災・レジリエンス領域における、NTTデータグループ内の関係部署、関係企業を横断的に統括し、全体戦略を推進。Foresightを描き、災害に強い社会づくりを目指している。

執筆者紹介

（所属・役職は2024年2月現在）

第3章

食と農業

松本 良平　Ryohei Matsumoto

株式会社NTTデータ 社会DX推進室 室長

専門領域は、都市・地域マネジメント、社会ソリューション、行政システム。

新見 友紀子　Yukiko Niimi

株式会社NTTデータ経営研究所 ライフ・バリュー・クリエイションユニット シニアマネージャー、女子美術大学 非常勤講師、農林水産省SBIRフェーズ3委員

専門領域は、食と健康、フードテック、アグテック。主な共著書に『サステイナブル地域論』（中央経済社）、主な論文に「未来の食の大問題」（『情報未来』No.70）などがある。

製造

須藤 淳一　Junichi Sudo

株式会社クニエ CS事業本部 製造インダストリー シニアパートナー

専門領域は、製造業における開発、設計、製造工程やアフターサービスの改革。IoTデータの流通や業界データマネジメント標準の作成にも参画している。

流通

龍神 巧　Takumi Ryujin

株式会社NTTデータ 第二インダストリ統括事業本部 流通・小売事業部 事業部長

専門領域は、イノベーション戦略・ビジネスモデル変革、体験・経験デザイン、顧客エンゲージメント強化。近年はサービスデザイン・事業創発などを主テーマとし、事業開発体制／プロセス／マネジメントの実践やサービスアライアンスの実現に取り組む。

保険

矢野 高史　Takashi Yano

株式会社NTTデータ 第三金融事業本部 保険ITサービス事業部戦略デザイン室長、ADP

専門領域は、経営戦略・DX戦略（保険業界、ヘルスケア＆ウェルビーイング）、新規事業・サービス創出。

松田 耕介　Kosuke Matsuda

株式会社NTTデータ経営研究所 ソーシャル・デジタル戦略ユニット インシュランスリサーチ&コンサルティング チーム長 ／ アソシエイト・パートナー

専門領域は、生損保ビジネス領域（DX、新規事業、デジタルマーケティング）、保険周辺事業領域（ヘルスケア、モビリティ等）、保険・金融ビジネス参入支援。

[執筆協力]

上村 敦　Atsushi Uemura
株式会社NTTデータ 第三金融事業本部保険ITサービス事業部 戦略デザイン室 課長

仲 祐太朗　Yutaro Naka
株式会社NTTデータ経営研究所 ソーシャル・デジタル戦略ユニット インシュランスリサーチ&コンサルティング シニアコンサルタント

金野 杏彩　Azusa Konno
株式会社NTTデータ経営研究所 ソーシャル・デジタル戦略ユニット シニアコンサルタント

バンキング

山本 英生　Hideo Yamamoto
株式会社NTTデータ 金融イノベーション本部 ビジネスデザイン室 統括部長
専門領域は、経営戦略(金融業界、デジタル、センシングファイナンス)、テクノロジー活用。共著書に『Web3と自律分散型社会が描く銀行の未来』(金融財政事情研究会)がある。

[執筆協力]

土田 真子　Mako Tsuchita
株式会社NTTデータ 金融イノベーション本部ビジネスデザイン室 課長

第4章

データドリブンな意思決定

新田 龍　Ryo Nitta
株式会社NTTデータ 法人コンサルティング&マーケティング事業本部 法人コンサルティング&マーケティング事業部 データ&インテリジェンス統括部 統括部長
専門領域は、データ分析・活用(戦略・実行・組織変革)、データビジュアライゼーション、データ分析基盤、データマネジメント・ガバナンス。

アンドリュー・ウェルズ　Andrew Wells
NTT DATA Services チーフ・アナリティクス・オフィサー
専門領域は、データ / アナリティクス・ストラテジー、データ・マネタイゼーション、ビジネスアナリティクス、意思決定アーキテクチャー。共著書に、『Monetizing Your Data: A Guide to Turning Data into Profit-Driving Strategies and Solutions』(Wiley)がある。

[執筆協力]

渡部 良一　Ryoichi Watanabe
株式会社NTTデータ 法人コンサルティング&マーケティング事業本部 法人コンサルティング&マーケティング事業部 データ&インテリジェンス統括部 部長

仲保 雄平　Yuhei Nakabo
株式会社NTTデータ 法人コンサルティング&マーケティング事業本部 法人コンサルティング&マーケティング事業部 データ&インテリジェンス統括部 課長代理

執筆者紹介

（所属・役職は2024年2月現在）

デジタル基盤

土井良 篤志　Atsushi Doira

株式会社NTTデータ デザイン＆テクノロジーコンサルティング事業本部 デジタルテクノロジー&データマネジメントユニット ユニット長
専門領域は、デジタルテクノロジーコンサルティング。

村山 弘城　Hiroki Murayama

株式会社NTTデータ Snowflake 推進室長 / データマネジメントプラットフォームグループ部長
エンジニアとして開発フレームワークの作成やプロダクト開発、TERASOLUNAの開発ガイドの作成などに従事。2013年からインフラ系のプロジェクトにてデータ連携基盤のアーキテクトとして参画し、2018年からデータ分析基盤ソリューション「Trusted Data Foundation」にPMやアーキテクトとして携わる。2020年よりSnowflakeビジネスの主幹責任者となり、2022年7月より現職。

［執筆協力］

亘 健典　Takenori Watari

株式会社NTTデータ デザイン&テクロジーコンサルティング事業本部 デジタルテクノロジー&データマネジメントユニット データマネジメントプラットフォームグループ課長代理

AI

奥田 良治　Yoshiharu Okuda

株式会社NTTデータ デザイン＆テクノロジーコンサルティング事業本部 デジタルサクセスコンサルティングユニット ユニット長
顧客価値に着目し数多くの企業のデータドリブンカンパニー化を支援。専門領域は、デジタル変革、データドリブンマーケティング、CRM、データ活用（戦略・実行・定着）、データサイエンス。共著書に、『ファジィ理論 基礎と応用』（共立出版）がある。

野村 哲郎　Tetsuro Nomura

株式会社NTTデータ デザイン＆テクノロジーコンサルティング事業本部 デジタルサクセスコンサルティングユニット 課長
専門領域は、デジタル変革、データ活用（戦略・実行・定着）、データサイエンス。共著書に、『BI革命』（NTT出版）がある。

数理科学

小木 しのぶ　Shinobu Ogi

株式会社NTTデータ数理システム 取締役 営業部部長
統計や機械学習、ベイジアンネットワーク、テキストマイニング、シミュレーション、数理最適化などの数理科学を活用した各種ツールの提供を通じて、数理科学とコンピュータサイエンスを活用した課題解決の提案を中心に活動。主な共著書に、『事例で学ぶテキストマイニング』（共立出版）、『デジタル&デザイン トランスフォーメーション』（創成社）などがある。

[執筆協力]

雪島 正敏　Masatoshi Yukishima
株式会社NTTデータ数理システム シミュレーション&マイニング部 部長

石橋 保身　Yasumi Ishibashi
株式会社NTTデータ数理システム 数理計画部 グループリーダー

デザイン

村岸 史隆　Fumitaka Muragishi
株式会社NTTデータ デザイン&テクノロジーコンサルティング事業本部 サービスデザイングループ エグゼクティブサービスデザイナー ADP
専門領域は、イノベーション戦略・ビジネスモデル変革、体験・経験デザイン、組織設計・EXデザイン。主な共著書に、『デジタル&デザイン トランスフォーメーション』(創成社)がある。

ロベルト・ロジェーロ　Roberto Roggero
NTT DATA EMEAL バイス・プレジデント / デザイン部門長、NTT DATA Italia バイス・プレジデント / Tangity Design and Engineering studio Italy責任者
専門領域は、デザイン・ドリブン・アプローチによるビジネス変革。

第5章

長安 賢　Ken Nagayasu
株式会社NTTデータ経営研究所 組織・人材変革コンサルティング室 パートナー
専門領域は、組織・人材戦略策定、リーダーシップ開発、意識/風土改革、チェンジマネジメント、DX組織立ち上げ、人材流動化・リスキル活性化、従業員体験/エンゲージメント強化、人的資本データ活用、人事改革、生産性向上、BPO導入等。

池田 和弘　Kazuhiro Ikeda
株式会社NTTデータ 法人コンサルティング&マーケティング事業本部 副事業本部長、株式会社クニエ 社外取締役
専門領域は、経営・事業戦略(小売り、消費財)、新規事業の立ち上げ、デジタルトランスフォーメーション、事業アライアンス(JV・CVCモデル)。

[執筆協力]

三好 寛　Hiroshi Miyoshi
株式会社NTTデータ 法人コンサルティング&マーケティング事業本部 コンサルティング担当部長

遠藤 拓哉　Takuya Endo
株式会社NTTデータ経営研究所 コーポレート統括本部 重点施策支援担当 部長

NTTデータ・コンサルティング・イニシアティブ

NTTデータ・コンサルティング・イニシアティブは、NTTデータグループのコンサルティング業務におけるNTTデータ内の組織、NTTデータ経営研究所、クニエ、NTTデータ数理システムの事業連携である。

フォーサイト起点の社会イノベーションを共通コンセプトとし、政府機関を中心とした公共分野から金融、小売、製造、サービス等幅広い業界を網羅している。

将来のあるべき姿の研究から、政策提言、コンソーシアム運営、企業の戦略立案、業務改革支援等、さまざまな社会課題や経営課題の解決に向けて、2500※名を超える各領域のプロフェッショナルが専門性とノウハウを結集しながらコンサルティングサービスを提供している。

（上記のほかにERPや業務APなどの個別ソリューションについては1000名以上のコンサルタントが活躍している。※日本国内のみ）

フォーサイト起点の社会イノベーション
新たな価値を創出するため企業は何をすべきか

2024年4月17日　1版1刷

編著者　NTTデータ・コンサルティング・イニシアティブ

発行者　中川 ヒロミ
発　行　株式会社日経BP
日本経済新聞出版
発　売　株式会社日経BPマーケティング
〒105-8308　東京都港区虎ノ門4-3-12
装幀・本文デザイン・DTP　中川 英祐（Tripleline）
印刷・製本　中央精版印刷株式会社
ISBN 978-4-296-12278-3